Ciência do Treinamento dos Exercícios Resistidos

Instituto Phorte Educação
Phorte Editora

Diretor-Presidente
Fabio Mazzonetto

Diretora Executiva
Vânia M. V. Mazzonetto

Editor Executivo
Tulio Loyelo

Ciência do Treinamento dos Exercícios Resistidos

Jefferson da Silva Novaes

São Paulo, 2008

Ciência do Treinamento dos Exercícios Resistidos
Copyright © 2008 by Phorte Editora

Rua Treze de Maio, 596
CEP: 01327-000
Bela Vista – São Paulo – SP
Tel/fax: (11) 3141-1033
Site: www.phorte.com   *E-mail*: phorte@phorte.com

Nenhuma parte deste livro pode ser reproduzida ou transmitida de qualquer forma ou por quaisquer meios eletrônico, mecânico, fotocopiado, gravado ou outro, sem autorização prévia por escrito da Phorte Editora Ltda.

CIP-BRASIL. CATALOGAÇÃO-NA-FONTE
SINDICATO NACIONAL DOS EDITORES DE LIVROS, RJ

N814c

Novaes, Jefferson da Silva, 1943-
   Ciência do treinamento dos exercícios resistidos / Jefferson da Silva Novaes. - São Paulo : Phorte, 2008.
   196p. : il.

   Inclui bibliografia
   ISBN 978-85-7655-062-4

   1. Exercícios físicos. 2. Treinamento com pesos. I. Título.

08-3328.   CDD: 613.71
              CDU: 613.71

07.08.08 08.08.08   008072

Impresso no Brasil
Printed in Brazil

Autor

Jefferson da Silva Novaes

Colaboradores

Adriana Leite Pinto de Gouveia Lemos
Ana Cristina Lopes y Glória Barreto
Andre Calil e Silva
Belmiro Freitas de Salles
Daniel Dias Sandy
Elisa Maria Rodrigues dos Santos
Estélio Henrique Martin Dantas
Fabricio Miranda Ribeiro
Flávia Fragoso Pereira
Giovanni da Silva Novaes
Guilherme Rosa de Abreu
Humberto Lameira Miranda
Iara dos Santos da Cruz
Ingrid Barbara Ferreira Dias
Jeferson Macedo Vianna
Jorge Roberto Perrout de Lima
Leonardo Gonçalves Ribeiro
Marcio Luis de Lacio
Monica Menezes Oliveira
Nádia Monteiro Alves
Roberto Fares Simão Júnior
Rodrigo Gomes de Souza Vale
Rodrigo Pereira da Silva
Sergio Medeiros Pinto
Thiago Matassoli Gomes
Victor Hugo Pereira Franco
Victor Manuel Machado de Ribeiro dos Reis
Vinícius de Oliveira Damasceno

Dedicatória

Dedico este livro à minha família, célula-base da minha vida, que me permitiu chegar até aqui.

Aos meus pais, Lennart da Silva Novaes (*in memoriam*) e Hermé Madyanna Costa da Silva Novaes – a quem devo tudo o que faço e tudo o que sou –, pelos seus exemplos de generosidade, trabalho, estudo e amor.

Aos meus meus irmãos, Lennart da Silva Novaes Jr. *(in memoriam)* e Giovanni da Silva Novaes – companheiros de jornadas de trabalho e produção de conhecimento na Educação Física –, com quem verdadeiramente sempre pude contar nos momentos de alegria e de tristeza.

Às minhas filhas, Barbara dos Santos Novaes e Rachel dos Santos Novaes – razão do meu viver –, por terem me ensinado a sentir o mais puro e verdadeiro amor e entender qual é a maior motivação da existência de um homem.

Ao professor Leonardo Ribeiro, amigo com que sempre posso contar, que realizou a última revisão desta obra.

E, finalmente, à minha "LINDA" e amada esposa, Michelle Fonseca de Oliveira – companheira meiga e carinhosa que me ajuda a carregar o fardo de todas as minhas dificuldades e que, com muita alegria, me enche de amor e de carinho a todos os momentos –, que DEUS colocou na minha vida para me alegrar e me tornar repleto de graças e de felicidade.

Agradecimentos

A DEUS, por me possibilitar a cada dia viver em paz, tentando construir um mundo melhor.

A todos os co-autores, professores doutores, mestres e mestrandos que colaboraram na elaboração dos capítulos deste livro.

À professora Elisa Maria Rodrigues dos Santos, que me ajudou a fazer a organização técnica e acadêmica de todas as etapas de elaboração deste livro.

Prefácio

Nos últimos anos, como sanitarista e gestor do Programa de Pesquisa em Saúde do CNPq, tenho acompanhado de perto o desenvolvimento da Educação Física (EF) e de suas co-irmãs, a Fisioterapia e a Terapia Ocupacional, em nosso país. Tanto o crescimento dos grupos de pesquisa e da formação de recursos humanos quanto o da produção mostram um maior direcionamento para a prevenção primária e o controle sintomático de alguns dos maiores males da sociedade atual: a obesidade e as doenças crônicas que acompanham o envelhecimento, o que justifica a importância, ainda maior em nossa época, da evolução da pesquisa na área.

A transição demográfica e epidemiológica, com o envelhecimento populacional – que resulta na inversão da pirâmide etária e no crescimento concomitante das doenças crônicas e da obesidade –, geram baixa qualidade de vida e altos custos para os sistemas de saúde em todo o mundo, configurando o que poderíamos chamar de "paradoxo da saúde" – por meio da fórmula: "a morte cura".

À medida que a população morre menos, pois morre mais velha, aumenta a morbidade das doenças crônicas e síndromes ligadas ao envelhecimento. É aí, então, que a pesquisa ganha importância, ao comprovar cientificamente os fundamentos da prática de atividades físicas, assim como seus inegáveis benefícios à saúde, ao bem-estar físico, psíquico e à independência motora dos praticantes. Essas pesquisas têm demonstrado as vantagens do treinamento físico, preventiva e terapeuticamente, sobre os tratamentos medicamentosos, além do menor risco de efeitos colaterais gerados pela comorbidade e polimedicação.

Entre as principais formas de treinamento atualmente praticadas, os exercícios resistidos têm se mostrado extremamente eficazes e de melhor aplicação e controle metodológicos, tanto do ponto de vista técnico quanto científico. A comprovação dessa maior eficácia por meio da pesquisa científica é o que estrutura e dá unidade e consistência a este livro.

Esta obra apresenta, nos três primeiros capítulos, a estrutura científica dos exercícios resistidos, sua base anatomofisiológica e as principais questões metodológicas de seu estudo. O quarto capítulo traz uma abordagem neutra dos principais métodos de treinamento consagrados pela prática, estuda-os a partir da metodologia científica comparativa e observa as principais variáveis que determinam sua efetividade. Os capítulos seguintes, do quinto ao décimo, abordam as variáveis metodológicas da prescrição e prática dos exercícios resistidos e comparam os efeitos de sua utilização, objetiva e subjetivamente. Os seis últimos capítulos estudam paralelamente alguns dos quadros sintomáticos que mais se beneficiam da prática e as questões subjetivas da percepção do esforço e da imagem corporal, bem como enfrentam corajosamente alguns dos "fantasmas" que ameaçam, de forma preconceituosa, a prática dos exercícios resistidos.

Devemos elogiar a qualidade da obra pelo equilíbrio entre a extensão e a profundidade da abordagem, sem prejuízo da leitura, sempre agradável e interessante. Também devemos manifestar satisfação pelo que a união de tal grupo, em torno de uma obra comum, representa para o desenvolvimento da pesquisa e do ensino da ciência do treinamento de força em exercícios resistidos em nosso país, além de creditar ao Professor Doutor Jefferson da Silva Novaes a organização desse excelente grupo de pesquisadores dos mais importantes cursos e programas de graduação e pós-graduação do Rio de Janeiro.

Por último, quero agradecer ao autor pela oportunidade, que muito me honra, de prefaciar tão importante obra, cuja leitura muito me satisfez e ensinou, e desejar-lhe o merecido sucesso e o reconhecimento do público e dos pares.

Belmiro Freitas de Salles Filho
Coordenador do Programa de Pesquisa em Saúde do CNPq
Doutor em Ciências – Escola Nacional de Saúde Pública/Fiocruz
Mestre em Antropologia Social – Museu Nacional/UFRJ
Mestre em Teoria Psicanalítica – Instituto de Psicologia/UFRJ

Sumário

Introdução	15

Capítulo 1
Força, estrutura musculoesquelética e sistema neuromuscular ... 17
1.1 Força muscular ... 17
1.2 Força, estrutura musculoesquelética e sistema neuromuscular ... 18
1.3 Contração muscular ... 21
1.4 Tipologia das fibras estriadas esqueléticas ... 26
Referências ... 30

Capítulo 2
Adaptações neurais e efeitos hipertróficos dos exercícios resistidos ... 33
2.1 Adaptações neurais ... 33
2.2 Adaptações hipertróficas ... 35
2.3 Conclusão ... 36
Referências ... 37

Capítulo 3
Testes e medidas da força muscular ... 39
3.1 Testes estáticos ou isométricos ... 39
3.2 Teste de força dinâmica ou isotônica ... 40
3.3 Conclusão ... 55
Referências ... 56

Capítulo 4
Métodos e meios de treinamento em exercícios resistidos ... 59
4.1 Método alternado por segmento ... 59
4.2 Método alternado por origem e inserção musculares ... 60
4.3 Método localizado ... 61
4.4 Método série simples ... 61
4.5 Método de séries múltiplas ... 62
4.6 Método da série dividida (parcelada) ... 63
4.7 Métodos "circuitados" ... 63
4.8 Método piramidal ... 67
4.9 Método pliométrico ... 69
4.10 Método de contrates ... 69
4.11 Método isométrico ... 70
4.12 Método excêntrico ou repetição negativa ... 71
4.13 Método de pausa ... 71
4.14 Método de superbomba ... 72
4.15 Método de superséries ... 72
4.16 Método superlento ... 72
4.17 Método *superset* ... 73
4.18 Método série composta ... 74
4.19 Método *superslow* ... 74
4.20 Método de prioridade muscular ... 74
4.21 Método série gigante ... 75
4.22 Método "puxe-empurre" ... 75
4.23 Método pico de contração ... 75
4.24 Método D.T.A. (dor-tortura-agonia) ... 76
4.25 Método *dropset* ... 76
4.26 Pré-exaustão ... 77
4.27 Método de exaustão ... 77
Referências ... 80

Capítulo 5
Ordem de execução como variável metodológica da prescrição dos exercícios resistidos ... 83
5.1 Definição e posicionamentos sobre ordem de exercícios ... 83
5.2 Ordem de exercícios e fadiga muscular ... 84
5.3 Ordem de exercícios e suas implicações práticas ... 86
Referências ... 86

Capítulo 6
Intensidade do treinamento como variável metodológica da prescrição dos exercícios resistidos ... 89
6.1 Respostas fisiológicas de diferentes tipos de recuperação ... 89
6.2 Comparação de vários tempos de intervalo e resposta muscular ... 90
6.3 Definições e classificações de velocidade de execução ... 93
Referências ... 98

Capítulo 7
Volume do treinamento como variável metodológica da prescrição dos exercícios resistidos ... 101
7.1 Número de repetições ... 101
7.2 Número de séries ... 105
7.3 Número se sessões semanais ... 107
7.4 Conclusão ... 109
Referências ... 109

Capítulo 8
Periodização dos exercícios resistidos ... 113
8.1 Princípios da periodização ... 113
8.2 Conceito sobre periodização ... 114
8.3 Modelo tradicional de periodização ... 115
8.4 Periodização no treinamento de força e potência ... 116
8.5 Modelos de periodização no treinamento de força ... 118
8.6 Estudos sobre periodização ... 119
8.7 Periodização na composição corporal, resistência de força e hipertrofia: ... 122
8.8 Conclusão ... 123
Referências ... 124

Capítulo 9
Treinamento concorrente: força e resistência 127
9.1 Treinamento aeróbico contínuo 128
9.2 Treinamento intervalado 128
9.3 Prescrição de exercícios para idosos 129
9.4 Influência do treinamento aeróbico no treinamento subseqüente de força 129
9.5 O efeito agudo do treinamento aeróbico no desempenho da força 131
Referências 138

Capítulo 10
Percepção subjetiva de esforço e exercícios resistidos 141
10.1 Escala de Borg e treinamento de força 141
10.2 Escala de Omni e treinamento de força 143
10.3 Escala Omni para exercício contra resistência em adultos 145
10.4 Escala Omni para exercício contra resistência em crianças 147
10.5 Conclusão 149
Referências 149

Capítulo 11
Pressão arterial e exercícios resistidos 153
11.1 A pressão arterial durante os exercícios resistidos 153
11.2 A pressão arterial após os exercícios resistidos 154
11.3 Respostas da pressão arterial provocadas pelo exercício resistido em idosos 156
11.4 Mecanismos de redução da pressão arterial 158
11.5 Os métodos de aferição da pressão arterial em exercícios resistidos 159
11.6 A pressão arterial e a prescrição dos exercícios resistidos 160
11.7 Conclusão 162
Referências 163

Capítulo 12
Terceira idade e exercícios resistidos 167
12.1 Terceira idade e exercícios resistidos 167
12.2 Fator de crescimento similar à insulina 1 (IGF-1) 169
12.3 Treinamento de força e níveis séricos basais de IGF-1 171
12.4 Osteoporose e atividade física 171
12.5 Efeitos dos exercícios resistidos sobre a autonomia funcional e a qualidade de vida na terceira idade 174
12.6 Conclusão 175
Referências 176

Capítulo 13
Treinamento contra resistência e lombalgia 181
13.1 Lombalgia 181
13.2 O exercício como método terapêutico 186
13.3 Treinamento de força e lombalgia 189
Referências 190

Capítulo 14
Imagem corporal nas academias de ginástica e exercícios resistidos 193
14.1 Estética, cultura e sociedade 193
14.2 Mídia, esportes e academias de ginástica 195
14.3 Imagem corporal 200
Referências 207

Capítulo 15
Obesidade e exercícios resistidos 211
15.1 Etiologia da obesidade 211
15.2 Fatores hormonais 212
15.3 Fatores psicossociais 212
15.4 Diagnóstico de excesso de peso e obesidade 213
15.5 Síndrome metabólica e suas comorbidades 213
15.6 Exercício físico e substrato energético 215
15.7 O exercício físico aplicado ao sobrepeso e à obesidade 216
15.8 Obesidade, tipo de fibra e substrato energético 217
15.9 O treinamento de força como alternativa para a perda de peso 218
Referências 219

Capítulo 16
O destreinamento nos exercícios resistidos 223
16.1 Efeitos do DTR nos ER 223
16.2 DTR por meio da interrupção dos ER 226
16.3 DTR por meio da redução do volume de treinamento 228
16.4 Conclusão 229
Referências 229

Introdução

Nos últimos anos, o treinamento de força (TF) vem ganhando adeptos para sua prática, seja por objetivos de melhora da estética ou da saúde (Novaes, 2001). O ACSM (1998) recomenda que o trabalho de força deve ser realizado pelo menos 3 vezes na semana, além dos exercícios de aprimoramento do condicionamento cardiorrespiratório e flexibilidade.

A produção do conhecimento nesta área de intervenção também vem crescendo nos últimos vinte anos. O conhecimento oriundo do senso comum e de livros vem sendo substituído por um grande volume de publicações em periódicos nacionais e internacionais.

É dentro deste contexto de produção do conhecimento e de constante atualização que surge este livro, intitulado *Ciência do Treinamento de Força em Exercícios Resistidos*.

Esta obra é resultado de um esforço coletivo de muitos profissionais da área da Educação Física. Doutores, doutorandos, mestres e mestrandos reuniram-se no objetivo de fazer, e em alguns casos já havia sido feito, a revisão de literatura de tópicos fundamentais no entendimento científico do TF.

A maioria dos capítulos desta obra foi extraída de dissertações de mestrado dos meus orientandos, que se relacionavam com o TF. Alguns capítulos foram encomendados a profissionais atuantes no mercado que também trabalham com a formação acadêmico profissional de diversas universidades.

O esforço na realização de uma obra que irá chamar atenção pelo número de citações de artigos científicos tende a ser grande. Este livro levou aproximadamente dois anos para ser concluído e agora nos resta esperar as críticas e desejar a todos os interessados uma boa leitura.

Capítulo 1
Força, estrutura musculoesquelética e sistema neuromuscular

Jeferson Macedo Vianna/Monica Menezes Oliveira/Marcio Luis de Lacio/
Vinícius de Oliveira Damasceno

1.1 Força muscular

Segundo Weineck (1989), uma definição precisa de força que leve em conta seus aspectos físicos e psíquicos representa uma grande dificuldade, uma vez que o tipo de força, o trabalho muscular e os diferentes caracteres da tensão muscular são influenciados por muitos fatores. Por essa razão, o parâmetro força será definido no contexto de suas manifestações.

Para Barbanti (1979), *força* é a capacidade de exercer tensão muscular contra uma resistência, envolvendo fatores mecânicos e fisiológicos que determinam a força em algum movimento particular. Castelo et al. (1998) afirmaram que, se quisermos procurar uma forma de definir *força*, só recolheremos alguma unanimidade de conceitos se a entendermos como característica mecânica do movimento: *força* é toda a causa capaz de modificar o estado de repouso ou de movimento de um corpo, traduzido por um vetor. É o produto da massa pela sua aceleração: F = m x a. Contudo, se pretendermos transferir esse conceito mecânico de *força* – como entidade física – para definir a força produzida por um músculo, ele não nos serve para incluir em uma mesma definição os diferentes componentes (formas de manifestações) da força muscular. Assim, é necessário, em primeiro lugar, efetuar uma análise estrutural das diferentes formas de manifestações da força.

Quadro 1.1 – Definição de força muscular segundo alguns pesquisadores

Pesquisador	Definição
Hollmann e Hettinger (1983)	É a designação genérica para a força de um músculo. Entende-se tanto como a força estática empregada por solicitação voluntária máxima de um músculo, como a desenvolvida durante uma tensão muscular voluntária, máxima, dinâmica.
Grosser (1989)	É a capacidade de superar resistências e contra-resistências por meio da ação muscular.
Zakharov (1991)	É a capacidade de superação da resistência externa e de contra-ação a essa resistência, por meio dos esforços musculares.
Baechle (1994)	É a força que um músculo ou grupo muscular pode exercer contra uma resistência em um esforço máximo.
Safrit (1995)	É a força máxima ou nível de tensão que pode ser produzido por um grupo muscular.
Manso (1996)	Representa a capacidade do indivíduo para vencer ou suportar uma resistência.
Guedes (1997)	É a capacidade de exercer tensão muscular contra uma resistência, superando, sustentando ou cedendo a ela.

continua

continuação

Pesquisador	Definição
Zatsiorsky (1999)	É a medida instantânea da interação entre dois corpos. Devido a essas várias definições de força muscular [Está faltando algo aqui? a oração não foi concluída.]
Badillo e Ayestarán (2001)	No âmbito esportivo, é entendida como a capacidade do músculo de produzir tensão ao se contrair. Em âmbito ultra-estrutural, a força está relacionada com o número de pontes cruzadas de miosina que podem interagir com os filamentos de actina. Do ponto de vista da Física, a força muscular é a capacidade da musculatura de produzir a aceleração ou a deformação de um corpo, mantê-lo imóvel ou frear seu deslocamento.

Quadro 1.2 – Definição de exercício resistido segundo alguns pesquisadores

Pesquisador	Definição
Lambert (1987)	É o conjunto dos processos e meios que levam ao aumento e aperfeiçoamento da força muscular, associada ou não a outra qualidade física.
Godoy (1994)	Atividade física desenvolvida predominantemente por meio de exercícios analíticos, utilizando resistências progressivas fornecidas por recursos materiais como: halteres, barras, anilhas, aglomerados, módulos, extensores, peças lastradas, o próprio corpo e/ou segmentos etc.
Santarém (2001)	É a mais eficiente forma de treinamento físico para estimular mudanças favoráveis na composição corporal. As qualidades de aptidão mais estimuladas pela musculação também são as mais importantes para a vida diária e para o trabalho físico.

1.2 Força, estrutura musculoesquelética e sistema neuromuscular

O corpo humano contém mais de 400 músculos esqueléticos, os quais representam 40% a 50% do peso corporal total. Eles são dotados da capacidade de se contrair e relaxar, e em conseqüência transmitem seus movimentos aos ossos, sobre os quais se inserem, formando o sistema passivo do aparelho locomotor (Siqueira, 2003).

Os efeitos específicos dos estímulos de treinamento de força podem ser mais bem compreendidos se descritas as estruturas que compõem o músculo esquelético, assim como a função de cada uma delas, além da descrição da forma de funcionamento do conjunto neuromuscular e dos mecanismos de regulação dos comandos motores do movimento (Weineck, 2000).

1.2.1 Organização estrutural do músculo estriado esquelético

1.2.1.1 Macroscópica

A musculatura esquelética é composta por uma combinação de diferentes tipos de fibras musculares (Tan, 1999). As fibras musculares, segundo Badillo e Ayestarán (2001), são as células dos músculos esqueléticos e têm como função gerar força. As fibras musculares consistem em centenas a milhares de fibrilas que correm

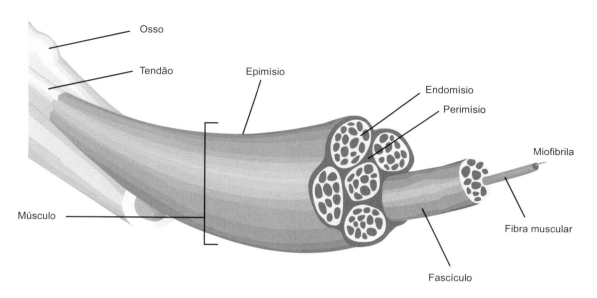

Figura 1.1 - Estrutura básica do músculo.
Fonte: WILMORE, H. J.; COSTILL, L. D. **Fisiologia do Esporte e do Exercício**. 2. ed. São Paulo: Manole, 2001. p. 29.

paralelamente, chamadas miofibrilas (Weineck, 2000). Cada miofibrila compõe-se de milhares de "filamentos musculares", que podem ser divididos em dois grupos: filamentos finos, de actina, e filamentos grossos, de miosina. Cada fibra muscular é envolta e separada das fibras vizinhas por uma delicada camada de tecido conjuntivo, que recebe a denominação de *endomísio*. Outra camada de tecido conjuntivo, o *perimísio*, circunda um feixe de até 150 fibras, denominado fascículo. Circundando todo o músculo, existe uma fáscia de tecido conjuntivo conhecida como *epimísio* (McArdle et al., 1988). (Figura 1.1)

1.2.1.2 Microscópica

O músculo esquelético é constituído de feixes paralelos de fibras musculares. Cada fibra muscular é envolvida por um revestimento externo (sarcolema), constituído por uma fina camada de material polissacarídeo e de fibrilas de colágeno (Guyton e Hall, 2002). As fibras musculares afunilam-se em suas extremidades, fundindo-se com os elementos fibrosos e tendinosos que se ligam aos ossos (Wilmore e Costill, 2001). Entre os feixes de fibras musculares estão os suprimentos sangüíneos, nervosos e tecidos adiposos.

No sarcoplasma (parte líquida da fibra muscular), encontramos uma grande quantidade de potássio, magnésio e fosfato, assim como múltiplas enzimas protéicas (Guyton e Hall, 2002). É o local de obtenção de energia anaeróbica (glicólise), da síntese e degradação do glicogênio e da síntese dos ácidos graxos (Weineck, 2000).

Uma fibra muscular consiste em centenas a milhares de fibrilas, localizadas no sarcoplasma que correm paralelamente, chamadas de miofibrilas (Figura 1.2). Cada miofibrila é formada por cerca de 1.500 filamentos de miosina e 3.000 filamentos de actina, que são grandes moléculas protéicas polimerizadas responsáveis pela contração muscular (Guyton e Hall, 2002). As miofibrilas possuem unidades repetitivas chamadas sarcômeros (Figura 1.3). O sarcômero constitui a unidade contrátil da fibra muscular e está limitado pelas linhas Z. Cada sarcômero apresenta uma organização molecular constituída de filamentos finos e filamentos grossos. A partir da linha Z, os filamentos finos estendem-se paralelamente para ambos os sentidos, sendo intercalados pelos filamentos grossos apenas na região central do sarcômero. Essa organização produz bandas transversais, que variam conforme o estado de contração muscular. Os filamentos grossos constituem-se de moléculas de miosina e os filamentos finos, de moléculas de actina, tropomiosina e troponina (Figura 1.4).

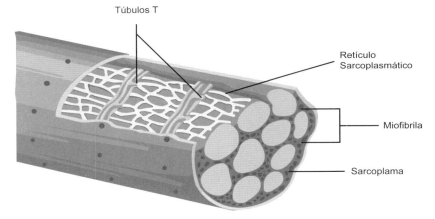

FIGURA 1.2 – O sarcoplasma e a miofibrila.

Fonte: WILMORE, H. J.; COSTILL, L. D. **Fisiologia do Esporte e do Exercício**. 2. ed. São Paulo: Manole, 2001. p. 30.

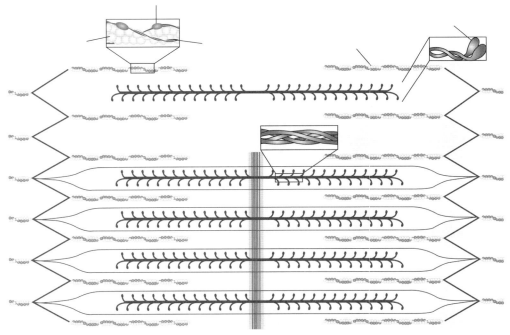

FIGURA 1.3 - O sarcômero.

Fonte: WILMORE, H. J.; COSTILL, L. D. **Fisiologia do Esporte e do Exercício**. 1. ed. São Paulo: Manole, 2000. p. 32.

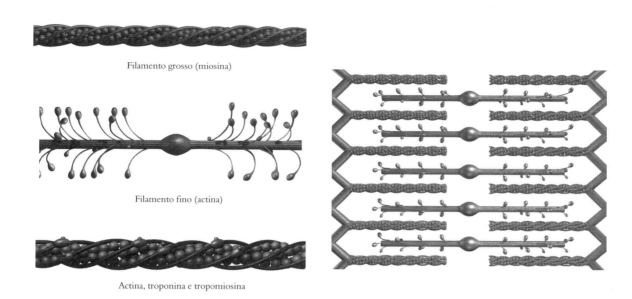

FIGURA 1.4 - Miofilamento grosso (macromolécula de miosina) e miofilamento fino (molécula de actina, tropomiosina e troponina).

Fonte: CD-ROM Interactive Physiology 7 – System Suite

A miosina (proteína contrátil) corresponde a 55% da proteína miofibrilar, e os espessos filamentos de miosina constituem-se de 300 a 400 moléculas de miosina, dispostos paralelamente (Scott, 2001). Na cadeia pesada, a "cabeça" possui dois sítios ativos: uma que possui alta afinidade pela actina e uma outra catalítica que hidrolisa o ATP. As moléculas de miosina formam um feixe em que as "cabeças" se destacam do eixo central e dispõem-se próximos aos filamentos de actina. Apesar da elevada afinidade das moléculas de miosina com a actina, no músculo relaxado, o sítio de ligação da actina com a miosina é obstruído pela tropomiosina.

A actina constitui 20% a 25% da proteína miofibrilar e ocorre em duas formas (actina G e actina F) que, quando polimerizadas, formam cordões duplos helicoidais. Cada molécula de actina G liga-se com grande afinidade a um íon Ca^{++} e a uma molécula de ATP.

A tropomiosina é uma molécula formada por duas cadeias peptídicas separadas e enroladas entre si.

A troponina é uma proteína globular com função reguladora que possui três subunidades: *C*, que se liga a íons Ca^{++}; *I*, que é inibitória; e *T*, que se liga à tropomiosina.

1.3 Contração muscular

1.3.1 A unidade motora

Para que uma fibra muscular produza movimento, é necessário que seja inervada. Segundo Wilmore e Costill (2001), cada fibra muscular é inervada por um nervo motor simples, o qual termina próximo do meio da fibra muscular. A união de um nervo motor e todas as fibras por ele inervadas recebe o nome de unidade motora (UM) (Figura 1.5) (Dantas, 1995). O número de fibras inervadas por um motoneurônio pode variar entre 5 (nos músculos que intervêm em movimentos de grande precisão) e mais de 1.000 (nos músculos que intervêm em movimentos de pequena precisão) (Billeter 1992, apud Badillo).

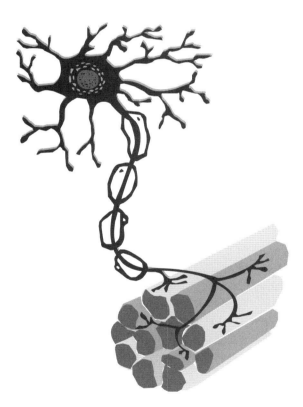

Figura 1.5 - Unidade motora.

Fonte: Wilmore, H. J.; Costill, L. D. **Fisiologia do Esporte e do Exercício.** 2. ed. São Paulo: Manole, 2000.

As fibras musculares esqueléticas são inervadas por grandes fibras nervosas mielinizadas, com origem nos grandes motoneurônios dos cornos anteriores da medula espinhal (a maioria, se não todos os neurônios que inervam os músculos esqueléticos, são do tipo A alfa) (Smith et al., 1997), cujos axônios, ao se aproximarem das fibras musculares, ramificam-se e perdem a bainha de mielina. Os terminais se justapõem a uma depressão do sarcolema chamada placa motora, que contém microvesículas de acetilcolina (veículos utilizados por esse transmissor neuromuscular). Assim, quando um impulso nervoso chega à placa motora, a acetilcolina é libertada e o sarcolema, despolarizado. A acetilcolina se propaga pela fenda neuromuscular para se ligar aos sítios receptores da placa motora muscular, inervada pela respectiva terminação nervosa (Powers e Howley, 2000). Desencadeia-se, assim, um potencial de ação que se propaga ao longo da fibra muscular. Um impulso único do motoneurônio desencadeia uma contração nas fibras musculares, que inerva, ativando-as quase simultaneamente. Desse modo, a unidade motora obedece à *lei do tudo ou nada.*

A quantidade de força que pode ser produzida pelo sistema musculoesquelético depende da integridade dos elementos contráteis e não contráteis (endomísio, epimísio e perimísio) das UMs (Frontera et al., 1999). Todas as fibras musculares pertencentes a uma dada UM contraem-se ou relaxam quase simultaneamente; elas são recrutadas de maneira assincrônica, pois são controladas por alguns neurônios diferentes, que podem transmitir impulsos excitatório ou inibitório. O fato de o músculo contrair ou relaxar depende do somatório de vários impulsos recebidos pela UM em um determinado momento (Smith et al., 1997).

1.3.2 Teoria de Huxley

Quando o músculo está relaxado, a concentração de Ca^{++} no mioplasma é insignificante em relação ao meio extracelular. Com a chegada dos impulsos nervosos, a fibra muscular responde com um potencial de ação e a atividade elétrica propaga-se pelos túbulos T, atingindo as cisternas do retículo sarcoplasmático (RE). A função dos túbulos T é permitir a rápida propagação da onda de despolarização em direção às cisternas do RE. A despolarização dos túbulos T libera Ca^{++}, e o cálcio armazenado no interior do retículo sarcoplasmático flui passivamente para o mioplasma a favor do seu alto gradiente de concentração.

Os íons Ca ligam-se com grande afinidade aos sítios da troponina C, modificando a sua organização espacial, tornando livre o sítio T, que poderá se ligar à tropomiosina. Agora, o complexo formado pode desobstruir o sítio de ligação da actina com a miosina. A pronta formação do complexo actina-miosina forma uma ponte cruzada entre o filamento fino e o grosso.

Como a miosina tem um sítio catalítico para a hidrólise de ATP, essa união torna a energia química disponível para o dobramento da cabeça de miosina, e os filamentos finos sofrem um ciclo de arraste para o centro, isto é, os filamentos finos deslizam-se sobre os grossos. Com a hidrólise do ATP, a molécula de miosina perde a afinidade pela actina e desliga-se, restabelecendo a sua posição original.

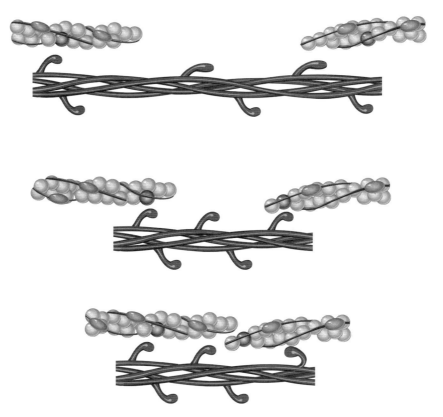

FIGURA 1.6 - Fibra muscular relaxada, contraindo e totalmente contraída, ilustrando o deslizamento dos filamentos de actina e miosina.

Fonte: WILMORE, H. J.; COSTILL, L. D. **Fisiologia do Esporte e do Exercício**. 2. ed. São Paulo: Manole, 2000.

1.3.3 Regulação da força muscular

Pode ocorrer de duas formas:

1 - Aumento do recrutamento das unidades motoras – *somação espacial*: quanto maior o número de unidades motoras (UMs) estimuladas, maior a quantidade de força desenvolvida. As UMs menores são excitadas com muito mais facilidade do que as maiores porque são inervadas por fibras nervosas menores, ou seja, se ativamos apenas uma UM, uma quantidade pequena de força é produzida; se muitas UMs são ativadas, mais força é produzida. Se todas as UMs forem ativadas, a força máxima é produzida pelo músculo.

2 - Aumento da freqüência do estímulo – *somação temporal*: No músculo esquelético, a duração da contração é muito superior à duração do potencial de ação que o desencadeia.

Assim, o potencial de ação termina durante a fase inicial do período de contração. Desse modo, se o motoneurônio for estimulado repetidamente e se o segundo impulso atingir o músculo antes de ocorrer o relaxamento após o primeiro estímulo, este se contrai de novo; dessa forma, o grau de encurtamento final será ligeiramente superior (nível superior de tensão). A força resultante dos dois estímulos será considerada maior do que a que resultaria de um estímulo único com a mesma intensidade (somatório) A somação temporal (Figura 1.7) começa a ocorrer quando a freqüência de estimulação ultrapassa 10 impulsos por segundo.

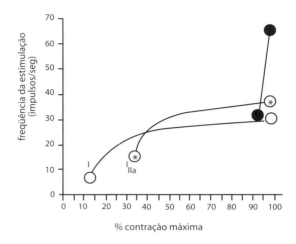

Figura 1.7 - O aumento da freqüência de estimulação das fibras esqueléticas pelo córtex motor promove aumento da força desenvolvida pelo músculo. À medida que o músculo aumenta a porcentagem de força máxima que desenvolve, verifica-se um aumento no número de impulsos nos motoneurônios das UMs recrutadas. Este fenômeno é conhecido como somação temporal.

1.3.4 Tipos de contração muscular

A contração muscular é o estado de atividade mecânica. Para Gardiner (1995), o trabalho muscular envolve um aumento da tensão intramuscular. Quando o aumento é acompanhado de uma mudança no comprimento do músculo, diz-se que a contração é isotônica. Quando a tensão muscular é aumentada, sem que haja mudança no comprimento do músculo, denomina-se contração isométrica.

As pontes cruzadas se estabelecem aumentando a tensão ou a rigidez do músculo nas contrações isométricas. O desenvolvimento deste tipo de força ocorre tipicamente nos músculos posturais ou quando um músculo atua contra uma força oposta. Apesar de não ocorrer trabalho externo, o músculo realizou um trabalho interno.

Segundo Bienffait (1993), a contração isométrica realizada contra resistência máxima fornece o método mais rápido para se obter hipertrofia muscular em um determinado ponto de amplitude, porque a resistência necessita do maior aumento possível da tensão intramuscular.

Na contração isotônica, os filamentos de actina são puxados e aproximados um dos outros; nesse caso, o movimento articular é produzido, e essa ação é considerada dinâmica.

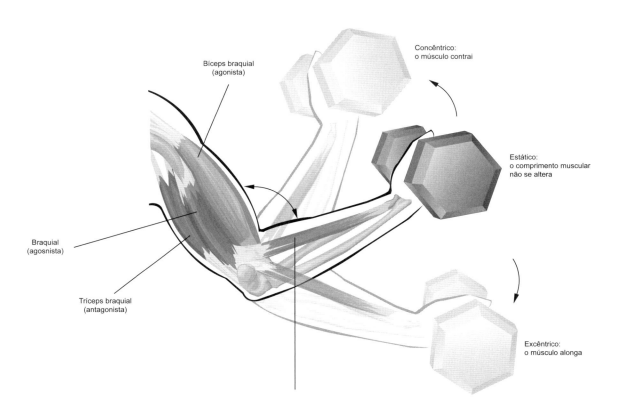

Figura 1.8 - Contração isotônica e contração isométrica.

Fonte: Wilmore, H. J.; Costill, L. D. **Fisiologia do Esporte e do Exercício**. 2. ed. São Paulo: Manole, 2000. p. 47.

1.3.5 Mecânica da contração muscular

Além da despolarização da membrana da fibra muscular, o impulso elétrico se propaga através da fibra, por intermédio dos túbulos T, (Wilmore e Costill, 2001), desencadeando a liberação de Ca^{++} pelas vesículas localizadas no retículo sarcoplasmático. O Ca^{++} é captado imediatamente pelas moléculas de troponina, localizadas sobre os filamentos de actina. Isso resulta na ligação da "cabeça" da miosina com os sítios ativos que se encontram sobre o filamento de actina (Fox; Mathews, 1983).

Acredita-se que as moléculas de tropomiosina, no estado de repouso, descansem sobre os sítios ativos dos filamentos de actina, impedindo ou enfraquecendo a ligação das "cabeças" da miosina. (Wilmore e Costill, 2001). Quando os íons Ca^{++} são liberados do retículo sarcoplasmático, eles se unem a subunidades C da troponina sobre os filamentos de actina (Weineck, 2000). A troponina, com sua alta afinidade pelos íons Ca^{++}, inicia o processo de ação por meio da retirada das moléculas de tropomiosina de cima dos sítios ativos dos filamentos de actina, permitindo que as "cabeças" da miosina se fixem a esses sítios (Wilmore e Costill, 2001).

Quando há aplicação de estímulos cada vez mais freqüentes, este produzirá contrações musculares sustentadas e uniformes; o somatório completo é denominado *tetania*, que é a força máxima que uma unidade motora pode desenvolver (Fleck e Kraemer, 1999). Assim, uma maneira de aumentar a força de contração máxima de uma unidade motora é aumentando a freqüência de estimulação das unidades musculares.

Um músculo é constituído de muitas unidades motoras. Assim, o desempenho mecânico do músculo como um todo pode ser aumentado recrutando-se a atividade de todas as unidades motoras. É em função da organização morfofuncional que podemos graduar precisamente a força muscular. Se todas as fibras musculares de um músculo fossem inervadas por um único motoneurônio, o músculo sempre se contrairia de uma única vez. O recrutamento é realizado em uma determinada ordem, em que as unidades motoras mais fracas (em termos de potência mecânica) são recrutadas primeiro e, depois, as mais potentes.

1.4 Tipologia das fibras estriadas esqueléticas

As fibras musculares podem dividir-se em fibras de contração lenta e fibras de contração rápida, dependendo da velocidade de produção de energia, velocidade de contração (Badillo e Ayestarán, 2001) e resistência à fadiga (Weineck, 2000). Possuem, também, propriedades metabólicas e contráteis diferentes (Fleck e Kraemer, 1999).

1.4.1 Fibras musculares de contração lenta

Também são chamadas de CL, fibras vermelhas, *slow twitch*, ST, tônicas, oxidativas ou tipo I. Geram energia para a ressíntese de ATP predominantemente por meio do sistema aeróbico para transferência de energia (McArdle et al., 1998), sendo, então, mais adequadas ao desempenho de atividades de resistência. Fleck e Kraemer (1999) corroboram ao afirmar que as fibras de contração lenta são mais adaptadas a esforços de maior duração. No Quadro 1.3, estão as principais características da fibra tipo I, no Quadro 1.4 principais características da fibra tipo II, assim como um resumo as características de ambas as fibras no Quadro 1.5.

Quadro 1.3 - Principais características da fibra tipo I (McArdle et al., 1998; Fleck; Kraemer, 1999; Wilmore; Costill, 2001; Badillo; Ayastáran, 2001)

- Coloração vermelha;
- Altos níveis de atividades de enzimas aeróbicas;
- Baixos níveis de atividade de miosina atpase;
- Mitocôndrias numerosas e volumosas;
- Tamanho e número menor de miofibrilas;
- Baixo limiar de ativação;
- Menor velocidade de contração;
- Menor produção de força;
- Alta densidade capilar;
- Grandes reservas intramusculares de triglicerídeos;
- Baixa taxa de fadiga;
- Ideais para desempenhos de baixa intensidade e longa duração.

Alguns autores admitem a existência de uma subdivisão da fibra muscular de contração lenta, a fibra Ic. Elas são uma forma menos oxidativa que o tipo I. Com o treinamento de força ou anaeróbico, segundo Fleck e Kraemer (1999), elas podem aumentar em número em razão da ausência de estresse oxidativo da modalidade de treinamento.

1.4.2 Fibras musculares de contração rápida

Conhecidas, também, por CR, fibras brancas, *fast twitch*, FT, fásicas, glicolíticas ou tipo II. São caracterizadas por possuir uma alto nível de atividade da miosina ATP, desenvolver contrações rápidas e vigorosas e depender basicamente das vias de transferência anaeróbicas para ressíntese de ATP (Dantas, 1995). As fibras de contração rápida são destinadas a esforços de curta duração e alta intensidade. No Quadro 1.4, estão as principais características da fibra tipo II.

Quadro 1.4 - Principais características da fibra tipo II (McArdle et al., 1998; Fleck; Kraemer, 1999; Wilmore e Costill, 2001; Badillo; Ayastáran, 2001)

- Coloração branca;
- Grandes reservas de atp e pc intramuscular;
- Alta atividade de enzimas glicolíticas;
- Capacidade de gerar energia rapidamente através de fontes anaeróbicas;
- Densidade mitocondrial baixa;
- Tempo de relaxamento mais rápido;
- Alto limiar de ativação;
- Maior velocidade de contração;
- Maior produção de força;
- Menor vascularização;
- Pequenas reservas intramusculares de triglicerídeos;
- Alta taxa de fadiga;
- Ativadas nas atividades de curta duração e alta intensidade.

Quadro 1.5 — Resumo das características das fibras musculares tipo I e II

Característica	Tipo I	Tipo II
Força por área de seção transversa	baixa	alta
Atividade da ATPase miofibrilar	baixa	alta
Reservas intramusculares de ATP	baixas	altas
Reservas intramusculares de PC	baixas	altas
Velocidade de contração	lenta	rápida
Tempo de relaxamento	lento	rápido
Atividade enzimática glicolítica	baixa	alta
Endurance	alta	baixa
Reservas intramusculares de glicogênio	sem diferença	sem diferença
Reservas intramusculares de triglicerídeos	altas	baixas

continua

continuação

Característica	Tipo I	Tipo II
Conteúdo de mioglobina	alto	baixo
Atividade enzimática aeróbica	alta	baixa
Densidade capilar	alta	baixa
Densidade mitocondrial	alta	baixa

Fonte: Fleck e Kraemer, 1999, p. 64.

O tipo de fibras de contração rápida são subdivididas em IIa, IIb e IIc. As fibras IIa (intermediária) possuem boas características aeróbicas e anaeróbicas, enquanto as do tipo IIb apresentam boas características anaeróbicas, porém aeróbicas fracas (Staron, Hikida e Hagerman, 1983 apud Fleck e Kraemer, 1999). As fibras IIc são mais oxidativas que os tipos IIa e IIb e ocorrem em número muito pequeno.

A proporção entre as fibras vermelhas e brancas varia entre os diversos músculos do corpo humano. Por exemplo: nos músculos posturais (ex.: longuíssimo), há uma predominância das fibras CL, ao passo que em músculos como o quadríceps é encontrado um maior percentual de fibras CR (Farinatti e Monteiro, 1992).

Além disso, a tipologia de fibras musculares pode sugerir o sucesso esportivo de um indivíduo, visto que, em atletas de *endurance*, há predominância de fibras de contração lenta, ao passo que atletas de força e velocidade apresentam predominância de fibras de contração rápida (Figura 1.9 e Quadro 1.6).

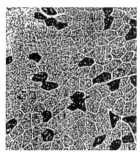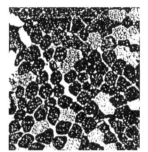

FIGURA 1.9 - Distribuição das fibras musculares de um velocista (*sprinter*) (as fibras claras são do tipo FT Ib) e de um ciclista de prova de velocidade (as fibras escuras são do tipo ST I).

Fonte: HOWALD, 1984 apud WEINECK, 2000.

Quadro 1.6 — Percentagens das fibras de contração lenta (CL) e rápida (CR) em músculos selecionados de atletas de ambos os sexos

Atleta	Sexo	Músculo	%CL	%CR
Corredores (velocistas)	H	Gastrocnêmio	24	76
	M	Gastrocnêmio	27	73
Corredores (de longa distância)	H	Gastrocnêmio	79	21
	M	Gastrocnêmio	69	31
Ciclistas	H	Vasto lateral	57	43
	M	Vasto lateral	51	49
Nadadores	H	Deltóide posterior	67	33

continua

continuação

Atleta	Sexo	Músculo	%CL	%CR
Levantadores de peso	H	Gastrocnêmio	44	56
	H	Deltóide	53	57
Triatletas	H	Deltóide posterior	60	40
	H	Vasto lateral	63	37
	H	Gastrocnêmio	59	41
Canoístas	H	Deltóide posterior	71	29
Arremessadores de peso	H	Gastrocnêmio	38	62
Não atletas	H	Vasto lateral	47	53
	M	Gastrocnêmio	52	48

Adaptado de Wilmore; Costill, 2001, p. 45.

Na literatura, está bem documentado que o treinamento prolongado pode levar a conversões nos tipos de fibras musculares (Deschenes e Kraemer, 2002). A maioria dos estudos encontra aumentos percentuais nas fibras IIa, com concomitante diminuição das fibras IIb. Ainda não existem evidências que detectem mudanças entre as fibras musculares tipo I e II (Deschenes e Kraemer, 2002).

Com relação às adaptações ocorridas no músculo, Green et al. (2000) complementam que, no início de um treinamento de alta intensidade, é possível provocar alterações fisiológicas no tecido muscular, como redução na taxa de depleção de glicogênio e menor acúmulo, além de maior velocidade na remoção de ácido lático.

Referências

Badillo, J. J. G; Ayestarán, E. G. **Fundamentos do treinamento de força**: aplicação ao alto rendimento desportivo. Porto Alegre: Artmed, 2001.

Baechle, T. R. **Essentials of strength training and conditioning**. Champaign: Human Kinetics, 1994.

Barbanti, V. J. **Teoria e Prática do Treinamento Esportivo**. São Paulo: Edgar Blücher, 1979.

Bienfait, M. **Os Desequilíbrios Estáticos**. 3. ed. São Paulo: Summus, 1993.

Billeter, R; Hoppeler, H. Muscular basis of strength. In: **Strength and power in sport**. London: Edited by P. Komi. Blackweil Scientific Publication, 1992. p. 39-63.

Castelo, J.; Baneto, H.; Alves, F., Santos, P.; Carvalho, J.; Vieira, J. **Metodologia do Treino Desportivo**. Lisboa: FMH Edições, 1998.

Dantas, E. H. M. **A prática da Preparação Física**. Rio de Janeiro: Shape, 1995.

Deschenes, M. R.; Kraemer, W. J. Performance and physiologic adaptations to resistence training. **American Journal of Physical Medicine & Rehabilitation**, 2002; 81 (suppl): S3-S16.

Farinatti, P. T. V., Monteiro, W. D. **Fisiologia e avaliação funcional**. Rio de Janeiro: Sprint, 1992.

Frontera R. W.; Dawson, M. D.; Slovick, M. D. **Exercício Físico e Reabilitação**. Porto Alegre: Artmed, 1999.

Fox, L. E.; Matheus, K. D. **Bases Fisiológicas da Educação Física e dos Desportos**. 3. ed. Rio de Janeiro: Interamericana, 1983.

Fleck, S. J.; Kraemer, W. J. **Fundamentos do treinamento de força muscular**. Porto Alegre: Artmed, 1999.

Gardiner, D. M. **Manual de Terapia por Exercícios**. São Paulo: Santos, 1995.

Godoy, E. **Musculação Fitness**. Rio de Janeiro: Sprint, 1994.

Grosser, M.; Bruggemann, P.; Zintl, F. **Alto Rendimiento Deportivo**. Barcelona: Ediciones Martinez Roca, 1989.

Guedes Jr, D. P. **Personal Training na musculação**. Rio de Janeiro: Ney Pereira, 1997.

Guyton, C. A.; Hall, E. J. **Tratado de Fisiologia Médica**. 10. ed. Rio de Janeiro: Guanabara Koogan, 2002.

Hollmann, W.; Hettinger, Th. **Medicina do Esporte**. São Paulo: Manole, 1983.

Howald, H. Transformations morphologiques et fonctionelles des fibres musculares, provóques par léntrenaiment. **Rev. Méd. Suisse Romande**, 1984; 104:757-69.

Lambert, G. **Musculação**: Guia do técnico. São Paulo: Manole, 1987.

Lieber, L. R., Kelly, J. M. Factors Influencing Quadriceps Femoris Muscle Torque Using Transcutaneous Neuromuscular Electrical. **Physical Therapy**, 1991; 71:716-23.

Manso, J. M. G.; Valdivielso, M. N.; Caballero, J. A. R. **Bases Teóricas del Entrenamiento Deportivo**. Madrid: Gymnos Editorial, 1996.

Mcardle, W. D.; Katch, F. I.; Katch, V. L. **Fisiologia do exercício**: energia, nutrição e desempenho humano. 4. ed. Rio de Janeiro: **Guanabara Koogan**, 1998.

Powers, S., Howley, E. T. **Fisiologia do Exercício**: Teoria e Aplicação ao Condicionamento Físico. São Paulo: Manole, 2000.

Safrit, M. J.; Wood, T. M. **Introduction to Mesurement in Physical Education and Exercise Science**. 3. ed. St. Louis: Mosby, 1995.

Santarém, J. M. Musculação. **Gatorade Sports Science Institute-news: 1º Workshop para profissionais de academias**. 1 ed. São Paulo: [s.e], 2001. p. 5-6; Rio de Janeiro: Palestra Sport, 1995. 132 p.

Staron, R. S., Hikida, R.S., Hagerman, F. C. Reevaluation of human muscle fast-twitch subtypes: Evidence for a continuum. **Histochesmistry**, 1983; 78:33-9.

Scott, W; Stevens, J; Binder-Macleod, A. S. Human Skeletal Muscle Fiber Type Classifications. **Physical Therapy**, 2001; 81:1.810-16.

Smith, K. L.; Weiss, L. E.; Lehmkuhl, D. L. **Cinesiologia Clínica de Brunnstrom**. 5. ed. São Paulo: Manole, 1997.

Siqueira, J. **Contração Muscular**. Disponível em: <www.santafisio.com.br>. Acesso em: 07 ago. 2003.

Tan, B. Manipulating Resistance Training Program Variables to Optimize Maximum Strength in Men: A Review. **Journal of Strength and Conditioning Research**, 1999; 13(3), 289–304.

Weineck, J. **Manual de Treinamento Esportivo**. São Paulo: Manole, 1989.

_____. **Treinamento Ideal**. São Paulo: Manole, 1999.

_____. **Biologia do esporte**. São Paulo: Manole, 2000.

Wilmore, J. H.; Costill, D. L. **Fisiologia do Esporte e do Exercício**. São Paulo: Manole, 2001.

Zakharov, A. **Ciência do Treinamento Desportivo**. Rio de Janeiro: Grupo Palestra Sport, 1992.

Zatsiorsky, V. M. **Ciência e prática do treinamento de força**. São Paulo: Phorte, 1999.

Capítulo 2
Adaptações neurais e efeitos hipertróficos dos exercícios resistidos

Adriana Leite Pinto de Gouveia Lemos / Roberto Farás Simão Júnior / Jefferson da Silva Novaes

Em 1990, após a publicação do posicionamento do American College of Sports Medicine (ACSM) intitulado *The Recommended Quantity and Quality of Exercise for Developing and Maintaining Cardiorespiratory and Muscular Fitness and Healthy Adults*, o exercício resistido passou a ser incorporado definitivamente nos programas de exercícios que visam à saúde (ACSM, 1990).

O ACSM apresentou, em 2002, o posicionamento em relação ao exercício resistido para adultos saudáveis, confirmando a tendência de evolução na prescrição e na fundamentação científica que se observou nos anos 1990. A partir daí, a prescrição do treinamento passou a ser orientada por meio dos resultados apresentados na investigação científica. Tal fato contribuiu bastante para a fundamentação teórica dessa prática, mas também suscitou situações questionáveis, em razão da quantidade de pesquisas que eventualmente apresentavam evidências pouco conclusivas em relação às variáveis da prescrição.

De fato, os exercícios resistidos têm sido apontados como método efetivo para aumento da força e hipertrofia muscular (Feigenbaum e Pollock, 1997). Os benefícios a ele atribuídos dependem de uma série de variáveis, que incluem intensidade, duração e volume de exercícios necessários para alcançar os objetivos almejados (ACSM, 2002; Feigenbaum e Pollock, 1999; Feigenbaum e Pollock, 1997; Simão et al., 2002; Simão et al., 2005). É importante, então, conhecer a influência relativa de cada uma das variáveis que compõem a organização de uma sessão de treinamento com exercícios resistidos e considerar que os padrões de prescrição podem variar sensivelmente, de acordo com as diferenças individuais e os objetivos (ACSM, 1998).

Alguns dos fatores mencionados no posicionamento oficial do ACSM (2002), que deveriam ser levados em conta na elaboração de programas de treinamento, são: intensidade das cargas, número de repetições e séries, intervalos de recuperação, ordenação dos exercícios, velocidade de execução e estado de treinamento do praticante.

2.1 Adaptações neurais

Os exercícios resistidos são capazes de modificar elementos do sistema neuromuscular por meio do treinamento específico de força, potência e resistência musculares (Deschenes e Kraemer, 2002). Os principais fatores que contribuem para o incremento da força em função do treinamento são as adaptações neurais e as hipertróficas (Sale, 1987). O programa ideal para otimizar a força muscular ou a hipertrofia continua problemático, particularmente para atletas bem treinados em força, cuja resposta adaptativa ao treinamento é mínima. O problema pode ser atribuído, em parte, a qualidades desconhecidas sobre o intercâmbio complexo entre fatores neurais e hipertróficos, no regime dos exercícios resistidos (Bloomer e Ives, 2000). Embora muitos dos programas mais conhecidos, incluindo os exercícios resistidos em séries simples e múltiplas séries até a falha concêntrica e treinamento com elevados volumes de séries e repetições, tenham aspectos positivos nos ganhos de força e hipertrofia, eles também possuem características que exigem efetivamente adaptações simultâneas do sistema neural e do hipertrófico (Deschenes e Kraemer, 2002; Gabriel et al., 2006). Adaptações neurais são freqüentemente dominantes em programas de exercícios resistidos para pessoas não treinadas, contribuindo primordialmente para ganhos iniciais de força e com pouco impacto nos ganhos de massa muscular (Lathan e Vandem, 1996; Moritani e Vries, 1979; Kraemer e Ratamess, 2004). Na verdade, o estímulo para promover a eficiência do controle motor pode não ser o mesmo estímulo para promover a hipertrofia muscular (Kraemer et al., 1996). Por exemplo, Kraemer et al. (1996) sugerem que, mesmo em um treinamento intenso, uma deficiência no recrutamento neuromuscular pode levar a uma hipertrofia incompleta das fibras musculares utilizadas. Assim, sem um firme entendimento dos fatores neurais, particularmente o comportamento motor, os propósitos dos programas de exercícios resistidos podem ser prejudicados.

O termo "adaptações neurais" tem sido utilizado para resumir três fenômenos que influenciam o aumento da força: a) aumento do número de unidades motoras recrutadas; b) aumento da freqüência de disparo dessas unidades motoras (somação); c) redução da co-ativação dos grupos musculares antagonistas ao movimento (Gabriel et al., 2006; Deschenes e Kraemer, 2002). Talvez a melhor forma de melhorar o treinamento de força seja o desenvolvimento do sistema neural. Nesse sentido, a proposta do treinamento seria incrementar a capacidade de recrutar unidades motoras de alto limiar e melhorar a coordenação intermuscular e intramuscular (Bloomer e Ives, 2000; Burke, 1991).

De acordo com a ordem de recrutamento, as unidades motoras são recrutadas de baixo para alto limiar, se a força requerida aumentar. Entretanto, podem existir variações nessa ordem em virtude da fadiga, do tipo de contração utilizada, das metodologias de treinamento e suas respectivas adaptações (Enoka, 1994; Kraemer et al., 1987). Independentemente da ordem de recrutamento, quanto mais força é requerida, mais unidades motoras precisam ser ativadas e suas taxas de recrutamento aumentadas para produzir mais força (Burke, 1991). Concluindo, mais força pode ser criada pelo aumento da freqüência e recrutamento de unidades motoras dos grupos de músculos e inibição das unidades motoras antagonistas. Portanto, quando em fadiga, o sistema de controle motor torna-se complexo, sendo influenciado por parâmetros fisiológicos (Davis e Bailey, 1997).

Uma variável de treinamento importante quando classificada em programa de adaptações neurais é a intensidade. No treinamento neural, as cargas relativas são elevadas. Poucas repetições levam a um decréscimo no tempo de tensão muscular e, assim, são necessárias mais séries para extenuar as fibras de alto limiar. Foi sugerido que, se as fibras musculares forem recrutadas, mas não sobrecarregadas de maneira a serem levadas à fadiga, elas não foram treinadas (Sale, 1987). A primeira meta no treinamento do sistema nervoso é promover a máxima ativação neural. Nesse contexto, a fadiga do sistema nervoso central (SNC) deve ser considerada. A fadiga do SNC, por ser de origem neurobiológica ou psicológica, reduz o esforço central e o recrutamento das unidades motoras (Davis e Bailey, 1997). A fadiga do SNC está ligada a um grande número de mudanças neuroquímicas que podem ter curso de tempo mais longo do que o da fadiga muscular (Davis e Bailey, 1997). Por isso, se cada músculo não é metabolicamente recuperado, o sistema nervoso pode não ser capaz de recrutar fibras de alto-limiar. Essa noção faz pensar que o treinamento de alta intensidade exigiria longos intervalos de descanso entre as séries, para assegurar uma recuperação adequada (Baechle e Earle, 2000).

O grande número de séries prescritas no treinamento neural pode limitar os tipos de exercícios que podem ser executados em uma sessão de treino. Um número limitado de exercícios com muitas séries é recomendado, em vez de muitos exercícios diferentes com poucas séries, porque um grande número de repetições pode provocar mudanças neurais adicionais. Repetição é o elemento-chave no conhecimento motor (Irwin et al., 1990) – logo, um elevado número de séries de um único exercício deve facilitar as adaptações motoras para um movimento particular (Bernardi et al., 1996). Para evitar o treinamento de um número limitado de grupos musculares em virtude do uso de um ou poucos exercícios, recomenda-se o uso de uma combinação que envolva múltiplas articulações e grandes grupamentos musculares (Simão, 2003).

2.2 Adaptações hipertróficas

Quando o objetivo é aumentar a massa muscular, geralmente é usada carga de intensidade moderada e mais repetições (Baechle e Earle, 2000; Kraemer et al., 1996). Entretanto, em diversas fases do treinamento, cargas elevadas e poucas repetições podem realçar uma resposta da hipertrofia, se a intensidade do treinamento for mais tardiamente reduzida com a inclusão do descanso adequado (Fleck e Kraemer, 2006). Existem muitas possíveis razões que justificariam a intervenção de um ciclo de treinamento neural durante o treinamento hipertrófico. Os ganhos de força obtidos durante os períodos de alta intensidade devem-se, primariamente, a um maior nível de recrutamento das unidades motoras e à síntese de proteína contrátil em oposição à proteína não contrátil (MacDougall et al., 1984). Portanto, maximizar o recrutamento das unidades motoras por meio de alta intensidade do trabalho neural pode habilitar previamente fibras musculares subutilizadas para serem treinadas (Kraemer et al., 1996). Além disso, outros sistemas envolvidos na hipertrofia, como o sistema endócrino, são influenciados pela estimulação neuromuscular (Kraemer e Ratamess, 2004; Deschenes e Kraemer, 2002). Adaptações neurais podem permitir o uso de cargas intensas para um dado número de repetições, de modo que se aumenta o estímulo hipertrófico (Hakkinen et al., 1988).

O tempo total em que o músculo está sob tensão decorre do número de repetições, velocidade ou tempo para executar o movimento solicitado (Simão, 2003). A execução dos exercícios resistidos tem, normalmente, três fases: excêntrica, pausa (estática) e concêntrica. Os tempos podem variar, ainda que seja recomendado que a duração total de uma série não exceda 70 segundos (Stone et al., 1981). Séries maiores, provavelmente, não têm carga suficiente para o desenvolvimento da força ou hipertrofia muscular, enfatizando mais a resistência de força.

Os efeitos agudos e crônicos do tempo de tensão sobre o músculo apresentam-se poucos esclarecidos, principalmente quando a velocidade do movimento não é padronizada. Desse modo, cada indivíduo realizará o exercício com o padrão de movimento mais confortável e diferenças poderão ser verificadas. É possível que exista uma relação entre a velocidade de execução do exercício e a fadiga muscular localizada. Assim, o exercício intenso proporcionaria um tempo de tensão menor que a atividade menos intensa, do mesmo modo que exercícios com tempo de tensão maior seriam mais intensos que os outros com carga similar (Polito et al., 2003). O percentual de 1 RM e o número de repetições máximas são indicadores da carga a ser mobilizada durante o exercício (ACSM, 2002). Porém, a dificuldade de realizar testes que envolvam 1 RM pode refletir-se em uma interpretação equivocada do resultado em relação à carga. Poucas são as informações, na literatura, que abrangem o percentual de 1 RM e o número máximo de repetições possíveis de serem completadas, assim como a relação entre a quantidade de repetições máximas e o percentual de 1 RM correspondente. Possivelmente, agrupamentos musculares diferentes suportariam valores também diferentes em termos de percentual de 1 RM (Hoeger et al., 1990).

Cargas moderadas nos exercícios resistidos permitem um número entre 6-12 repetições máximas (RM) e incrementam o tempo de tensão por série (ACSM, 2002). Corroborando essa informação, um estudo realizado por Weiss et al., em 2000, sugeriu que o número ideal de repetições para grandes ganhos hipertróficos em homens, nos membros inferiores, deveria compreender entre 13 - 15 RM. Portanto, o número de séries prescritas por exercício para levar à fadiga muscular seria, normalmente, menor que no treinamento neural, em razão do incremento do número de repetições. Os intervalos de descanso entre as séries podem ser curtos: de fato, 45-120 segundos parecem ser adequados (Baechle e Earle, 2000; Tan, 1999).

Em suma, indicações de variações de volume e intensidades podem ser inseridas em um programa anual de treinamento, para promover adaptações nos sistemas neural e hipertrófico. Independentemente das respostas individuais ao volume e à intensidade de trabalho (Hakkinen et al., 1985, Hakkinen et al., 1988), se um regime particular não produz resultados, é necessário um método alternativo. Planejando variações na metodologia do programa, podem-se atingir patamares que otimizam o efeito da sobrecarga no treinamento neural e hipertrófico (Bird et al., 2005; Stone e Wilson, 1985; Stone; O'Bryant, 1984; Tan, 1999).

A relação entre intensidade, número de repetições, quantidade de séries e intervalos de recuperação define, evidentemente, o nível de fadiga durante uma sessão de treinamento. Conforme apontado, pode ser interessante controlar a fadiga quando da elaboração de programas de treinamento. No caso de indivíduos treinados, isso ajuda a otimizar o máximo desempenho em todos os exercícios. No caso dos destreinados, esse controle pode representar a diferença entre o indivíduo executar ou não integralmente a sessão de treinamento. Além disso, esse tipo de interrupção precoce, quando sistemática, pode ter implicações até no potencial de adesão ao programa proposto (Simão et al., 2004).

2.3 Conclusão

O ganho de força nos exercícios resistidos decorre de dois fatores determinantes: neurais e hipertróficos. O tecido muscular esquelético é um tecido dotado de grande capacidade de adaptação estrutural e fisiológica, além de exibir um vasto espectro de alcance em termos de suas demandas metabólicas funcionais. Em relação ao treinamento de força, as adaptações que ocorrem na musculatura são decorrentes da manipulação de uma série de variáveis metodológicas, como ordem dos exercícios, número de séries, carga, intensidade e volume de treinamento. Em programas de treinamento que continuam por vários meses ou anos, o limite no aumento da força, hipertrofia muscular e gasto energético é determinado pela capacidade do indivíduo em continuar a responder ao treinamento. Em longo prazo, uma vez que o indivíduo se aproxima do potencial máximo de sua treinabilidade, torna-se imprescindível que as variáveis de prescrição do exercício sejam manipuladas em combinações ideais.

Referências

AMERICAN COLLEGE OF SPORTS MEDICINE. Position stand on the recommended quantity and quality of exercise for developing and maintaining cardiorespiratory and muscular fitness in healthy adults. **Medicine Science Sports Exercise**, 1990; 22:265-74.

_____. _____. **Medicine Science Sports Exercise**, 1998; 30:975-91.

_____. Position stand on progression models in resistance training for healthy adults. **Medicine Science Sports Exercise**, 2002; 34: 364-80.

BAECHLE, TR; EARLE, W. **Essenials of strengh training and conditioning**. Champaign: Human Kinetics, 2000.

BERNARDI, M; SOLOMONOW, M; NGUYEN, G.; SMITH, A.; BARATTA, R. Motor uni recruitment strategies change with skill acquisition. **European Journal of Apllied Physiology**, 1996; 74:52-9.

BIRD, S. P.; TARPENNING, K. M.; MARINO, F. E. Designing resistance training programmes to enhance muscular fitness. **Sports Medicine**. 2005; 35:841-51.

BLOOMER, R. J.; IVES, J. C. Varying neural and hyperrophic influences in a strengh program. **Journal of Strength and Conditioning Research**, 2000; 22:30-5.

BURKE, R. E. **Selective recruitment of motor units**. West Sessey: Sons, 1991.

DAVIS, J. M; BAILEY, S. P. Possible mechanisms of central nervous system fatigue during exercise. **Medicine Science Sports Exercise**, 1997, 29:45-57.

DESCHENES, M. R., KRAEMER, W. J. Performance and physiologics to resistance training. **American Journal of Physical Medicine & Rehabilitation**, 2002; 81:3-16.

ENOKA, R. M. **Neuromechanical basis of kinesiology**. Champaign: Human Kinetics, 1994.

FEIGENBAUM, M. S.; POLLOCK, M. L. Strength training-rationale for current guidelines for adult fitness program. **Physical Sports Medicine**, 1997; 25: 44-64.

_____. Prescription of resistance training for health and disease. **Medicine Science Sports Exercise**, 1999. 31:38-45.

FLECK, S. J.; KRAEMER, W. J. **Fundamentos do treinamento de força muscular**. Porto Alegre: ArtMed, 2006.

GABRIEL, D. A.; KAMEN, G.; FROST, G. Neural adaptations to resistive exercise. **Sports Medicine**, 2006; 36:133-49.

HAKKINEN, K.; PAKARINEN, M.; AIÉN, M.; KAUHANEM, H.; KOMI, P. V. Changes in isometric force and relation time, eleromyography and muscle fiber characteristics of human skeletal muscle during strength training and detraining. **Acta Physiologica Scandinavica**, 1985; 125:573-85.

_____. Daily hormonal and neuromuscular responses o intensive strength training in 1 week. **International Journal of Sports Medicine**, 1988; 9:422-28.

Hoeger W. K.; Hopkins, D. R. Barette, S. L.; Hale, D. F. Relaionship bertween repetituons and selected peecentages of one repetiion maximum: a comparison between untrained and rained males and females. **Journal of Strength and Conditioning Research**, 1990; 4:47-54.

Irwin, K. D.; Palmierj, J.; Siff, M. Training variation. **Journal of Strength and Conditioning Research**, 1990. 12:14-24.

Kraemer, W. J.; Ratamess, N. A. Fundamentals of resistance training: Progression and exercise prescription. **Medicine Science Sports Exercise**, 2004; 36:674-88.

_____; Noble, B. J.; Clark, M. J.; Culver, B. W. Physiologic responses to heavy-resistance exercise with very short rest period. **International Journal of Sports Medicine**, 1987; 8:247-52.

_____, Fleck, S. J., Evans, W. J. Strength and power training: physiological mechanisms of adaptation. **Exercise and Sport Sciences Reviews**, 1996; 24:363-97.

Latham, N. K.; Vandem, N. Will muscle compartmentlization affect our practice? **Physiotherapy Canadian**, 1996; 48:92-5.

Macdougall J. D.; Sale, D. G; Alway, S. E.; Sutton Jr. Muscle fiber number in biceps brachial in bodybuilders and control subjects. **Journal of Applied Physiology**, 1984; 57:1.399-403.

Moritani, M. A.; Vries, D. E. Neural factors versus hypertrophy in the ime course of muscle strength gain. **American Journal of Physical Medicine & Rehabilitation**, 1979. 58:115-30.

Polito, M. D.; Simão, R.; Viveiros, L. E. Tempo de tensão, percentual de carga e esforço percebido em testes de força envolvendo diferentes repetições máximas. **Revista Brasileira de Fisiologia do Exercício**, 2003; 2:290-7.

Sale, D. G. Influence of exercise and training on motor unit acation. **Exercise and Sport Sciences Reviews**, 1987. 15:100-5.

Simão, R.; Polito, M. D.; Viveiros, L. E.; Farinatti, P. T. V. Influência da manipulação na ordem dos exercícios de força em mulheres treinadas sobre o número de repetições e percepção de esforço. **Revista Brasileira de Atividade Física e Saúde**, 2002; 7:53-61.

_____ **Fundamentos fisiológicos para o treinamento de força e potência.** São Paulo: Phorte, 2003.

_____, Farinatti, P. T. V.; Polito, M. D.; Maior, A. S.; Fleck, S. J. Influence of exercise order on the number of repetitions performed and perceived exertion during resistive exercises. **Journal of Strength and Conditioning Research**, 2005. 9: 152-6.

Stone, M. H.; Wilson, D. Resistive training and selected effects. **Medical Clinics of North America**, 1985. 69:109-22.

_____; O'Bryant, H. S.; Garhammer, J. G. A hypothetical model for strength training. **Journal of Sports Medicine**, 1981; 21:342-51.

_____. **Weight training**: a scientific approach. Minneapolis: Burgess Publishing Company, 1984.

Tan, B. Manipulating resistance training program variables o optimize maximum strength in men: a review. **Journal of Strength and Conditioning Research**, 1999; 13:289-304.

Weiss, L. W.; Coney, H. D.; Clark, F. C. Gross measures of exercise-induced muscular hypertrophy. **Journal of Orthophedic & Sports Physical Therapy**, 2000; 30:143-8.

Capítulo 3
Testes e medidas da força muscular

Daniel Dias Sandy / Jefferson da Silva Novaes

Em um programa de treinamento de força, o objetivo principal é a obtenção de aumentos significativos na força muscular, sendo a força classificada como a capacidade de um músculo ou agrupamento muscular em gerar tensão (Pereira e Gomes, 2003). A força muscular é comumente verificada por meio de testes para medição da força, que são utilizados há anos em pesquisas e por treinadores para avaliar e controlar evoluções no treinamento e na reabilitação de lesões. Essa análise da força é feita normalmente por dois mecanismos: testes estáticos ou isométricos e testes dinâmicos ou isotônicos.

Em qualquer teste, é necessário preocupar-se com alguns aspectos para determinar a força de maneira adequada, para assim poder avaliar sem influenciar os resultados. Esses aspectos estão relacionados com a segurança, o tempo, a facilidade de obtenção dos resultados e a especificidade (idade, sexo, grupos musculares envolvidos, velocidade de execução).

Neste capítulo, serão abordados os tipos de testes de medida da força muscular e explicados seus mecanismos, limitações e implicações práticas.

3.1 Testes estáticos ou isométricos

A força ou contração estática ou isométrica se caracteriza por um exercício em que ocorre uma contração muscular sem a ocorrência de mudança no comprimento do músculo (Fleck e Kraemer, 1997). Os testes para mensuração da força isométrica são utilizados desde o século XIX e estão entre os métodos mais antigos de mensuração da força muscular em diversos grupos musculares (McArdle et al., 1998; Powers e Howley, 2000). Os principais medidores da força isométrica são o tensiômetro de cabo e os dinamômetros de preensão manual e de tração lombar.

3.1.1 Tensiômetro de cabo

O tensiômetro de cabo está entre os primeiros métodos de verificação da força isométrica ou estática em vários agrupamentos musculares. Ele tem como função verificar a força muscular durante uma contração estática ou isométrica, quando não é observada qualquer modificação no comprimento esterno do músculo. Esse medidor é comumente utilizado na verificação da força nos extensores do joelho e em outros grupos musculares, que se dá à medida que a força ou tensão no cabo aumenta, fazendo que o ponteiro do tensiômetro seja deprimido, mostrando assim o escore ou valor da força do indivíduo.

O tensiômetro é um aparelho leve, portátil, fácil de usar e versátil para a verificação da força em diversos ângulos de movimento de uma determinada articulação. Essas características facilitam a análise da força por esse método, sendo, então, muito utilizado por fisioterapeutas na análise da perda ou diminuição da força muscular por motivos de lesões ou doenças. O teste é comumente realizado em vários ângulos articulares, consistindo em três ou quatro tentativas de contrações máximas girando em torno de 5 segundos cada contração. A melhor destas tentativas é considerada a maior força. (Powers e Howley, 2000).

O teste isométrico ou estático com o tensiômetro pode ser considerado mais vantajoso para fins terapêuticos quando comparado com o teste dinâmico. Isso se deve ao fato de o teste com o tensiômetro conseguir atingir a força máxima em vários ângulos articulares. É mais eficiente para mensurar os ganhos de força antes e após exercícios de força em indivíduos com membro lesionado e pode fornecer um quadro mais nítido da força quando comparado ao método dinâmico de avaliação da força (Mcardle et al., 1998).

3.1.2 Dinamômetros

A força muscular pode ser mensurada por meio de aparelhos de dinamometria, que verificam a força máxima pelo mecanismo de compressão. Esses mecanismos se utilizam da força gerada no equipamento, no qual é comprimida uma mola de aço, movendo o ponteiro e mostrando em uma escala o quanto de força foi gerado. Essa força é determinada pela quantidade de força necessária para movimentar o ponteiro, já que o aparelho é calibrado e se conhece esse valor; assim, sabendo-se com exatidão quanto de força externa foi aplicada para movimentar o ponteiro do dinamômetro, pode-se quantificar a força. Existem dois tipos de dinamômetros utilizados há muitos anos na mensuração da força. Os dinamômetros de tração lombar e preensão manual são equipamentos que possibilitam a avaliação da força de tronco e de quadril e preensão manual. A força é geralmente determinada após três tentativas de preensão ou tração máxima das mãos e do tronco, com um minuto de intervalo entre as tentativas (Powers e Howley, 2000).

3.2 Teste de força dinâmica ou isotônica

A força ou contração dinâmica ou isotônica é determinada por uma contração muscular em que ocorre mudança no comprimento do músculo, estando mais relacionada a exercícios e atividades esportivas em que tende a haver predominância de movimentos articulares.

Os testes dinâmicos possuem características distintas, que podem influenciar na avaliação da força e em sua análise em razão das características mecânicas e de abordagens. A velocidade de movimento, torque e resistência são fatores que podem influenciar o teste, seguido de fatores relacionados a abordagens dos testes, como segurança, orientação, familiarização e número de tentativas, velocidade de movimento e intervalo entre tentativas.

Os métodos de avaliação da força dinâmica mais comum são teste de força em aparelhos isocinéticos, teste de força máxima (1 RM) e teste de força submáxima. Cada método possui características diferenciadas, que serão ilustrados a seguir.

3.2.1 Teste de força em aparelhos isocinéticos

O teste de força isocinético se caracteriza por ser um dispositivo de avaliação que possibilita determinar e quantificar valores mais completos para a avaliação muscular.

A avaliação da força muscular por equipamentos isocinéticos é caracterizada pelo controle da velocidade de movimento. O dinamômetro isocinético é um equipamento eletromecânico muito utilizado na avaliação da força dinâmica. Equipamentos como esse possuem dispositivos que controlam a velocidade, mantendo-a constante por toda a extensão do movimento, enquanto regulam a resistência por meio de um sistema de acomodação, que proporciona uma força contrária às variações de força geradas pelo músculo. Essa variação é determinada por um transdutor localizado dentro do equipamento, que controla continuamente a força muscular gerada e a resistência equivalente, emitindo esses dados para o computador, que equaciona e informa a média de força gerada e o ângulo de movimento, permitindo leituras rápidas do desempenho no teste.

O teste de força isocinético permite a verificação de força, aceleração, torque e velocidade de vários movimentos, possibilitando uma análise da força máxima em todos os ângulos de movimento. Talvez essa particularidade ofereça mais vantagens na verificação da força muscular.

3.2.2 Teste de repetição máxima (1 RM)

O teste de repetição máxima é um teste de análise da força máxima comum em laboratórios de pesquisa e busca verificar a força máxima em uma repetição. O teste de 1 RM pode ser definido como a maior carga a ser movida por uma determinada amplitude de movimento uma única vez com execução correta (Pereira e Gomes, 2003) e, ainda, pela maior quantidade de peso levantado durante um único esforço máximo por meio de um movimento completo e que não se consiga repetir uma segunda vez de forma completa (Shaw et al., 1995).

3.2.2.1 Procedimento do teste

Considerado o padrão para teste dinâmico de avaliação da força, o teste de 1 RM segue algumas etapas básicas para seu procedimento, segundo as diretrizes do ACSM 2000 para testes de esforço:

1. Determinar e realizar um período de familiarização por meio de sessões práticas.
2. Aquecimento de 5 a 10 repetições submáximas (40% a 60% do máximo percebido).
3. Após um intervalo de 1 minuto, determina-se uma carga entre 60% a 80% do máximo permitido e executa-se 3 a 5 repetições.
4. Dado novo intervalo, há um pequeno acréscimo na carga e o indivíduo é instruído a realizar 1 RM. Caso tenha obtido sucesso no levantamento, será dado um período de 3 a 5 minutos para nova tentativa. Para o sucesso do teste, 3 a 5 tentativas são determinadas. O número de tentativas é realizado até que ocorra a falha de uma tentativa.
5. O valor de 1 RM é relatado com a carga da última tentativa realizada com sucesso.

3.2.2.2 Segurança do teste de repetição máxima

Na avaliação da força máxima em um teste de 1 RM, muitos cuidados devem ser tomados para que os resultados sejam confiáveis e para que seja mantida a integridade física dos indivíduos analisados. A manutenção da integridade física relacionada ao teste de 1 RM é pouco evidenciada, mas é amplamente citada na literatura. Isso é decorrente da grande imposição de carga nos indivíduos, que podem não ter suporte articular e muscular para tolerar uma carga de 100% ou próxima a esse percentual.

O fator segurança e risco de lesão em teste de 1 RM foi observado investigando sua segurança em crianças (Faigenbaum et al., 2003), idosos treinados e destreinados (Shaw et al., 1995; Pollock et al., 1991), cardiopatas (Bernard et al., 1999; Faigenbaum et al., 1990), doentes respiratórios (Kaelin et al., 1999) e adultos saudáveis (Gordon et al., 1995), buscando verificar a incidência de lesões.

Pollock et al. (1991) investigaram a incidência de lesão relacionada a diversos programas de treinamento em idosos. Foram analisados 57 idosos saudáveis, sendo 25 homens e 23 mulheres – com idades entre 70 e 79 anos –, que executaram teste de 1 RM no supino e na cadeira extensora. A incidência de lesão foi de 11 indivíduos entre 57 (19,3%), o que mostrou um alto número de lesões relacionadas ao teste. Definiu-se, então, que para grupos de idosos destreinados e inexperientes os riscos eram percentualmente maiores.

Esse estudo nos levou a crer que o teste de 1 RM em idosos destreinados poderia não ser a estratégia mais segura para avaliar a força máxima; no entanto, Shaw et al. (1994) verificaram o índice de lesões relacionadas ao teste de 1 RM em idosos treinados e destreinados. Os idosos foram divididos em três grupos, que executaram 1 RM em cinco exercícios diferentes (supino, cadeira extensora, abdominal, rosca bíceps e panturrilha). Os grupos foram divididos por nível de experiência (1- superior a 6 meses; 2- inferior a seis meses; 3- inexperientes). Os resultados encontrados não corroboram Pollock et al. (1991). Somente dois casos de lesão (2,4%) foram reportados, levando a uma interrupção das atividades físicas por um período de duas a cinco semanas. Todos os outros avaliados mantiveram suas rotinas de exercícios, porém, muitos deles reclamaram de dores musculares e articulares dois dias após o teste. Shaw et al. (2004) mostram, por meio dessa pesquisa, que no teste de 1 RM somente dois indivíduos sofreram lesões – sem risco de vida ou que gerassem inabilidade –, sendo estes do grupo inexperiente. Concluiu-se, com o estudo, que o teste de 1 RM se mostra seguro quando previamente preparado para os idosos treinados e destreinados.

Analisando os estudos, foi observado que, em ambos, as incidências de lesões foram em idosos destreinados (11 e 2 indivíduos, respectivamente). Isso nos indica que, nesse grupo específico, a utilização e os cuidados na administração do teste de 1 RM devem ser avaliados com mais rigor.

Também buscando observar o aspecto de segurança do teste, Faigenbaum et al. (2003) verificaram a eficácia do teste de 1 RM e a incidência de lesões em crianças saudáveis (de $\pm$ 12,3 anos). Foram recrutadas 32 crianças sem grande experiência em treinamento de força, que executaram testes de 1 RM em exercícios de membros superiores e inferiores, com um período de familiarização com orientação de 10 minutos nos exercícios nos quais seriam testados. Executados os testes, foi determinado um novo encontro, dois a quatro dias depois, para que fossem questionados sobre a ocorrência de lesões e dores. No estudo, esperava-se um grande índice de dores consideradas severas, que limitariam as atividades físicas. Todas as crianças concluíram o estudo com boa tolerância ao protocolo de coleta dos dados, e não houve verificação de lesões nem de dores severas pós-teste. Concluiu-se ser segura a avaliação da força em 1 RM para as crianças, tornando-se uma alternativa válida se for feita com supervisão e controle. Não é recomendado o teste sem supervisão e controle de execução, sendo considerado um risco à integridade física dos testados.

Bernard et al. (1999) buscaram verificar os efeitos do teste de 1 RM em pacientes em reabilitação cardiorrespiratória e determinar a freqüência de dores e lesões. Setenta e quatro pacientes

(55 mulheres e 19 homens) com idade entre 39 e 76 anos foram divididos por estratificação de risco (baixo = 30; médio = 21; alto = 23). Foram feitos testes de 1 RM e avaliados, quanto à ocorrência de dores ou lesões, imediatamente após o teste, dois e sete dias após o teste. Nenhuma lesão nem dores significativas foram relatadas. Não houve alterações no ritmo da freqüência cardíaca nem na pressão arterial nos pacientes de alto risco, o que mostra que, bem orientado e controlado, o teste de 1 RM não resultou em dores ou lesões em pacientes cardiopatas.

Conclui-se que, com boa orientação e familiarização, o teste de 1 RM pode ser uma alternativa segura e eficiente para avaliar a força em crianças, idosos treinados e destreinados, cardiopatas, doentes respiratórios e adultos saudáveis. Apenas em um estudo foi atestado índice significativo de lesões em idosos sem experiência (Pollock et al., 1991), sendo necessário, nesse caso, que o teste seja muito bem controlado – e somente indicado se assim o for. Recomenda-se um cuidadoso controle do procedimento e um avaliador experiente, para execução de um teste máximo com maior segurança e baixa incidência de lesões.

3.2.2.3 Confiabilidade do teste de 1 RM

A confiabilidade de um instrumento de medida é fundamental para que seja garantida a qualidade e o significado dos dados de uma pesquisa (Pereira e Gomes, 2003). Para que um teste de força tenha dados confiáveis, devem ser observadas algumas características que, se porventura não forem devidamente controladas, podem de alguma maneira influenciar na confiabilidade da medida. Entre os fatores com maior capacidade de influenciar a fidedignidade dos dados, estão orientação e familiarização; número de tentativas; intervalo entre sessões e tentativas.

3.2.2.4 Orientação e familiarização do teste de 1 RM

A orientação e a familiarização de um teste máximo têm sido debatidas a cargo de sua influência na confiabilidade das informações em um teste de 1 RM, visto que podem de alguma forma influenciar na confiabilidade da medida.

Lori e Giamis (2001) verificaram o número de sessões necessário para uma amostra confiável da carga máxima em um teste de 1 RM, comparando jovens e idosas saudáveis e sem experiência. O estudo foi feito com sete jovens mulheres e seis mulheres idosas, todas relativamente saudáveis e ativas. O teste foi feito em uma cadeira extensora, para maior segurança e por ser mais bem tolerado. Foram determinadas três sessões iniciais de orientação e familiarização do teste. No primeiro encontro, foi feita uma entrevista para explicar todo o procedimento de coleta, além de familiarização no equipamento e ajuste, sendo executadas, posteriormente, cinco repetições com peso leve. No segundo encontro, verificou-se a massa corporal, a idade e o ajuste do equipamento, e foram feitas 5 a 10 repetições com carga um pouco mais pesada. No terceiro encontro, a força máxima foi determinada por meio do teste máximo (1 RM). Após 48 horas de intervalo, foi feita nova tentativa, com acréscimo de carga de 1 kg ou sem acréscimo.

Na pesquisa, foi relatado um maior número de sessões para determinação da carga de 1 RM nas idosas (7/10 sessões) contra 2/5 sessões nas jovens. Não foram encontradas diferenças significativas entre os pesos absolutos dos dois grupos. Concluiu-se que foi necessário mais que o dobro de sessões para as idosas atingirem a carga confiável para 1 RM e determinou-se que mulheres idosas necessitam de mais familiarização e prática para obtenção de carga máxima, quando comparado com mulheres jovens com a mesma experiência.

Essa pesquisa mostrou dados interessantes, que podem mudar alguns parâmetros utilizados no teste de 1 RM. As idosas necessitaram de mais que o dobro de tentativas para atingir uma carga confiável, o que mostra que talvez se deva testar de forma diferenciada mulheres idosas e jovens destreinadas.

O estudo de Loris e Gianis (2001) mostrou uma tendência de variação nos números de sessões de familiarização e orientação em mulheres jovens e idosas, relatando diferença entre ambos. Rikki et al. (1996) analisaram homens idosos e recomendaram apenas uma sessão de familiarização para o teste, enquanto Wayne et al. (2004) recomendam três familiarizações como confiáveis para análise em idosos de ambos os sexos.

Em sua investigação, Wayne et al. (2004) tinham o objetivo de verificar a confiabilidade do teste de 1 RM, observando quantas sessões de familiarização eram necessárias em homens e mulheres idosos. Quarenta e sete idosos, sendo 16 homens e 31 mulheres com média de idade de 75,4 anos, foram recrutados e analisados três vezes por semana, com 48 horas de diferença entre cada encontro nos exercícios de supino e *leg press*. Todos os indivíduos passaram por pelo menos três dias de familiarização antes do teste máximo, sempre sendo enfatizada, em todos os dias, a importância da segurança e da técnica de execução dos exercícios. Como resultado, 21 indivíduos necessitaram de três sessões de familiarização, enquanto os outros 26 precisaram de um período entre seis e trinta sessões, que refletiram em pouca ou nenhuma diferença clínica quando comparadas. Visto isso, definiu-se que um número de três sessões de familiarização mostrou ser confiável para a obtenção da força em 1 RM em idosos de ambos os sexos.

Em uma busca de informações sobre o comportamento em homens treinados, Dias et al. (2005) verificaram quantas sessões eram necessárias para uma amostra com boa confiabilidade nesse grupo. Vinte e um homens saudáveis, com média de 24,5 anos e mínimo de seis meses de experiência, foram submetidos a testes de 1 RM nos exercícios supino no banco horizontal, agachamento e rosca bíceps. Os testes foram desenvolvidos em quatro sessões, com intervalo de 48 a 72 horas. Os resultados mostraram aumentos na força muscular nos três exercícios testados entre primeira e a quarta sessão. No entanto, não houve diferenças estatísticas entre a segunda e a quarta sessão e a terceira e a quarta sessão de testes. Os resultados demonstram que, para a melhor aferição da força no teste de 1 RM, é necessária a execução de duas ou três sessões de familiarização em homens adultos treinados.

Embora fosse relatado na literatura que, bem controlado e acompanhado, o teste de 1 RM em crianças era seguro, ainda não havia relato sobre a influência da familiarização na confiabilidade do teste em crianças. Em 2005, Gurjão et al. buscaram essa informação e investigaram quantas sessões eram necessárias para avaliação da força em crianças. Foram investigados 9 meninos com idades em torno de 9,5 anos e sem experiência em treinamento de força, que foram submetidos a oito sessões de teste de 1 RM nos exercícios mesa extensora e rosca bíceps direta, com intervalo de 48 horas entre cada sessão. A investigação resultou em uma diferença na força entre a primeira e oitava sessão em ambos os exercícios, porém não se constatou diferença estatística entre a terceira e oitava sessão na mesa extensora e a quinta e a oitava sessão na rosca bíceps direta.

São interessantes os resultados obtidos em virtude da diferença no número de sessões necessário para melhor verificação da carga. O número de sessões foi de três sessões para a cadeira extensora e cinco para a rosca bíceps, mostrando-nos que talvez o número de sessões de familiarização pode depender da tarefa motora ou, possivelmente, do tamanho do agrupamento muscular agonista. Então, conclui-se que três sessões para a mesa extensora e cinco sessões para a rosca bíceps são necessárias para uma amostra mais confiável.

Cronin et al. (2004) ampliaram as análises em relação à influência da familiarização, comparando se haveria diferenças na força no teste de 1 RM nas partes superior e inferior, por meio da comparação dos exercícios supino e *leg press* e em exercícios unilateral e bilateral pelo exercício *leg press*. O estudo foi feito com 10 jovens com pouca experiência em treinamento de força, que se submeteram a quatro sessões de testes de 1 RM durante um período de 7 a 10 dias não consecutivos, nos exercícios supino e *leg press* unilateral e bilateral. A análise resultou em uma diferença significativa na força dos movimentos unilateral e bilateral entre a primeira e todas as outras sessões e entre a segunda e a quarta sessão. Também foram encontradas diferenças nos membros superior e inferior da primeira sessão para todas as outras sessões. Isso leva a acreditar que pode também haver diferenças nas análises no teste de 1 RM em exercícios unilaterais e bilaterais e entre agrupamentos musculares de membro superior e inferior. Concluiu-se que, para jovens com pouca experiência, são confiáveis três a quatro sessões de familiarização no exercício *leg press* unilateral e bilateral e duas sessões para exercícios de membro superior (supino) e inferior (*leg press*).

A familiarização de um teste de 1 RM mostra-se muito importante para realizar e conquistar dados com uma confiabilidade maior, levando em consideração diversos grupos populacionais diferentes. É interessante ressaltar as diferenças de períodos de familiarização entre os grupos, levando a acreditar que não é possível expor uma recomendação global de sessões de familiarização de teste de 1 RM. O Quadro 3.1 indica os períodos de familiarização em cada população.

Quadro 3.1 – Períodos de familiarização em cada população

Autor	Períodos de Familiarização
Loris e Giamis (2001)	7/10 sessões para idosas e 2/5 para mulheres jovens (cadeira extensora)
Wayne et al. (2004)	3 sessões para idosos (supino e *leg press*)
Gurjão et al. (2005)	3 sessões (cadeira extensora) e 5 sessões (rosca bíceps) para jovens treinados
Dias et al. (2005)	2/3 sessões para crianças (supino no banco horizontal, agachamento e rosca bíceps)
Cronin et al. (2004)	3/4 sessões (bilateral e unilateral) e 2/4 sessões (membros superior e inferior)

3.2.2.5 Número de tentativas do teste de 1 RM

Um segundo fator que pode influenciar na confiabilidade da medida é quantas tentativas seriam necessárias para determinar de forma confiável os valores máximos de 1 RM. Baechle e Earl (2000) sugerem cinco tentativas para determinação de 1 RM em adultos. Alguns estudos determinam e estudam essa variável para melhor determinação da força nos diversos grupos populacionais.

Wayne et al. (2004) publicaram também, em seu estudo de confiabilidade em idosos de ambos os sexos, quantas tentativas eram necessárias para obtenção da carga máxima. Os 47 idosos foram recrutados e analisados três vezes por semana, com 48 horas de diferença entre cada encontro nos exercícios de supino e *leg press*, e três tentativas em cada exercício. O que se observou é que, entre os homens, houve diferença entre a primeira e a segunda tentativa, não havendo diferença entre a segunda e terceira. Entre as mulheres, não houve diferença significativa nas três tentativas no exercício de supino. No *leg press*, não foram verificadas diferenças significativas nas três tentativas nos homens e nas duas tentativas iniciais das mulheres, porém foi verificada uma diferença pequena entre a segunda e terceira. Esses resultados nos mostram que há pequenas diferenças entre exercícios de membro superior e inferior, e entre os sexos, levando-nos a crer que não devemos adotar um padrão igual no número de tentativas, girando em torno de duas a três em idosos levemente treinados.

Rikki et al. (1996) selecionaram 42 homens idosos e os submeteram a sessões de três testes de 1 RM, com dois a cinco dias de distância entre os testes nos exercícios: *leg press*, cadeira extensora, supino e remada fechada sentada, com o intuito de verificar quantas tentativas eram necessárias para determinar o valor máximo nesses exercícios para esse grupo. Foram encontradas diferenças significativas entre o primeiro e segundo teste, o que não ocorreu entre o segundo e o terceiro em todos os exercícios, o que leva à conclusão de que, para esse público, são necessários apenas dois testes para obtenção de uma carga confiável.

Esses estudos mostraram alguns resultados similares e algumas divergências, que devem ser levados em consideração. No estudo de Wayne et al. (2004) foram verificados os mesmos resultados em homens no supino. No exercício *leg press*, os resultados foram diferentes. A análise de Wayne et al. (2004) não determinou diferenças entre as três tentativas, o que nos deixa uma lacuna a respeito do número de tentativas para homens idosos em exercícios de membro inferior. Acredita-se, com base nas evidências, que exercícios de membro superior necessitam de duas tentativas; e em exercícios de membro inferior, uma ou duas tentativas não se mostraram eficientes.

Em crianças, não foi determinado o número ideal de tentativas para obter estes dados de forma confiável. Faigenbaum et al. (2003) citam que foi necessário um número relativamente alto de tentativas para determinar 1 RM em crianças inexperientes, relacionando a necessidade de 7 a 11 tentativas, talvez pela maior dificuldade de ativação muscular em crianças inexperientes, por menor coordenação e recrutamento dos músculos envolvidos.

3.2.2.6 Intervalo entre testes de 1 RM

O tempo de intervalo entre séries e exercícios é freqüentemente esquecido com relação à sua influência na fadiga e na carga alcançada (Fleck e Kraemer, 1997). Tempos curtos de intervalo entre exercícios podem influenciar negativamente na carga máxima alcançada (ACSM,

2002; Tan, 2003), o que pode interferir na obtenção de medidas confiáveis em testes máximos. Alguns estudos buscaram verificar o tempo de intervalo ideal entre os testes para verificação da carga máxima.

No estudo de Sewall e Lander (1991), foram investigados os efeitos de diferentes tempos de intervalos na verificação da força no supino e agachamento. Trinta homens iniciantes em levantamento de pesos foram divididos em três grupos, com intervalos de tempo entre testes de 1 RM de 2, 6 e 24 horas. Não foram encontradas diferenças significativas entre os grupos, tanto no agachamento como no supino reto. Concluiu-se que o intervalo de duas horas foi suficiente para determinar a força máxima em teste de 1 RM.

Weir et al. (1994) analisaram a influência do tempo de intervalo no teste de 1 RM no supino em dezesseis homens treinados. Os indivíduos foram submetidos a quatro sessões de testes, sendo a primeira para determinar a força máxima em 1 RM. As quatro sessões subseqüentes serviram para execução de dois testes com intervalos de 1, 3, 5 e 10 minutos no supino reto. Não foram verificadas diferenças significativas entre os tempos de intervalo, concluindo-se que um minuto era suficiente para a recuperação durante os testes de 1RM no supino.

Corroborando esse estudo, Matuszak et al. (2003) verificaram se haveria diferenças na força máxima em dezessete homens treinados no agachamento. Foram necessárias duas sessões iniciais para determinar 1 RM e outros três encontros para execução de dois testes de 1 RM, com intervalos de 1, 3 ou 5 minutos entre cada teste. Não foram encontradas diferenças significativas entre os três períodos de intervalo, mostrando que apenas 1 minuto de intervalo entre testes é suficiente para se determinar os valores máximos em 1 RM.

Apesar desses dados bastante conclusivos, dificilmente existem períodos de intervalo de 1 minuto entre tentativas e sessões; muito pelo contrário, são enfatizados tempos de intervalos de 2 a 5 minutos entre tentativas e de 24 a 48 horas entre testes sem que haja influência nos resultados. Esse tempo relativamente alto é adotado, provavelmente, por uma medida de segurança, para não haver influência no desempenho durante o teste.

3.2.3 Teste de força submáximo

O teste em que diversas contrações musculares são realizadas com uma carga submáxima é denominado teste submáximo (Pereira; Gomes, 2003). Muito comum em laboratórios de pesquisa, esses testes vêm sendo bastante estudados para se predizer a carga de 1 RM sem submeter os indivíduos às dificuldades e desconfortos que um teste máximo pode proporcionar. Os testes submáximos também vêm sendo bastante executados por estarem mais relacionados à realidade dos centros de treinamento de força, já que raramente se fazem testes máximos para prescrever uma rotina de exercícios. Os testes mais relacionados com prescrição de um programa de exercícios são os testes que determinam os valores máximos por meio do percentual de 1 RM e da carga máxima para um número de repetições. Na literatura, encontramos alguns estudos que buscam verificar as características desses testes submáximos, avaliar sua confiabilidade e predizer 1 RM, para que se alcance melhores mecanismos de avaliação e prescrição da força muscular.

3.2.3.1 Procedimento de teste

Os testes submáximos podem ser também executados seguindo o mesmo padrão (ACSM,

2000), com pequenas adaptações nas cargas e número de repetições impostas:

1. Determinar e realizar um período de familiarização por meio de sessões práticas.
2. Realizar aquecimento de 5 a 10 repetições submáximas (40% a 60% do máximo percebido)
3. Após um intervalo de 1 minuto, determinar uma carga entre 60% a 80% do máximo permitido e que se execute o número de repetições determinado.
4. Dado novo intervalo, fazer um pequeno acréscimo na carga e instruir o indivíduo a realizar o número máximo de repetições determinado. Caso ele tenha obtido sucesso no levantamento, dar um período de 3 a 5 minutos para nova tentativa. Três a cinco tentativas são determinadas para o sucesso do teste. O número de tentativas é feito até que ocorra a falha de uma tentativa.
5. O valor de 10 RM é relatado com a carga da última tentativa realizada com sucesso.

3.2.3.2 Percentual de 1 RM

O número de repetições submáximas relacionado ao percentual de 1 RM é algo amplamente discutido com relação à efetividade prática de prescrever exercícios e predizer 1 RM. O número de repetições relacionado a um percentual de 1 RM é algo citado e debatido na comunidade científica no sentido de relacionar o número de repetições submáximas executado em um determinado percentual de 1 RM. Hoeger et al. (1990) citaram alguns relatos que definem valores de repetições e percentuais relativos. Clarke e Irwing (1960) indicaram que são executados 10 repetições a 55% de 1 RM na cadeira flexora. O'Shea (1976) afirma que, para 90%, 80% e 70%, os números de repetições encontrados foram, respectivamente: 1 a 3; 5 a 6; e 8 a 12 repetições. Os números de repetições a 75%, 80%, 85%, 90% e 95% de 1 RM foram, respectivamente, 2, 4, 6, 8, 10 (Landers, 1985). Baechle e Earl (2000) sugeriram o número de repetições possíveis de 65% a 100% de 1 RM (Tabela 3.1).

Tabela 3.1 – Percentual de 1 RM e número de repetições possíveis

Percentual 1 RM	Número de repetições
100	1
95	2
93	3
90	4
87	5
85	6
83	7
80	8
77	9
75	10
70	11
67	12
65	15

Fonte: BAECHLE e EARLE. **Essentials of strength training and conditioning**, 2000.

O que se observa é uma discordância em relação ao percentual e ao número de repetições submáximas. Seguindo essa linha, observamos que alguns estudos demonstraram que os efeitos no número de repetições poderiam variar de acordo com o exercício e o agrupamento muscular, o que poderia explicar essa alta diferença de resultados. Outros buscaram, por meio dessas diferenças no número de repetições, predizer 1 RM pelo máximo de repetições alcançado em um determinado percentual e 1 RM.

Hoeger et al. (1987) analisaram o número de repetições executadas em 40%, 60% e 80% de 1 RM em homens destreinados. Trinta e oito indivíduos sem experiência em treinamento de força foram submetidos a testes de 1 RM nos exercícios bíceps sentado, cadeira extensora, supino, abdominal completa, cadeira flexora, puxada aberta e *leg press*. Essa ordem foi determinada por agrupamentos musculares alternados. O teste de 1 RM foi executado no primeiro encontro para determinação da força máxima, em conjunto com determinação de dados de composição corporal, idade e altura. Nos dias subseqüentes foram determinadas as cargas para 40%, 60% e 80% das tentativas. Os indivíduos, então, executaram o máximo de repetições possível com a carga preestabelecida para cada percentual, com a velocidade constante e sem descanso entre cada repetição. Os resultados nos mostram que o número de repetições executado por indivíduos destreinados se comportou de forma diferente nos sete exercícios testados. Foi observado um melhor comportamento no exercício *leg press*, que obteve maior número de repetições conquistado em todos os percentuais, enquanto o menor número de repetições foi verificado na cadeira flexora.

O comportamento do número de repetições em cada percentual foi diferente, significativamente, tanto como as diferenças entre os exercícios estudados. Esse estudo nos mostrou que o número de repetições encontrado em variados percentuais de 1 RM pode diferir de acordo com o agrupamento muscular. Todos os exercícios obtiveram um comportamento a 60% de 1 RM superior a 10 RM. Acredita-se que, nesse percentual, os números de repetições não são suficientes para se encontrar valores máximos abaixo de 10 RM. Em 80% de 1 RM, o comportamento do *leg press* foi também superior a 10 RM; entretanto, nos outros exercícios, os valores se mostraram inferiores, mostrando que o percentual de 1 RM pode variar o número de repetições, entre os agrupamentos musculares.

Em um estudo complementar, Hoeger et al. (1990) verificaram os efeitos no número de repetições em percentuais de 1 RM em homens e mulheres treinados e destreinados. Foi seguida a mesma metodologia de análise dos dados do estudo de 1987.

Os resultados foram semelhantes. Mostrou-se um número de repetições diferentes a 40%, 60% e 80%, em homens e mulheres treinados e destreinados. Os resultados corroboram aqueles encontrados no estudo anterior em todos os grupos, afirmando que o número de repetições encontrado em variados percentuais de 1 RM pode ser diferente de acordo com o agrupamento muscular em homens e mulheres treinados e destreinados.

Os estudos de Hoeger et al. (1987 e 1989) indicam que o número de repetições em variados percentuais de 1 RM em diversos exercícios de vários grupos musculares são diferentes em homens e mulheres treinados e destreinados; todavia, deve-se prescrever um treinamento com percentual de acordo com a característica do indivíduo e o exercício.

Claiborne et al. (1993) verificaram o comportamento de número de repetições em mulheres jovens a 60% e 80% de 1 RM em cinco exercícios: *leg press*, cadeira flexora, bíceps sentado no banco, cadeira extensora e puxada aberta. Vinte mulheres jovens não treinadas (de 19,1 anos) foram submetidas a um teste de 1 RM para determinação de 60% e 80% de 1 RM. Determinados os valores, foi executado o máximo de repetições em ambos os percentuais. Como conclusão, verificou-se que houve diferença significativa no número de repetições a 60% e 80% entre os exercícios. O *leg press* obteve um número de repetições maior nos dois percentuais, enquanto o supino se mostrou mais eficiente que a cadeira flexora e a extensora, porém menos que a puxada lateral a 60% de 1 RM. Quando comparados os valores em 80% de 1 RM, as repetições do supino foram maiores, se comparadas à puxada lateral e à cadeira flexora e menores em comparação à cadeira extensora. Esses resultados corroboram os dados encontrados por Hoeger et al. (1990) em homens e mulheres treinados e destreinados, levando à conclusão de que o número de repetições varia entre os agrupamentos musculares também em mulheres universitárias destreinadas.

Até então, só haviam verificado o comportamento do número de repetições em três percentuais (40%, 60% e 80%). Quando se analisou o número de repetições a 70% de 1 RM em jogadores de futebol americano, observou-se que o número de repetições também se comportou de forma diferente no exercício supino (13,9 repetições) e no agachamento (17,4 repetições) (Ware et al. 1995). Esse estudo relatou a influência do exercício de agachamento, ainda não estudado e que se mostrou com um valor próximo do exercício *leg press* (19,4 repetições a 80%) encontrado por Hoeger et al. (1990).

McNanamee et al. (1997) compararam o desempenho muscular em exercícios submáximos de pernas e braços no mesmo percentual de 1 RM com 19 mulheres universitárias com idade média de 19,5 anos. Elas foram submetidas a um teste de 1 RM nos exercícios cadeira extensora e tríceps sentado para determinar a força máxima, sendo determinado um intervalo de 48 horas para a execução do teste submáximo. Após esse período, uma carga de 85% do máximo alcançado foi determinada para execução do máximo de repetições possíveis com amplitude completa e técnica correta. Os resultados não mostraram diferenças significativas entre o número de repetições a 85% de 1 RM na cadeira extensora (7,6 repetições) e tríceps sentado na máquina (8 repetições). Esses resultados tendem a ser similares aos dados encontrados em estudos anteriores, porém, o exercício de tríceps não foi analisado anteriormente. Apesar de os dados obterem relativa concordância com os relatos anteriores, deve-se observar com cautela, em razão da baixa correlação verificada (r = 0,46) entre o teste de 1 RM e o de repetições máximas, o que possivelmente diminui a confiabilidade dos dados expostos.

O número de repetições máximas em vários percentuais de 1 RM também foi investigado por Morales e Sobonya (1996). Eles verificaram o comportamento em seis percentuais (70%, 75%, 80%, 85%, 90% e 95%) de 1 RM em 23 jovens atletas de futebol americano e atiradores de trilha e campo, nos exercícios de supino, agachamento e levantamento olímpico. Os resultados surpreenderam. Não foram verificadas diferenças significativas entre os exercícios analisados em todos os percentuais.

É provável que o número de repetições varie de acordo com o percentual de 1 RM, o grupo muscular e o exercício. Alguns estudos publicaram dados em que foi observada a influência da rotina de exercícios no percentual da 1 RM no exercício cadeira extensora e desenvolvimento em uma faixa de 7 a 10 repetições até a fadiga voluntária (Braith et al., 1993; Hopkins et al., 2000). Braith et al. (1993) enfatizaram que, após treinamento de 18 semanas em homens e mulheres sedentários, foram verificadas diferenças significativas no percentual de 1 RM. Antes da rotina de exercícios, a carga de trabalho estava a 68,4% de 1 RM e, após o período de treinamento, o valor se elevou significativamente para 79,1%. E, ainda, Hopkins et al. (2000) verificaram diferenças de 12,0% e 8,8% na cadeira extensora unilateral e desenvolvimento para ombros após 12 semanas de exercícios resistidos.

3.2.3.3 Predição de 1 RM por meio do número máximo de repetições em % de RM

Observando que o número de repetições varia de acordo com o percentual e o exercício, alguns estudos foram publicados demonstrando uma boa relação de confiabilidade em cálculos de predição de 1 RM por meio do máximo de repetições realizadas em um dado percentual de RM.

Mayhew et al. (1992a) determinaram uma equação para predição de 1 RM por meio da execução do máximo de repetições em 1 minuto, de 55% a 90% do máximo no exercício supino em 184 homens e 251 mulheres universitários (de ± 20 anos). Quando essa equação foi aplicada em meninos adolescentes atletas e não atletas e atletas universitários de futebol americano, foi verificada boa correlação (r = 0,95), o que nos mostra que é possível estimar 1 RM no supino com percentual de 1 RM em variados grupos.

No mesmo ano, Mayhew et al. (1992b) buscaram comparar o resultado de estudo anterior (Mayhew et al. 1992a) antes e após treinamento de 14 semanas. Foram selecionados 70 homens e 110 mulheres, que executaram os testes com a mesma metodologia. Os resultados mostraram um alto valor de confiabilidade (r = 0,90) na predição de 1 RM no exercício supino executando o máximo de repetições em 1 minuto em vários percentuais de 1 RM, e não houve diferenças significativas entre os valores encontrados antes e após o treinamento de 14 semanas. Concluiu-se que uma carga submáxima executada em uma quantidade de repetições em um minuto pode ser uma alternativa segura e confiável de se predizer 1 RM em homens e mulheres jovens, antes e após um programa de exercícios.

Kravitz et al. (2003) verificaram qual seria o cálculo de predição mais confiável para os exercícios de agachamento, supino e levantamento terra há 70%, 80% e 90% de 1 RM em 18 jovens atletas de levantamento com idades de 15 a 18 anos. Os resultados mostraram que os cálculos de estimativa com maior confiabilidade (r = 0,98) nos exercícios supino e agachamento foram a 70% de 1 RM, enquanto para o levantamento terra foram mais confiáveis (r = 0,98) a 80%. Esse estudo mostra de forma consistente que é possível predizer de forma confiável 1 RM, por meio de repetições submáximas nos exercícios supino e agachamento a 70% e levantamento terra a 80% em jovens atletas de levantamento de peso.

A relação entre os valores achados em um teste 1 RM e o percentual de 1 RM é ainda controversa. É notório que o número de repetições executado em um determinado percentual de 1 RM varia de acordo com o exercício e o nível de treinamento e que é possível predizer valores máximos de acordo com repetições submáximas relacionadas ao percentual de 1 RM em determinados grupos populacionais; porém, as equações podem ser diferentes para pré-rotina e pós-rotina de exercícios, para tipos de exercícios e percentual de valores máximos. Isso possibilita afirmar que o percentual de 1 RM deve ser determinado com cuidado nestes aspectos, para que se evitem influências na determinação de uma carga confiável para melhores ganhos de força.

3.2.3.4 Carga máxima para um número de repetições

Ao levarmos em consideração a efetividade prática de um teste de 1 RM, observamos pouca relação, já que programas de treinamento de força comumente prescritos em centros de treinamento não relacionam o controle de cargas aos dados encontrados em teste máximos. Relacionando a pouca efetividade prática do teste de 1 RM à necessidade de relacionar valores máximos e submáximos, alguns estudos foram publicados buscando encontrar mecanismos de validar testes submáximos por meio de um número ou faixa de repetições com uma determinada carga na predição de 1 RM. Isso com o intuito de facilitar a avaliação da carga máxima e a prescrição de treinamento de força, já que nos programas de exercícios para saúde geralmente são prescritos exercícios submáximos.

Braith et al. (1992) buscaram verificar a validade do teste de 7-10 RM, para predição de 1 RM em 33 homens (de ±25 anos) e 25 mulheres (de ±23 anos) destreinados. Todos estavam sem participar de exercícios há pelo menos um ano e foram submetidos a dois testes de 1 RM em dias separados, com 48 horas entre os testes, e a um teste dinâmico de 7 a 10 repetições até a fadiga. Após determinação dos valores dos testes máximo e submáximo, os participantes foram divididos para se determinar um grupo que treinaria e um grupo controle. O grupo controle não treinou, enquanto o outro grupo foi submetido a uma rotina de uma série de 7-10 RM na cadeira extensora, 3 vezes por semana, por um período de 18 semanas. Após o período de treinamento, todos os participantes executaram novamente dois testes de 1 RM e um teste de 7-10 RM e os resultados foram analisados. Foram determinados cálculos de predição relacionando 1 RM e 7-10 RM em destreinados no pré-treinamento (1 RM = 1,554 (peso de 7-10 RM) - 5,181) e no pós-treinamento (1 RM = 1,172 (peso de 7-10 RM) + 7,704) com bons valores de confiabilidade (r = 0,89 e 0,91, respectivamente). Esses dados mostram que é possível predizer 1 RM por meio do teste de 7-10 RM em homens e mulheres destreinados. Porém, os cálculos não servem para ambas as características em virtude das mudanças na força verificada após o período de treinamento; sendo assim, a equação para indivíduos treinados não se aplica para destreinados e vice-versa.

Em um estudo similar, Hopkins et al. (2000) verificaram a validade da predição de 1 RM por meio do teste de 7-10 RM (Braith et al., 1992) em sedentários antes e após 12 semanas de exercícios. Foram selecionados 3 homens e 16 mulheres (de ±20 anos) destreinados, que foram submetidos a teste de 1 RM e 7-10 RM antes e após 12 semanas, na cadeira extensora unilateral e no desenvolvimento na máquina. O grupo foi previamente treinado por 3 semanas, para familiarização. Posteriormente, seus integrantes foram submetidos aos testes e participaram de uma rotina de duas séries de 10 a 12 exercícios em um circuito de 11 máquinas. Na conclusão de 12 semanas de exercícios, os voluntários foram novamente submetidos aos testes e os resultados mostraram que as equações publicadas por Braith et al. (1992) obtiveram validade também na cadeira extensora e no desenvolvimento. Também foram verificadas diferenças significativas nos percentuais de 1 RM antes e após o treinamento.

Knutzen et al. (1999) foram mais além e compararam a validade de seis equações de predição de 1 RM no teste de 7-10 RM, em 51 idosos com pouca experiência. Foram testados 11 exercícios de membros inferior e superior em duas sessões. Na primeira sessão, foi determinada a carga máxima no teste de 7-10 RM e os valores de 1 RM preditos nas seis equações, enquanto na segunda sessão foram verificados os valores máximos por meio do teste de 1 RM. Os resultados demonstraram correlações de valor moderado a alto (r = 0,60/0,90) em todos os exercícios; porém, em todas as equações, o valor de 1 RM foi subestimado, demonstrando que predizer 1 RM por meio de 7-10 RM com uma margem de erro de 1 kg a 10 kg pode ser uma alternativa relativamente confiável em idosos.

Os resultados demonstrados corroboram os dados publicados por LeSuer et al. (1997), que buscaram determinar a validade de sete equações de predição de 1 RM, em 10 RM ou menos. Sessenta e sete estudantes não treinados foram submetidos a um teste de 1 RM e a um teste de 10 RM ou menos, a partir dos quais se determinou e comparou os valores de 1 RM por meio das equações. Os resultados demonstraram uma boa correlação entre os valores encontrados e preditos (r = 0,95); porém, o comportamento foi diferente entre os exercícios. No supino, duas equações obtiveram resultados similares aos valores encontrados, no agachamento somente uma equação não obteve diferenças significativas, enquanto no levantamento terra todas as equações subestimaram os valores de 1 RM.

Esses dados demonstram a boa confiabilidade das equações; no entanto, devemos ser cuidadosos, já que há uma tendência de se estabelecer valores subestimados quando se compara com valores reais.

Cummings e Finn (1998) determinaram, por meio de teste de 4-8 RM, uma equação de predição de 1 RM com maior confiabilidade em 57 mulheres de 18 a 50 anos. Foi feito um período de quatro sessões de familiarização, um teste de 4-8 RM e, após um período de 24/48 horas, um teste de 1 RM foi executado no exercício supino. Para obtenção dos resultados, foram utilizados três cálculos de predição de 1 RM relacionados a grupos variados (equação de Eplay, equação de Landers e equação de Brzycki) e verificou-se qual teria melhor relação com o grupo e os dados coletados. Os resultados mostraram que apenas a equação de Eplay não obteve diferenças significativas, com boa correlação (0,94) entre a predição e os resultados encontrados, enquanto as equações de Lander e Brzycki definiram valores subestimados. Definiu-se que a equação de Eplay pode determinar uma boa predição de 1 RM em mulheres destreinadas por meio de teste de 4-8 RM no exercício supino.

Abadie e Wentworth (2000) investigaram trinta mulheres de 19 a 26 anos destreinadas, para desenvolver cálculos de predição de 1 RM em testes submáximo de 5-10 RM nos exercícios supino, desenvolvimento e cadeira extensora. As voluntárias foram submetidas a uma sessão de orientação e duas sessões de testes de 1 RM e 5-10 RM em dias diferentes, respeitando um intervalo de 48 horas. Os dados coletados deram origem a equações para predição de 1 RM em cada exercício estudado, com moderada correlação (r = 0,91/0,92/0,94). No supino, desenvolvimento e cadeira extensora foram produzidos por equações: 1 RM(lb) = 7,24+ (1,05 . carga), 1 RM(lb) = 1,43+ (1,20 . carga), 1 RM(lb) = 4,67+ (1,14 . carga), respectivamente. A conclusão desse estudo é que o teste de 5-10 RM nesses exercícios pode determinar boas equações para predição de 1 RM em mulheres destreinadas.

Willardson e Bressel (2004) buscaram predizer exercícios de peso livre por meio de exercício em máquina. Tentou-se determinar a carga de 10 RM no agachamento livre por meio do desempenho no *leg press* a 45° de angulação em trinta homens com nível avançado de treinamento (superior a 3 anos) e trinta homens com pouca experiência (inferior a 6 meses). Foram encontradas duas equações para determinação de 10 RM no agachamento: carga do agachamento = carga do *leg press* (kg) x (0,310) + 19,438 kg) para grupo treinado; e carga do agachamento = carga do *leg press* (kg) x (0,210) + 36,244 kg) para grupo destreinado.

Mais recentemente, Cotterman et al. (2005) compararam a produção de força no teste de 1 RM nos exercícios supino e agachamento no Smith Machine e com peso livre e tentaram predizer 1 RM em ambas as modalidades. Foram selecionados 32 homens e mulheres considerados de baixo risco, que executaram o teste de 1 RM e 5 RM. O resultado foi interessante: no agachamento houve diferença significativa na produção de força no Smith Machine em comparação ao peso livre; porém, no supino o comportamento foi inverso. Uma maior produção de força foi verificada com peso livre, possivelmente em virtude das restrição nos limites de movimento observadas no supino no Smith. Quando considerado o sexo, no agachamento foram verificadas diferenças somente entre as mulheres, e, no supino, diferenças em ambos os sexos. A partir desses resultados, foram determinadas duas equações de regressão, sendo uma somente para as mulheres no agachamento:

SM 1 RM (in kilograms) = 28.3 + 0.73 (FW squat)
SEE = 5.9 kg

Essa limitação ocorreu, pois não foram encontradas diferenças significativas entre os homens. Já para o supino, uma equação foi desenvolvida para ambos os sexos com alta correlação ($r^2 = 0,98$).

SM bench (in kilograms) = - 6.76 + 0.95 (FW bench)
SEE = 4.6 kg

A carga máxima para um número de repetições e os valores de 1 RM mostram-se bem relacionados. Foram relatados em grupos de homens e mulheres treinados e destreinados uma boa relação na predição de 1 RM por meio da carga máxima para um número ou uma faixa de repetições e nenhum relato de lesão. Sendo bem controlado e orientado, pode-se predizer como moderada a alta confiabilidade 1 RM ou a carga para um determinado número de repetições em grupos com características diferentes e faixas de testes submáximos diferentes, podendo variar de 4-10 RM (Abadie e Wentworth, 2000; Braith et al., 1992; Cummings e Finn, 1998; Hopkins et al., 1999; Willardson e Bressel, 2004; Cotterman et al., 2005) Entretanto, cuidados devem ser tomados, haja vista a tendência de estabelecer valores subestimados quando se compara com valores reais (Cummings e Finn, 1998; Knutzen et al., 1999; Lesuer et al., 1997).

Quadro 3.2 – Equações de predição de 1 RM por meio de testes submáximos

Autor	Equações
Abadie et al. (2000)	1 RM(lb) supino = 7,24+ (1,05 . carga) 1 RM(lb) desenvolvimento= 1,43+ (1,20 . carga) 1 RM(lb) cadeira extensora = 4,67+ (1,14 . carga)
Brzycki (1993)	1 RM = 100. carga/(102,78 - 2,78 . reps)
Braith et al. (1993)	pré-treinamento (1 RM=1,554 (carga de 7-10 RM) - 5,181) pós-treinamento (1 RM=1,172 (carga de 7-10 RM) + 7,704)
Eplay (1995)	1 RM = (1+ 0,333. reps) . carga
Kravitz et al. (2003)	1 RM supino (70%) = 159,9+(0,103 . reps . carga %1 RM)+(-11,552 . Reps) 1 RM agachamento (70%)= 90,66+(0,085 . reps . carga % 1 RM)+(-5,306 . REPS 80% (1 RM levantamento terra (80%) = 156,08+(0,098 . reps . carga 1% RM)+(-10,106 . reps).
Lander (1985)	1 RM = 100 . carga/(101,3 - 2,67123 . reps)
Lombardi (1989)	1 RM = carga . (reps)★★.1
Mayhew et al. (1992)	1 RM = 100 . carga/(52,2+41,9 . exp[- 0,055 . reps)
O'Conner et al. (1989)	1 RM = carga (1+ .025 . reps)
Wathan (1994)	1 RM = 100 . carga/(48,8 + 53,8. exp[- 0,075 . reps])
Willardson e Bressel (2004)	carga do agachamento= carga do *leg press* (kg) . (0,310) + 19,438 kg) carga do agachamento= carga do *leg press* (kg) . (0,210) + 36,244 kg)

3.2.3.5 Velocidade de movimento em um teste submáximo

A velocidade ou cadência de movimento em testes submáximos ainda são pouco controladas e estudadas no que se refere à influência na confiabilidade dos resultados. Um número limitado de estudos controlou a velocidade de movimento: Kraemer et al. (1992); Kuramoto e Payne (1995) e Willardson e Bressel (2004).

Knuttgen (1992) sugere que a velocidade de execução pode influenciar nas medidas da força. Keeler et al. (2001) compararam a diferença entre os efeitos do treinamento resistido tradicional (TR: 2 segundos de contração concêntrica e 4 segundos de contração excêntrica) e do treinamento extremamente lento (SS: 10 segundos de contração concêntrica e 5 segundos de contração excêntrica). Os resultados mostraram que o treinamento de força tradicional produziu maiores ganhos de força em cinco (*leg press*, flexão pernas, extensão pernas, supino, puxada por trás) dos oito exercícios executados.

Lachance e Hortobagyi (1994) verificaram a influência da cadência na *performance* nos exercícios de puxada pela puxada na barra e flexão de braços. Foram recrutados 75 homens jovens, que foram submetidos a seis dias de testes de número máximo de repetições nos exercícios relacionados em três tipos de cadências, sendo cada sessão de teste com intervalo de 48 a 72 horas. Os ritmos de cadência foram determinados por: livre, em que desenvolviam os exercícios de forma rápida, 2/2 (2 segundos de fase concêntrica e 2 segundos de fase excêntrica) e 2/4 (2 segundos de fase concêntrica e 4 segundos de fase excêntrica) em que deveriam executar o número máximo de repetições. Os resultados mostraram um maior número de repetições nos exercícios feitos livres e rápidos (96% e 143% respectivamente para 2/2 e 2/4).

Contrapondo esses resultados, Kim et al. (2002) verificaram se haveria diferenças na predição de 1 RM em exercícios submáximos e duas cadências diferentes no supino. Cinqüenta e oito estudantes (37 homens, 21 mulheres) foram submetidos a um teste de 1 RM e dois testes submáximos em duas cadências (trinta e sessenta repetições por minuto), com cinco dias de descanso para cada teste. O teste nas duas cadências não mostrou diferenças significativas para os homens; no entanto, foram verificadas diferenças nas mulheres. As mulheres conseguiram desenvolver mais repetições na cadência mais lenta. Os resultados mostram que nas duas cadências a predição de 1 RM foi boa, o que determina que, com velocidade lenta ou rápida, a predição de 1 RM foi válida.

Esses resultados mostram que, de alguma maneira, a cadência de movimento pode interferir nos valores da força submáxima, se não forem bem controlados. Ainda são escassas as informações sobre a influência da cadência de movimento em testes submáximos, não sendo controlada e relatada em grande número de pesquisas relacionadas à avaliação da força.

3.3 Conclusão

Conclui-se que os testes isométricos e dinâmicos para avaliação da força muscular máxima e submáxima são alternativas válidas quando se leva em consideração o custo e a aplicabilidade de um determinado método, o público-alvo e o controle das variáveis metodológicas. Dessa maneira, é útil, segura e confiável a mensuração da força para avaliar e controlar evoluções no treinamento e na reabilitação de lesões em diversos grupos populacionais.

Referências

ABADIE, B. R.; WENTWORTH, M. C. Prediction of one repetition maximal strength from a 5-10 repetition submaximal strength test in college-aged females. **Journal of Exercise Physiology Online**, 2000 [citado em julho de 2002];3:[6 telas].

AMERICAN COLLEGE OF SPORTS MEDICINE. Position stand on the recommended quantity and quality of exercise for developing and maintaining cardiorespiratory and muscular fitness in healthy adults. **Medicine and Science in sports and exercise,** 1990; 22: 265-74.

_____. Position stand on the recommended quantity and quality of exercise for developing and maintaining cardiorespiratory and muscular fitness, and flexibility in adults. **Medicine and Science in sports and exercise**, 1998; 30: 975-91.

_____. Position stand on progression models in resistance training for healthy adults. **Medicine and Science in sports and exercise.**, 2002; 34: 364-80.

_____. Diretrizes do ACSM para os testes de esforço e sua prescrição. Rio de Janeiro: Guanabara Koogan, 2003.

BAECHLE, T. R., EARLE, W. R. **Essentials of strength training and conditioning**, Champaign: Human Kinetics, 2000.

BERNARD, K. L.; ADAMS, K. J.; SWANK, A. M.; MANN, E.; DANNY, D. M. Injuries and muscle soreness during the one repetition maximum assessment in a cardiac rehabilitation population. **Journal of Cardiopulmonary Rehabilitation**, 1999; 19(1): 52-8.

BRAITH R. W.; GRAVES, J. E.; LEGGETT, S. H.; POLLOCK, M. L. Effect of training on the relationship between maximal and submaximal strength. **Medicine and Science in sports and exercise**, 1993; 25: 132-8.

BRZYCKI, H. Strength testing: predicting a one-rep max from reps-to-fatigue. **JOHPERD,** 1993; 64: 88-90.

CLAIRBORNE. J. M.; DONOLLI, J. D. Number of repetitions at selected percentages of one repetition maximum in untrained college women. **Research Quarterly for Exercise and Sport**, 1993; 64: A39-40.

COSGROVE, L.; MAYHEW, J. A.; MODIFIED, Y. M. C. A bench press test to predict strength in adult women. **IAHPERD Journal** [periódico online], 1997; 30:[2 telas].

COTTERMAN, M. L.; DARBY, L. A.; SKELLY, W. A. Comparison of muscle force production using the Smith machine and free weights for bench press and squat exercises. **Journal of Strength and Conditioning Research,** 2005; 19(1):169–76.

CRONIN, J. B.; HENDERSON. M. E. Maximal strength and power assessment in Novice weight trainers. **Journal of Strength and Conditioning Research**, 2004; 18: 48-52.

CUMMINGS, B.; FINN, K. J. Estimation of a one repetition maximum bench press for untrained women. **Journal of Strength and Conditioning Research**,1998; 12: 262-5.

DE LORME, T. L.; WATKINS, A. L. Technics of progressive resistance exercise. **Archives of Physical Medicine and Rehabilitation**, 1948; 29: 234-40.

DIAS, R. M. R.; CYRINO, E. S.; SALVADOR, E. P.; CALDEIRA, L. F. S.; NAKAMURA, F. Y.; PAPST, R. R.; BRUNA, N.; GURJÃO, A. L. D. Influência do processo de familiarização para avaliação da força muscular em testes de 1-RM. **Revista Brasileira de Medicina do Esporte**, 2005; 11(1): 34-8.

EPLEY, B. **Poundage chart**. Boyd Epley workout. Lincoln, NE, 1995.

FAIGENBAUM, A. D.; MILLIKEN, L. A.; WESTCOTT, W. L. Maximal strength testing in healthy children. **Journal of Strength and Conditioning Research**, 2003; 17:162-6.

_____; SKRINAR, G. S; CESARE, W. F.; KRAEMER, W. J.; THOMAS, H. E. Physiologic and symptomatic responses of cardiac patients to resistance exercise. **Archives of Physical Medicine and Rehabilitation**, 1990; 71(6): 395-8.

FLECK, S. J.; KRAEMER, W. J. **Fundamentos do treinamento de força muscular**. Artmed, 1997; 2:28

GORDON, N. F; KOHL, III H. W.; POLLOCK, M. L.; VAANDRAGER, H.; GIBBONS, L. W.; BLAIR, S. N. Cardiovascular Safety of Maximal Strength Testing in healthy adults. **American Journal of cardiology**, 1995; 76:851-3.

GURJÃO, A. L. D.; DIAS, R. M. R.; CYRINO, E. S.; CALDEIRA, L. F. S.; NAKAMURA, F. Y.; OLIVEIRA, A. R.; SALVADOR, E. P.; DIAS, R. M. R. Variação da força muscular em testes repetitivos de 1-RM em crianças pré-púberes.

Revista Brasileira de Medicina do Esporte, 2005; 11(6): 319-24.

HOEGER, W. W. K; HOPKINS, D. R; BARETTE S. L.; HALE, D. F. Relationship between repetitions and selected percentages of one repetition maximum: a comparison between untrained and trained males and females. **Journal of Applied Sport Science Research**, 1990; 4:47-54.

_____.; BARETTE, S. L.; HALE, D. F.; HOPKINS, D. R. Relationship between repetitions and selected percentages of one repetition maximum. **Journal of Applied Sport Science Research** 1987; 1:11-3.

HOPKINS, W. G. Measures of reliability in sports medicine and science. **Sports Medicine**, 2000; 30: 1-15.

KURAMOTO, A., PAYNE, V. Predicting muscular strength in women: a preliminary study. **Research Quaterly for Exercise and Sport**, 1995; 66: 168-72.

KAELIN, M. E.; SWANK, A. M.; ADAMS, K. J.; BERNARD, K. L.; BERNING, J. M.; GREEN, D. M. Cardiopulmonary responses, muscle soreness, and injury during the one repetition maximum assessment in pulmonary rehabilitation patients. **Journal of Cardiopulmonary Rehabilitation**, 1999; 19(6):366-72.

KIM, P. S.; MAYHEW, J. L.; PETERSON, D. F. Modified YMCA Bench Press Test as a predictor of 1 Repetition maximum bench press Strength. Journal of Strength and Conditioning Research. 2002; 16:440-5.

KNUTTGEN, H. G. Basic definitions for exercise. In: **Strength and Power in Sport**. Ed: Blackwell Scientific Publications. 1992:3-6

KNUTZEN, M. K.; BRILLA, L. R.; CAINE, D. Validity of 1 RM Prediction Equations for Older Adults. **Journal of Strength and Conditioning Research**, 1999; 13(3): 242–6

KRAEMER, R. R.; KILGORE, J. L.; KRAEMER, G. R.; CASTRACANE, V. D. Growth hormone, IGF-I, and testosterone responses to resistive exercise. **Medicine and Science in sports and exercise**, 1992; 24:1.346-52.

KRAVITZ, L.; AKALAN, C.; NOWICKI, K.; KINZEY, SJ. Prediction of 1 repetition maximum in high-school power lifters. **Journal of Strength and Conditioning Research**, 2003; 17:167-72.

LACHANCE, P. F.; HORTOBAGYI, T. Influence of cadence on muscular performance during push-up and pull-up exercise. **Journal of Strength and Conditioning Research**. 1994; 8:76-9.

LANDER, J. Maximums based on reps. **National Strength & Conditioning Association**. 1985; 6:60-1.

LESUER, D. A.; MCCORMICK, J. H.; MAYHEW, J. L.; WASSERSTEIN, R. L.; ARNOLD M.D. The accuracy of prediction equations for estimating 1-RM performance in the bench press, squat and deadlift. **Journal of Strength and Conditioning Research**, 1997; 11:211-3.

LOMBARDI, V. P. **Beginning weight training**. Dubuque, IA: W.C. Brown, 1989; 201.

MATUSZAK, M. E.; FRY, A. C.; WEISS, L. W.; IRELAND, T. R.; MCKNIGHT, M. M. Effect of Rest Interval Length on Repeated 1 Repetition Maximum Back Squats. **Journal of Strength and Conditioning Research**, 2003; 17: 634-7.

MAYHEW, J. L.; BALL, T. E.; ARNOLD, M. D.; BOWEN, J. C. Relative muscular endurance performance as a predictor of bench press strength in college men and women. **Journal of Applied Sport Science Research**. 1992; 6:200-6.

_____. Prediction of bench press lifting ability from submaximal repetitions before and after training. **Sports Medicine**, Training and Rehabilitation. 1992; 3:195-201.

MCARDLE, W. D.; KATCH, F. I.; KATCH V. L. **Fisiologia do exercício, nutrição e desempenho**. Guanabara koogan. 1998; 4:395-9.

MCNANAMEE, C.; PRATHER, L.; COCHRANE, J.; MAYHEW, J. Comparison of relative muscular endurance for arm and leg exercises in college women. **IAHPERD Journal**, 1997; 31:12-3.

MORALES, J.; SOBONYA, S. Use of submaximal repetition tests for predicting 1-RM strength in class athletes. **Journal of Strength and Conditioning Research**. 1996; 10(3):186-8.

O'CONNER B. J.; SIMMONS, J.; O'SHEA, P. Weight training today. St Paul, MN: West Publishing, 1989; 26-33.

PEREIRA, M. I. R.; GOMES, P. S. C. Testes de força e resistência muscular: Confiabilidade e Predição de uma repetição máxima. **Revista Brasileira de Medicina do Esporte**,. 2003; 9(5):325-35.

Ploutz-Snyder, L. L.; Giamis, E. L. Orientation and familiarization to 1 RM strength testing in old and young women. **Journal of Strength and Conditioning Research**, 2001; 15:519-23.

Pollock, M. L.; Carrol, J. F.; Graves, J. E.; Leggett, S. H.; Braith, R. W.; Limacher M; Hagberg J. M. Injuries and adherence to walk/jog and resistance training programs in the elderly. **Medicine and Science in sports and exercise**, 1991; 23:1.194-200.

Powers, S. K.; Howley. E.T. **Fisiologia do exercício: Teoria e aplicação ao condicionamento e desempenho**. São Paulo: Manole, 2000; 3:385-7.

Rikki, R. E.; Jones, C. J.; Beam, W. C.; Duncan, S. J.; Lamar, B. Testing versus training effects on 1 RM strength assessment in older adults. **Medicine and Science in sports and exercise**, 1996; 28:S153.

Safrit, M. **Introduction to measurement in physical education and exercise science**. 1995; 2:469-73.

Sewall, L. P.; Lander, J. E. Effects of Rest on Maximal Efforts in the Squat and Bench Press. **Journal of Applied Sport Science Research**, 1991; 5:96-9.

Shaw, C. E.; Mccully, K. K.; Posner J. D. Injuries during the one repetition maximum assessment in the elderly. **Journal of Cardiopulmonary Rehabilitation**, 1995; 15:283-7.

Ware, J. S.; Clemens, C. T.; Mayhew, J. L.; Johnston, T. J. Muscular endurance repetitions to predict bench press and squat strength in college football players. **Journal of Strength and Conditioning Research**, 1995; 9:99-103.

Wathan, D. **Load assignment**. In: BEACHLE, T. R., editor. Essentials of strength training and conditioning. Champaign, IL: Human Kinetics, 1994; 435-9.

Wayne, T. P.; Alan, M. B.; Julie, E. V.; Lee, N. B. Reliability of Maximal Strenght in older adults. **Archives of Physical Medicine and Rehabilitation**. 2004, 85: 329-34.

Capítulo 4
Métodos e meios de treinamento em exercícios resistidos

Jeferson Macedo Vianna/Monica Menezes Oliveira/Jefferson da Silva Novaes

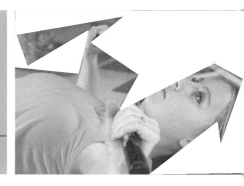

Ao longo dos anos, diversos métodos e sistemas de treinamento foram desenvolvidos por professores de Educação Física, fisiculturistas, levantadores de peso, entre outros. Nem todos eles possuem fundamentação teórico-científica, uma vez que grande parte foi desenvolvida por praticantes experientes, instrutores e professores e difundida nas academias. Existe uma grande quantidade de especulação em relação ao motivo de vários métodos e sistemas serem efetivos ao mecanismo fisiológico de adaptação ao treinamento. Mesmo assim, o conhecimento desses métodos e sistemas pode ser de grande valia para o praticante. O fato de que um sistema tenha sido usado por um número suficiente de pessoas para ser reconhecido indica que ele tem um bom índice de sucesso na obtenção das mudanças desejadas e pode, então, merecer um exame para que se verifique como incluí-lo no planejamento de um programa.

Contudo, com a grande disseminação dessas idéias, muitos praticantes cometem erros na utilização dos métodos, por não saber a real aplicação de cada um. Por isso, diversos estudos estão sendo elaborados nessa área, com o propósito de verificar a eficácia e a adequação ao objetivo, seja ele de caráter estético, preventivo ou de rendimento.

Portanto, listamos alguns desses métodos com suas possíveis indicações, dentro dos limitados estudos existentes. Buscando esclarecer os principais objetivos, as formas de aplicação e a sua fundamentação científica.

4.1 Método alternado por segmento

Esse é um método mais indicado para iniciantes e para pessoas retornando ao treinamento de musculação. Apresenta como característica iniciar o treinamento com um exercício básico de cada grupamento muscular, evoluindo para os exercícios específicos, aumentando gradualmente o número de exercícios e o tempo da sessão.

Considerações gerais sobre o método

- Esse método também é recomendado quando, por algum motivo, há necessidade de diminuir o volume de treinamento, mantendo-se um nível de aptidão sem especificar nenhum agrupamento muscular. A vantagem desse método é que ele não apresenta um número predefinido de *sets*, repetições e percentual de carga, sendo estes determinados de acordo com os objetivos do treinamento;

- Esse tipo de montagem é o mais indicado para o trabalho em circuito que objetive a resistência aeróbica, porque, evitando a fadiga muscular precoce, propicia uma continuidade do trabalho, o que permitirá o desenvolvimento da capacidade orgânica. Contudo, o treinamento em circuito tem o inconveniente de não poder ser utilizado em horários de grande movimento, em razão da necessidade de disponibilidade de material para que a seqüência de trabalho não seja quebrada;
- É o mais adequado aos programas de adaptação porque o iniciante, possuindo geralmente baixo nível de condição física, apresenta uma maior suscetibilidade à fadiga muscular localizada;
- Os segmentos corporais podem ser utilizados uma ou mais vezes;
- Nesse tipo de montagem, podemos visar sobretudo a uma determinada articulação, ou grupo muscular, que estará sempre presente nos exercícios em maior número de vezes que as outras. A cada exercício que utilize outra articulação corresponderá um que utiliza a referida articulação. A esse tipo de montagem chamamos alternada por segmentos - *prioritária*.

Exemplos:

a) *Alternada por segmento simples*
- *Leg press*
- Abdominal
- Puxada para trás
- Flexão de joelhos
- Supino
- Panturrilhas
- Elevação lateral dos braços

b) *Alternada por segmento prioritária (ênfase sobre abdômen)*
- *Leg press*
- Abdominal
- Puxada para trás
- Abdominal
- Flexão de joelhos
- Abdominal
- Supino
- Abdominal
- Panturrilhas
- Abdominal
- Elevação lateral dos braços

4.2 Método alternado por origem e inserção musculares

As sessões são elaboradas com base nas origens e inserções dos músculos biarticulares, promovendo-se, por meio dos exercícios, uma alternância entre origem e inserção. A origem do músculo em um primeiro exercício deve se tornar inserção no segundo e vice-versa.

Considerações gerais sobre o método

- O trabalho muscular é extremamente localizado, aconselhado para os níveis mais avançados de programas de musculação;
- Observa-se que esse tipo de montagem de programa promove fadiga muscular acentuada, pois, apesar da alternância entre origem e inserção propiciar uma solicitação de porções musculares diferentes, as estruturas envolvidas no trabalho são as mesmas;
- Observa-se que a porção muscular e o componente elástico mais próximo da inserção sofrem uma tensão maior do que as outras regiões do músculo;
- Não é possível preparar um programa completo utilizando esse tipo de mon-

tagem; portanto, é mais comum ser parte de uma montagem mista.

Exemplos:

- Flexão de joelhos
- Levantamento terra esticado
- Puxada no *pulley*
- Elevação na barra

4.3 Método localizado

As sessões podem ser elaboradas de duas formas:
- **Localizada por articulação** - *agonista/antagonista*: dada uma articulação, cada exercício é imediatamente seguido de outro que utiliza a musculatura antagonista à que foi utilizada inicialmente;
- **Localizada por articulação** - *completa*: dada uma determinada articulação, todos os seus principais movimentos são explorados.

Considerações gerais sobre o método

- O trabalho muscular fica concentrado em uma região, promovendo assim um maior fluxo sangüíneo para aquele local;
- A fadiga muscular localizada poderá aparecer mais rapidamente, em relação à montagem *alternada por segmento*;
- Quanto maior o número de movimentos realizados sucessivamente para uma mesma articulação, mais precoce será a fadiga muscular localizada;
- Pode ser utilizada no intuito de trabalhar uma determinada articulação nos seus diversos movimentos;
- Observa-se que, nas sessões que utilizam pesos próximos do máximo e a montagem agonista/antagonista, pode ocorrer nas primeiras repetições do segundo exercício (antagônico ao primeiro) uma dificuldade de realização maior do que nas repetições que se sucedem. Isso ocorre pelo fato de o grupo muscular exercitado no primeiro movimento promover uma frenagem involuntária do músculo antagonista;
- Observa-se, também, que a montagem agonista/antagonista pode promover, ainda, um treinamento eficaz da descontração diferencial;

Exemplos

a) Localizada por articulação agonista/antagonista
- Remada sentado/Supino
- Extensão dos joelhos/Flexão dos joelhos
- Crucifixo/Crucifixo invertido
- Adução de quadril/Abdução de quadril
- Rosca bíceps/Rosca tríceps

b) Localizada por articulação completa
- *Leg press*
- Flexão dos joelhos
- Adução de quadril
- Abdução de quadril
- Puxada para trás
- Supino
- Remada em pé
- Desenvolvimento militar
- Rosca bíceps
- Rosca tríceps

4.4 Método série simples

O método de série simples – a execução de cada exercício em uma série – é um dos mais antigos métodos de treinamento de força. Primeiramente publicado em 1925 (Liederman, 1925), o método original de série simples consistia no uso de cargas pesadas e poucas repetições por série, com um intervalo de 5 minutos entre os exercícios. Os métodos de série simples ainda são muito populares, e uma série simples de 8 a 12 repetições era recomendada por um dos maiores fabricantes de equipamentos de treinamento de força na década de 1970. Foram demonstrados ganhos significativos em força muscular usando-se um método de séries múltiplas (Hurley et al., 1984; Peterson, 1975; Stowers et al., 1983). Porém, demonstrou-se também que esse método (em uma série de 10 repetições) resultou em um ganho de força muscular significativamente menor do que um de três séries de 10 repetições e do que um programa periodizado progredindo de séries de 10 para séries de cinco e séries de três repetições, todas com uma carga pesada para o número de repetições (Stowers et al., 1983). A capacidade de salto em altura aumentou apenas no grupo periodizado. Esse estudo demonstra claramente a superioridade dos programas de múltiplas séries sobre o programa de série simples na produção de aumentos na força muscular e na capacidade de salto em altura. Além disso, o treinamento periodizado usando múltiplas séries parece ser superior ao uso do mesmo método de séries múltiplas durante todo o período de treinamento para o desenvolvimento de força muscular e de potência (Willoughby, 1993). De todo modo, as comparações entre os aumentos de força muscular provocados pelos diferentes regimes de treinamento podem variar enormemente de um grupo muscular para outro.

Informações recentes indicam que o volume do treinamento de força tem um efeito importante nas adaptações celulares ao treinamento e na velocidade na qual a força muscular é perdida após a interrupção do treinamento (Dudley et al., 1991; Hather et al., 1992). Essa informação indica que um método de série simples pode não ser capaz de promover as adaptações celulares necessárias para garantir ganhos de longa duração em força muscular e potência. A perda mais rápida dos ganhos em força muscular com um volume menor de treinamento indica que o método de série simples não é a melhor escolha para um praticante competitivo. Quando o praticante interromper o treinamento, a força muscular obtida será rapidamente perdida (em quatro semanas). Mesmo que o método de série simples não seja o melhor programa global, pode ser um programa viável para um indivíduo que tenha pouco tempo para se dedicar ao treinamento de força ou com uma fase específica de três a quatro semanas em um treinamento durante a temporada.

4.5 Método de séries múltiplas

O método de séries múltiplas consistia, originalmente, em duas ou três séries de aquecimento com cargas sucessivamente maiores, seguidas por várias séries com a mesma carga. Esse método de treinamento tornou-se popular nos anos 1940 (Darden, 1973) e foi o precursor dos métodos atuais de múltiplas séries e repetições. A carga e o número de repetições ideais para o desenvolvimento de força usando um método de séries múltiplas foram objeto de muitas pesquisas. Para alguns exercícios multiarticulares, a execução de um mínimo de três séries de 5 a 6 RM parece ser o melhor para provocar aumentos significativos na força muscular.

Um método de séries múltiplas pode ser executado com qualquer carga, com qualquer número de repetições e séries para atingir os objetivos estabelecidos em um programa de treinamento. A execução de um método de séries múltiplas sem alterações nas variáveis de treinamento durante um longo período de tempo, no entanto, geralmente resulta em uma estabilização dos ganhos de força muscular e de potência. Em sua maioria, os métodos de treinamento são variações do método de séries múltiplas. Se os objetivos do treinamento são força muscular e potência, métodos de séries múltiplas podem ser otimizados com periodização do treinamento (Willoughby, 1993).

4.6 Método da série dividida (parcelada)

Muitos fisiculturistas utilizam um sistema parcelado. Eles fazem muitos exercícios para a mesma parte do corpo para desenvolver a hipertrofia. Como esse é um processo que leva muito tempo, nem todas as partes do corpo podem se exercitadas em uma sessão de treinamento. A solução para esse problema levou à prática do treino de várias partes do corpo em dias alternados, ou em parcelas. Um sistema parcelado típico envolve o treinamento de braços, pernas e abdômen às segundas, quartas e sextas-feiras, e peito, ombros e costas às terças, quintas e sábados, o que resolve o problema do tempo limitado por sessão, mas significa que o treinamento é de seis dias por semana.

Nesse método, os exercícios serão divididos em duas ou mais sessões de treinamento, possibilitando trabalhar os grupos musculares de forma mais completa. A divisão possibilita um maior período de recuperação para cada grupo muscular.
a) Objetivo: aplicação adequada da sobrecarga
b) Aplicação: falta de tempo

Formas de aplicação (Godoy, 1994):

- quatro sessões/semana - com uma freqüência de duas sessões não consecutivas, por grupo muscular. Exemplo: segunda/quinta – terça/sexta;

- treinar grandes grupos musculares em uma sessão e os pequenos grupos em outra;
- treinar os membros superiores e o tronco em uma sessão e os membros inferiores em outra;
- empregar o método *pull-push* (puxe-empurre), os músculos que "empurram", em uma sessão, e os que "puxam" em outra.

Exemplos

Série dividida em quatro sessões / semanais.

2ª/5ª	3ª/6ª
Supino reto	Agachamento
Voador	Flexão de pernas
Paralela	Puxador alto
Tríceps puxador	Voador inverso
Tríceps francesa	Rosca bíceps
Desenvolvimento	Ponta de pé

4.7 Métodos "circuitados"

4.7.1 *Circuit Training* (CT)

O treinamento em circuito (CT), ou *circuit-training*, foi criado na Inglaterra por R. E. Morgan e G. T. Adamson em 1953, baseado no *Bodybuilding* norte-americano (Forteza, 2006). O principal motivo era o rigoroso inverno inglês, que não permitia aos praticantes treinarem ao ar livre, e a impossibilidade de adaptação do treinamento intervalado em recintos fechados (Tubino, 2003). Surgiu, então, um modelo de treinamento que utiliza um espaço menor e possibilita o desenvolvimento de algumas capacidades físicas.

Segundo Forteza (2006), o método se fundamenta na utilização de pesos, barras e outros elementos em forma de estações, em que os participantes progridem trocando uma estação pela outra e trabalhando grupos musculares variados de forma alternada e com intensidades variadas. Serve para trabalhar qualquer um dos sistemas energéticos pela correta utilização de estímulos e intervalos, de acordo com o objetivo específico do treinamento.

O treinamento em circuito pode aprimorar tanto a função cardiorrespiratória como a neuromuscular, sendo considerado um sistema misto. Pode ser usado para qualquer um dos sistemas energéticos, dependendo dos estímulos e intervalos.

Um programa de treinamento resistido em circuito normalmente tem de 10 a 15 estações por circuito (Novaes e Vianna, 2003) e é repetido duas a três vezes (passagens), de modo que o tempo total seja de 20 a 30 minutos (Heyward, 2004). Em cada estação de exercício, deve-se selecionar uma carga que fadigue o grupo muscular em aproximadamente 20 a 45 segundos (quantas repetições forem possíveis em aproximadamente 50% a 75% de 1 RM), dependendo do objetivo. O intervalo entre as estações pode variar entre 30-60 s. Normalmente, o CT é realizado três dias por semana por pelo menos seis semanas (Heyward, 2004).

Esse método é ideal para indivíduos com quantidade limitada de tempo para dedicar ao exercício.

O *circuit training* consiste basicamente em uma série de exercícios (estações) dispostos seqüencialmente e realizados sucessivamente sem intervalos; em média, são de 6 a 15 estações com até três passagens, e o número de repetições e voltas em cada estação dependerá da qualidade física visada.

Originalmente era realizado de duas formas:

- Circuito de tempo fixo: o praticante perfazia o número de exercícios possíveis dentro de um tempo predeterminado em cada estação;
- Circuito de carga fixa: o praticante faz o circuito realizando um número fixo de repetições em cada estação.

Pelo fato de, em seu caráter geral, não desenvolver nenhuma qualidade em seu grau máximo, com exceção da RML, tem como desvantagem a falta de especificidade do treino e é mais usado como um método complementar aos demais, e não como específico. Se houver tempo disponível, o método utilizado no treinamento das qualidades físicas principais do esporte deverá ser o mais especializado possível.

O treinamento tem diversas vantagens, como proporcionar grande economia de tempo de treinamento; permitir o treinamento mesmo com condições climáticas desfavoráveis; possibilitar o treinamento individualizado de um grande número de praticantes ao mesmo tempo; trazer resultados em curto prazo; facilitar ao professor ou instrutor a organização, a aplicação e o controle do treinamento; e ser um treino motivador.

Exemplos

- Número de repetições – 10/número de passagens – 3/% de 1 RM – 70
- Supino articulado
- *Leg press* 180°
- Puxador frente
- Flexora deitada
- Rosca cabo
- Panturrilha aparelho
- Tríceps puxador
- Abdominal flexão do tronco solo

4.7.2 Circuito – Intensivo

No método intensivo, os exercícios são exigidos de tal forma que, em um tempo de 10 a 15 segundos, se executam entre 8 a 12 repetições. A duração da pausa entre as estações oscila entre 30 e 90 segundos. Depois de uma passagem, realiza-se uma pausa de dois a três minutos.

As aplicações de força explosiva, com uma correta execução, constituem a base de todas as variantes do treinamento em circuito, segundo o método intensivo de intervalo.

Variantes

Em cada estação, exercita-se com um tempo padrão de 10 a 15 segundos, seguidos de uma pausa de 30 a 90 segundos. A duração da pausa está relacionada com o grau de intensidade da força, que é de aproximadamente 75% da capacidade máxima do rendimento e ao efeito do treinamento desejado.

Efetua-se cada exercício com no máximo 8 a 12 repetições, sem limite de tempo, a uma velocidade submáxima. A duração da pausa é de no mínimo 30 segundos e no máximo 180 segundos. Na variante 1, cada exercício é realizado com 75% da capacidade máxima do rendimento. Durante o intervalo, trabalham-se exercícios de recuperação e de alongamento; estes são de especial importância, pois vão garantir o efeito do treinamento.

Quadro 4.1 - Quadro sinóptico do treinamento em circuito

Variáveis	Tipo	
	Intensivo	Extensivo
Número de estações	6 – 10	10 – 15
Número de passagens	2 – 3	2 - 3
Repetições	6 – 12	15 – 20
Intervalo entre as estações	30 s – 90 s	30 s
Intervalo entre as passagens	2 min – 3 min	1min30s
Forma de execução	Rápida	moderada
Duração do estímulo	10 – 20 s por estação 10 – 30 min tempo total	15 – 30 s por estação 20 – 40 min tempo total
Efeito do treinamento	Força rápida, força explosiva, força máxima	Força - resistência, RML
Sistema energético predominante	Anaeróbico	Aeróbico

Fonte: adaptado de Novaes e Vianna, 2003, p.194.

Seleção dos exercícios:

a) seqüência dos exercícios:
- Alternada por grupo muscular;
- Alternada por articulação;
- Localizada.

b) forma de realização:
- Individual;
- Dois a dois;
- Grupos.

c) tipos de exercícios:
- Geral;
- Específico;
- Competição.

d) princípios de aplicação:
  Carga Fixa
- O aluno deverá procurar diminuir o tempo total de realização do treino;
- É mais indicado para aplicações individuais.
  Tempo Fixo
- O tempo em cada estação é mantido fixo;
- Aumenta-se a carga de trabalho;
- É mais indicado para o trabalho com grupos de alunos.

Vantagens:
- Resultados mais rápidos;
- Possibilidade de utilização com o objetivo de perda de peso (extensivo);
- Motivação;
- Respeito à individualidade, mesmo em trabalhos coletivos;
- Economia de tempo;
- Facilidade de controle e organização.

Desvantagens:
- Falta de especialização/especificidade;
- Uso prolongado do circuito não promove ganhos significativos de força, podendo ocorrer perda de massa muscular.

FONTE: Yessis, 1991 apud Godoy, 1994.

4.7.3 Circuito – Extensivo

A realização do treinamento em circuito, segundo o método extensivo, exige que o exercício seja interrompido por um curto intervalo depois de cada estação. Esse intervalo corresponde, aproximadamente, a uma "pausa recompensadora", cuja duração pode variar entre 30 a 45 segundos. Efetua-se de uma a três passagens, com um intervalo entre elas de 1 a 3 minutos.

Variantes

- Em cada estação trabalha-se 15 seg., seguidos de uma pausa de 45 segundos;
- Em cada estação trabalha-se 15 seg., seguidos de uma pausa de 30 segundos;
- Em cada estação trabalha-se 30 segundos, seguidos de 30 segundos de pausa;
- Em cada estação trabalha-se de acordo com: RM[1]/2, sem limite de tempo, com uma pausa variável de 45 a 60 segundos.

Possibilidades de elevação

Em cada variante, é possível realizar de uma a três passagens. O volume eleva-se progressivamente na seguinte forma:

$$\frac{RM}{2} \text{ a } \frac{RM+1}{2}, \frac{RM+2}{2} \text{ e } \frac{RM+3}{2}$$

4.7.4 Método de ação periférica do coração

O método de ação periférica do coração é uma variação do treinamento de circuito. Nesse método, uma sessão de treinamento é dividida em várias seqüências. Uma seqüência é um gru-

---
[1] RM = repetições máximas.

po de quatro a seis exercícios diferentes, cada um para uma parte diferente do corpo. O número de repetições por série de cada exercício em uma seqüência varia de acordo com os objetivos do programa, mas geralmente executam-se 8 a 12 repetições por série. Uma sessão de treinamento consiste em executar todos os exercícios da primeira seqüência três vezes, como em um circuito. As seqüências restantes são então executadas uma após a outra do mesmo modo que a primeira.

4.8 Método piramidal

Esse método fundamenta-se na correlação *Volume x Intensidade* de treinamento (Godoy, 1994). A cada *set* de determinado exercício, ocorre a diminuição ou o aumento do número de repetições realizadas e, simultaneamente, o aumento ou a diminuição do peso.

Existem duas formas mais conhecidas: *pirâmide crescente e decrescente*.

4.8.1 Pirâmide crescente

Como o nome indica, um método piramidal crescente envolve a progressão de cargas leves para pesadas. Esse método difundiu-se durante as décadas de 1930 e 1940 entre os levantadores olímpicos de peso (Hatfield, 1997). Ele consiste na execução de uma série de três a cinco repetições com um peso relativamente leve. Adicionam-se, então, 2,3 kg ao peso e executa-se outra série de três a cinco repetições. Isso é repetido até que apenas uma repetição possa ser executada.

O regime DeLorme de três séries de 10 repetições com o peso progredindo de 50% para 60% e para 100% de 10 RM é um método piramidal crescente. O método DeLorme causa aumentos significativos na força muscular em períodos curtos de treinamento (DeLorme et al., 1951; Leighton et al., 1967). O grupo de treinamento DeLorme no estudo mostrado demonstrou um aumento significativo na força estática de flexão do cotovelo, mas nenhum aumento significativo na força estática da extensão do cotovelo ou costas-e-pernas. Um segundo método piramidal crescente (meio triângulo descendente ou meia pirâmide descendente) demonstrou aumentos significativos em todos os três testes de força muscular estática. Esse parece ser um dos métodos mais efetivos do estudo mostrado para aumentar a força muscular estática de costas-e-pernas.

Vantagens

- Preparação do sistema neuromuscular de maneira gradativa para esforços mais intensos;
- Estimulo das unidades motoras de diferentes potenciais de excitação, durante o treinamento;
- Preparação psicológica para os *set*s mais pesados;
- Aumento da força dinâmica e da força pura.

Observação: o método é de grande intensidade, por isso sua utilização deve ser de curta duração em uma periodização.

Exemplo

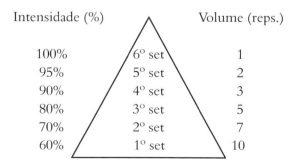

4.8.2 Pirâmide decrescente (*set* descendente)

O método justifica-se pela necessidade de diminuir o peso pela pouca disponibilidade de ATP e pelo aumento de estímulos inibitórios.

Após um breve aquecimento, executa-se a série mais pesada, diminuindo-se a carga para cada série subseqüente. A técnica Oxford é um método piramidal decrescente, que consiste em três séries de 10 repetições e progride de 100% para 66% para 50% de 10 RM. Aumentos significativos em força muscular foram obtidos com o método Oxford (Leighton et al., 1967; McMorris; Elkins, 1954; Zinovieff, 1951).

As comparações entre os métodos piramidal decrescente (meio triângulo descendente) e o crescente (meio triângulo ascendente) são ambíguas, mas tendem a favor do primeiro. Um estudo mostrou que o método piramidal decrescente é superior ao crescente em ganhos de força muscular, mas indicou a necessidade de mais pesquisas (McMorris; Elkins, 1954). Um segundo estudo (Leighton et al., 1967) encontrou pouca diferença entre os dois nos aumentos da flexão de cotovelo, mas demonstrou que o método piramidal decrescente (Oxford) é claramente superior com um método piramidal crescente (DeLorme) para aumentar a força na extensão do cotovelo e costas-e-pernas.

Vantagens

- É mais seguro executar os exercícios com carga máxima, quando a musculatura estiver descansada;
- Aumento da *endurance* muscular;
- Estimulação de unidades motoras de diferentes potenciais de excitação.

Observações: como serão utilizadas cargas máximas logo no início do treinamento, deve-se observar cuidadosamente o aquecimento.

Aplicação

Esse método é contrário ao da pirâmide crescente; já citado anteriormente, consiste em executar a série mais pesada primeiro com 100% da carga para realizar uma repetição, diminuindo-se a carga e aumentando as repetições a cada série até chegar a 10 repetições com uma carga próxima de 60%.

Como a primeira série é realizada com carga máxima, deve-se ter uma atenção especial com o aquecimento antes da realização do exercício. Esse método apresenta algumas vantagens, como o fato de realizar o exercício com carga máxima quando a musculatura está descansada e estimular unidades motoras em diferentes potenciais. Além disso, tem como objetivo o trabalho de *endurance* muscular.

Exemplo

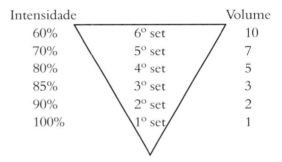

Intensidade		Volume
60%	6º set	10
70%	5º set	7
80%	4º set	5
85%	3º set	3
90%	2º set	2
100%	1º set	1

Supino reto articulado
- 1º *set* - 100% 1 rep.
- 2º *set* - 95% 2-3 rep.
- 3º *set* - 90% 3-4 rep.
- 4º *set* - 80% 4-5 rep.
- 5º *set* - 70% 6-7 rep.

4.8.3 Método pirâmide truncada

Esse método é uma variação dos métodos piramidais. Da mesma forma, a pirâmide truncada pode ser realizada crescente ou decrescente. A diferença é que o "praticante" não necessita chegar até 100% da carga, sendo a seqüência normalmente trabalhada até 85% ou 90% da carga máxima.

Exemplo

Pirâmide truncada crescente
Supino Reto Articulado
- 5º *set* - 90% 4-6 rep.
- 4º *set* - 85% 6-8 rep.
- 3º *set* - 80% 8-10 rep.
- 2º *set* - 70% 10-12 rep.
- 1º *set* - 60% 12-15 rep.

4.9 Método pliométrico

As contrações pliométricas são todas aquelas que se compõem de uma fase de alongamento seguida imediatamente de outra de encurtamento (Badillo e Ayestarán, 2001).

Esse método não é muito utilizado nas salas de musculação das academias, mas revolucionou o treinamento desportivo na década de 1960. Ele consiste em utilizar o reflexo de alongamento para produzir uma reação explosiva. Para isso, são realizados exercícios em que a musculatura se alonga rapidamente, produzindo, por meio do reflexo miotático, um trabalho concêntrico maior.

São recomendadas três a seis séries de 8 a 10 repetições. Nesse tipo de trabalho, podem ser trabalhadas algumas variáveis, como número de repetições, altura (no caso dos saltos), distância entre obstáculos, entre outras.

No método pliométrico, visa-se à melhora:

- Dos processos neuromusculares;
- Da capacidade de armazenamento de energia elástica pelo efeito positivo sobre os mecanismos nervosos (Komy, 1992);
- Da eficiência mecânica;
- Do grau de tolerância à carga de alongamento mais elevada (Bosco, 1985; Komi, 1992).

Um exemplo de exercício pliométrico para membros inferiores é o salto em profundidade. Os saltos são realizados utilizando-se plintos com altura entre 75 cm e 1,10 m. Ao chegar ao solo, ocorre uma contração excêntrica nos extensores do joelho e coxofemoral. No amortecimento, o fuso muscular é estimulado e o reflexo miotático produz uma contração imediata, impedindo a transformação brusca no comprimento do músculo.

4.10 Método de contrates

Consiste na utilização de pesos altos e baixos na mesma sessão de treinamento. Essas cargas também podem ser realizadas com diferentes regimes de contração (Badillo e Ayestarán, 2001).

Segundo Cometti (1989), o método de contrastes clássico consiste em realizar séries com cargas pesadas (6 RM) e séries com cargas leves (séries de seis repetições com 40% a 50% de 1 RM). Os tipos de séries são executados com a máxima velocidade possível; mas, em razão da diferença de intensidade (peso e resistência empregados), também ocorre, inevitavelmente, um contraste na velocidade de execução.

Tais mudanças requisitam o músculo de maneira diferente, o que pode significar uma variabilidade de estímulos físico e psicológico interessantes em um indivíduo habituado a sessões monótonas com cargas estáveis.

A combinação de cargas e métodos é quase ilimitada: séries alternativas com cargas altas e baixas até completar seis a oito séries; com duas séries pesadas e duas leves; três e duas; quatro e duas; cinco e duas etc.

Também se podem utilizar cargas máximas, intermediárias e mínimas para estabelecer esses contrastes; por exemplo: (r= repetições) 1) 2r a 90% + 6r a 70% + 2r a 90% + 6r a 70%; 2) 1r +95% + 6r a 40% + 6r a 70% + 1r a 95% + 6r a 40% +6r a 70%.

O efeito de contraste também pode ser acentuado, combinando-se os exercícios com cargas altas médias (tensão intensa) com outros sem carga (velocidade máxima), como, por exemplo, os agachamentos ou meio-agachamentos e os saltos, ou os exercícios de supino e os lançamentos com bolas pesadas. Os exercícios que provocam cansaço provocado pelas cargas pesadas podem interferir na técnica.

O contraste também pode ser estabelecido com os exercícios isométricos, como, por exemplo, combinação isométrica com diferentes intensidades com saltos, podem-se alternar exercícios excêntricos com concêntricos com e sem cargas.

O método de contraste, embora em grau diferente, conforme a preponderância das cargas tem efeito sobre as forças máxima e explosiva em suas diferentes manifestações.

Com relação à melhora da força explosiva diante das cargas leves, é bastante útil e necessário quanto o contraste realizado entre cargas pesadas e médias e exercícios sem cargas (peso corporal) ou com cargas leves.

Quanto à melhora da força máxima, somente seria necessário em esportistas avançados e com vários anos de treinamento dedicados ao desenvolvimento dessa qualidade física. Nos esportistas intermediários, poderia ser utilizado ocasionalmente. Nos principiantes não faz sentido utilizá-lo, já que a margem de adaptação é enquanto for necessário.

4.11 Método isométrico

Esse método é considerado o que proporciona a contração máxima. Esse tipo de força é muito evidente nos diversos esportes em que ocorrem oposições para os gestos específicos de modalidade, com natação, judô, jiu-jitsu. Embora o método possa proporcionar rapidez e conveniência para sobrecarregar e fortalecer o sistema muscular, certas limitações tornam esse método de treinamento menos desejável para a maioria das atividades esportivas, por aumentar a força somente na angulação trabalhada, não permitindo trabalhar mais de uma angulação ao mesmo tempo nem a mensuração da força.

As vantagens desse método parecem ser as altas taxas de aumento de força, treinamento econômico em relação ao tempo, isto é, alta efetividade do treinamento (pesquisas registram aumento de 5% em uma semana), possibilidade de influenciar de forma local e objetiva um grupo muscular escolhido, com o necessário ângulo articular; e, ainda, pode ser melhorada a capacidade para executar força rápida e explosiva, quando na posição inicial for exigida a amplitude de trabalho necessária.

As desvantagens do treinamento isométrico são a contra-indicação em indivíduos com problemas cardiovasculares; a elevação drástica que provoca na pressão arterial o fato de ser monótono; a influência negativa sobre a flexibilidade em razão do desenvolvimento máximo da tensão; a ocorrência de um rápido aumento da secção transversa, porém não uma capilarização do músculo. Portanto, não é eficaz do ponto de vista cardiovascular e há uma rápida estagnação no ganho de força.

Segundo Fleck e Kraemer (1999), muitos levantadores de potência usam esse método sem um suporte de pesos durante a última repetição de uma série pesada (ou seja, de 1 a 6 RM). Eles tentam executar tantas repetições quanto for possível e, quando o peso não pode mais ser movimentado, continuam a fazer força isometricamente no ângulo exato em que ocorre o ponto limitante. Esse tipo de treinamento requer auxiliares muito atentos. Nesse método, é importante saber onde ocorre o ponto limitante dentro da amplitude do movimento para permitir a otimização, especialmente porque os pontos fracos podem mudar com o treinamento. Esse método é adequado quando o objetivo principal do programa é o de aumentar a capacidade de 1 RM de um exercício em particular.

Exemplo

- Cadeira extensora 3 x 8 segundos estendida (após uma série normal dinâmica).

4.12 Método excêntrico ou repetição negativa

Esse método prioriza a contração excêntrica do músculo, anulando a contração concêntrica, e esse tipo de ação se caracteriza por sustentar uma força enquanto as fibras musculares se alongam. Essa prática recruta menor quantidade de unidades motoras, gerando maior tensão nas fibras musculares.

O treinamento de força negativo envolve abaixar mais peso do que pode ser levantado na fase concêntrica da repetição; pode ser feito com os auxiliares ajudando o praticante a levantar o peso, que ele abaixa sem ajuda. A carga de treinamento varia de 10% a 20% a mais do que no treino concêntrico. O número de repetições varia de quatro a seis, e o treino deve se limitar a um por semana para evitar o *overtraining*. A velocidade de execução é lenta, para melhores resultados e prevenção de lesões.

Há vários meios de realizar o trabalho excêntrico; em algumas máquinas, há como realizar a contração concêntrica com os dois membros e a excêntrica com um, realizar a fase negativa mais lentamente, utilizar dois companheiros de treino para aumentar a carga na fase excêntrica, ou um que force o peso na fase excêntrica e anule a concêntrica. Técnicas corretas de exercício e técnicas seguras de auxílio devem ser usadas para todos os exercícios executados durante o treinamento negativo pesado. Existem ainda equipamentos eletrônicos de treinamento de peso nos quais se pode realizar treinamento negativo.

Esse método tem como desvantagem o grande risco de lesão e *overtraining*, porém, mesmo sem comprovação científica, é tido como um excelente método para aumento de hipertrofia.

Exemplo

- Rosca direta (com alguém anulando a fase positiva) 90% 1 RM 5-6 repetições.

Variante

- Repetição negativa acentuada – consiste em realizar a fase *concêntrica* do movimento com determinada carga, que será acrescida na fase *excêntrica*.

4.13 Método de pausa

Esse método envolve o uso de cargas quase máximas (1 RM) para repetições múltiplas. Isso é possibilitado pelo descanso de 10 a 15 segundos entre as repetições (Fleck e Kraemer, 1999). Um fisiculturista executa uma repetição de um exercício com 120 kg, por exemplo, que é quase 1 RM para o exercício. O indivíduo abaixa o peso, descansa de 10 a 15 segundos e executa então outra repetição com 120 kg. Isso é feito por mais quatro ou cinco repetições. Se o fisiculturista não consegue executar uma repetição completa, os auxiliares o ajudam apenas o suficiente para completar quatro ou cinco repetições. Executa-se somente uma série de cada exercício, mas podem ser feitos dois ou três exercícios por grupo muscular na mesma sessão de treinamento. O objetivo desse método é usar o máximo de carga possível. Seus defensores acreditam que, por meio do uso de uma carga tão próxima quanto possível da máxima, ocorrerão os maiores ganhos possíveis em força muscular.

Vantagens

- Possibilidade de realizar uma contração muscular mais intensa, em virtude do requerimento do sistema ATP-CP e das unidades motoras tipo A;
- Menor ocorrência da espoliação de acetilcolina nas junções neuromusculares, retardando a fadiga;
- Utilização primordial do sistema ATP-CP, evitando a produção de ácido lático.

4.14 Método de superbomba

Aqueles que defendem o método de superbomba acreditam que os fisiculturistas de alto nível precisam fazer 15 a 18 séries para cada parte do corpo por sessão de treinamento para obter o desenvolvimento muscular desejado (Page, 1966). Para chegar a esse alto número de séries, executam-se de um a três exercícios por grupo muscular em cada sessão. Esse método usa períodos de descanso de 15 segundos entre séries de cinco a seis repetições (Page, 1966). As repetições devem ser rigorosamente feitas de acordo com a técnica correta, e cada grupo muscular deve ser treinado duas ou três vezes por semana. O método de superbomba parece ser efetivo para levantadores de peso de alto nível que desejam uma maior hipertrofia muscular dos braços, peito e ombros; ele pode ser muito cansativo para o treinamento dos grandes músculos das pernas e das costas (Darden, 1973).

4.15 Método de superséries

As superséries desenvolveram-se em dois métodos distintos. Um programa usa várias séries de dois exercícios para os músculos agonistas e antagonistas de uma parte do corpo. Exemplos desse tipo de supersérie são roscas diretas imediatamente seguidas por extensão do tríceps, ou extensão do joelho imediatamente seguido por roscas de joelhos. Aumentos significativos em força musculares com esse tipo de superséries foram relatados. Tal método é um dos mais efetivos para aumentar a força estática de costas e pernas entre todos os 10 métodos comparados.

O segundo tipo de superséries usa uma série de vários exercícios em rápida sucessão para o mesmo grupo muscular ou parte do corpo. Um exemplo disso é uma série de cada exercício de roldana lateral, remenda sentada e remenda inclinada. Ambos os tipos de superséries envolvem séries de 8 a 10 repetições com pouco ou nenhum descanso entre as séries e exercícios. As superséries são populares entre os fisiculturistas, sugerindo que resultem em hipertrofia muscular. Se o objetivo do programa de treinamento é produzir aumento na hipertrofia muscular, as superséries merecem consideração. Além disso, elas parecem favorecer a resistência muscular localizada, porque os fisiculturistas demonstram a capacidade de manter uma maior percentagem da sua força de 1 RM ao executar séries consecutivas de exercícios com pouco descanso (10 a 60 segundos) entre elas (Kraemer et al., 1987).

4.16 Método superlento

O método superlento envolve a execução de repetições muito lentas variando-se de 20 a 30 segundos por repetição (Fleck e Kraemer, 1999). Os defensores do método afirmam que o tempo maior em que o músculo fica tensionado estimula o desenvolvimento da força muscular. Não há evidências científicas que comprovem essa teoria.

Esse método é usado tipicamente para exercícios de articulações isoladas ou equipamentos de exercício nos quais os movimentos podem ser controlados ao longo de toda a sua extensão. Geralmente, apenas uma ou duas séries de uma a cinco repetições são executadas em cada sessão de treinamento. As cargas variam, dependendo do nível de resistência muscular do executante, e não tem relação com uma repetição executada em velocidade normal com uma dada carga em RM. À medida que a duração da repetição é aumentada, a quantidade de carga que pode ser utilizada diminui, porque a quantidade de força que um músculo pode produzir diminui dramaticamente com o tempo, por causa da fadiga. Assim, cada ponto na amplitude do movimento recebe um estímulo de força menor do que o ideal. O método superlento parece ter alguma eficácia potencial no desenvolvimento de resistência muscular em velocidade lenta e na diminuição do percentual de gordura corporal, mas seus efeitos no ganho de força são limitados (Keeler et al., 2000).

4.17 Método *superset*

Esse método consiste em realizar seguidamente, sem intervalo, dois *sets* de exercícios para agrupamentos antagônicos.

Exemplo

- *Superset* para membros superiores.

Vantagens (Hatfield, 1997)

- Redução no tempo total de execução da série;
- Possibilidade de aumento da flexibilidade em virtude do alongamento, de forma passiva;
- Desenvolvimento harmônico;
- Suplemento sangüíneo mais elevado em uma região, favorecendo a recuperação;
- Aumento na aptidão cardiovascular e respiratória;
- Redução da adiposidade, em virtude da elevação do metabolismo basal e maior congestionamento sangüíneo (*pump*) na musculatura.

Desvantagem

- Aumento pouco significativo da força.

4.17.1 *Superset* múltiplo

Consiste em executar, seqüencialmente, três ou quatro exercícios, um grupo de cada, dando um curto intervalo de recuperação e executar outra seqüência de exercícios de grupos musculares antagônicos aos que forem exercitados anteriormente, até completar o número de grupos previsto no treinamento.

Seqüência I
- Supino inclinado
- Desenvolvimento pela frente
- Tríceps no puxador

Quadro 4.2 – Método *superset*

Movimento articular	Meio material	Grupo muscular	Set x Rep
Flexão do antebraço	*Robot*	Bíceps braquial	3 x 15
Extensão do antebraço	*Pulley*	Tríceps	3 x 15

Seqüência II

- Remada curvada
- Puxada pela frente no *pulley* alto
- Rosca *scott*

Esse método apresenta as mesmas vantagens do *superset* convencional, havendo uma sobrecarga maior do sistema cardiovascular, que acarretará maior aptidão orgânica.

Vantagem

- Maior sobrecarga cardiovascular, resultando em uma maior aptidão desse sistema orgânico.

4.18 Método série composta

Esse método é muito semelhante ao anterior, mas são realizados seguidamente dois exercícios para o mesmo músculo, porém em porções diferentes, intensificando o trabalho no grupamento. Tem como vantagens rapidez na execução do treino, elevação do metabolismo basal e maior fluxo sangüíneo na região, favorecendo a recuperação. E, como desvantagem, ele também não proporciona ganhos consideráveis de força e hipertrofia.

Exemplo

- Supino reto/supino declinado 3 x 8/8.

4.19 Método *superslow*

Consiste em realizar as contrações (tanto concêntrica quanto excêntrica) de forma bem lenta, evitando encaixes articulares ou pausas no movimento, tendo como objetivo a manutenção da tensão constante durante a contração da musculatura em ação. O tempo de cada repetição varia entre 20 e 60 segundos. A aplicação desse método exige a execução do movimento no arco articular completo, mantendo, assim, a amplitude. Geralmente, são executadas apenas uma ou duas séries de até cinco repetições, com cargas que variam de acordo com o objetivo do praticante.

A vantagem é que parece ser eficiente na diminuição da gordura corporal e no desenvolvimento da resistência muscular. E tem como desvantagem a monotonia de treinamento.

Exemplo

- Cadeira extensora 2 x 5 (20 segundos)

4.20 Método de prioridade muscular

Esse método consiste na ênfase do trabalho em uma musculatura deficiente. Tal grupo muscular, seja ele deficiente em força, resistência ou qualquer outro fator, é trabalhado no início do programa, visando corrigir ou diminuir as diferenças existentes. Quando a musculatura é trabalhada no final da sessão, a fadiga pode impedir que se utilizem cargas máximas. Dessa forma, esse método tem como principal objetivo aproveitar o início da sessão de treinamento, quando a energia está em seu maior grau, para trabalhar essa musculatura deficiente.

Por exemplo: se a musculatura deficiente for o deltóide, pode-se iniciar a sessão de treinamento com os seguintes exercícios:

- Desenvolvimento por trás;
- Elevação lateral com halteres;
- Crucifixo invertido.

4.21 Método série gigante

Esse método consiste na realização de uma série de 4 a 10 exercícios em seqüência, visando à melhora da capacidade aeróbica e à redução do percentual de gordura. Pode ser realizada de diversas formas: tendo em vista um único agrupamento muscular, agrupamentos antagônicos ou diversos agrupamentos musculares.

Quanto maior o número de exercícios, maior a intensidade do trabalho e, no caso de todos os exercícios visarem ao mesmo agrupamento, a intensidade do trabalho será ainda maior.

Exemplos

Grupamentos antagônicos:
- supino reto;
- puxada pela frente;
- supino inclinado com halteres;
- remada baixa.

4.22 Método "puxe-empurre"

O método do "puxe-empurre" é uma variação do método de treinamento parcelado, porém, apresenta características próprias. Combina, em uma sessão de treinamento, grupos musculares que agem "puxando" e, na sessão seguinte, agrupamentos musculares que agem "empurrando", como podemos observar no exemplo a seguir:

- Primeira sessão de treinamento: peitoral, deltóide, tríceps braquial;
- Segunda sessão de treinamento: dorsais, bíceps braquial, musculatura do antebraço;
- Terceira sessão de treinamento: coxa, panturrilha;
- Um dia de descanso (repouso);
- Quarta sessão de treinamento: reiniciar o microciclo.

A finalidade desse tipo de parcelamento é agrupar, na mesma sessão de treinamento, agrupamentos musculares com maior inter-relação entre suas ações. Com esse procedimento, estaremos possibilitando uma maior recuperação muscular e, conseqüentemente, maior adaptação. Podemos observar que os agrupamentos musculares trabalhados na primeira sessão, só voltaram a ser exigidos com 72 horas de intervalo, tempo suficiente para a recuperação ampliada da musculatura.

O método "puxe-empurre" está relacionado com os agrupamentos musculares do tronco e dos membros superiores, ficando os membros inferiores separados em uma única sessão, permitindo o tempo de recuperação previsto.

4.23 Método pico de contração

Esse método consiste no emprego de uma contração isométrica, por um período de 2 a 4 segundos, no ponto em que o músculo está em contração máxima. Envolve certos exercícios que favorecem a ação da tração contínua no ponto do arco do movimento em que o músculo-alvo tende a sofrer máxima contração de seu ventre. Para isso, a utilização de aparelhos é muito útil, pois promovem ação contínua em todo o arco do movimento. Exemplos de exercícios em aparelhos que propiciam, no ângulo correto, a contração do pico: *scott machine* para o bíceps, voador para o peitoral, extensão de perna para o quadríceps e o *pullover* para o dorsal.

Pesos livres também podem ser empregados em exercícios que possibilitam um posicionamento anatômico favorável, para que o peso usado gravitacionalmente possa atingir o ventre muscular. Exemplos: rosca concentrada para o bíceps e levantamento unilateral para deltóide.

4.24 Método D.T.A. (dor-tortura-agonia)

Trata-se da execução, até a exaustão, de um número de repetições de um exercício utilizando 60% a 70% do peso máximo em apenas um grupo. A finalidade básica desse programa é condicionar o praticante a tal ponto em que ele seria capaz de executar aproximadamente o mesmo número de repetições em cada exercício que seria exigido na *performance* de movimentos similares durante a competição atlética.

O princípio de levar um grupo à exaustão é utilizado por muitos professores ou instrutores nos dias de hoje. O mesmo princípio é também empregado para alunos com objetivos estéticos, em que os primeiros grupos são realizados com um número de repetições restrito, de acordo com o objetivo, e no último grupo se aplica o princípio do D.T.A.

Na execução de qualquer exercício até a exaustão, deve-se dar preferência aos aparelhos dos quais as pessoas podem facilmente sair quando concluir o exercício, ou pedir que um ou dois parceiros ajude na segurança e retirem o peso, evitando, assim, qualquer possibilidade de acidente.

Esse método está descrito por Joe Weider como um de seus métodos com o nome de "treinamento até o ponto falho", que significa dar continuidade às repetições de um exercício até que os músculos responsáveis pelo movimento estejam incapacitados de produzir mais uma única repetição, dentro da técnica correta. O conceito do treinamento até o ponto falho pode ser utilizado em um ou em todos os grupos de sessão de treinamento. Weider recomenda que, após cinco ou seis semanas de adaptação muscular ao treinamento de alta intensidade, se torne conveniente levar ao ponto falho pelo menos um grupo para cada agrupamento muscular, e ir aumentando o número de grupos desse tipo até que a maior parte do treinamento seja de grupos que levem suas repetições ao ponto falho.

4.25 Método *dropset*

O *dropset*, ou série descendente, pode ser caracterizado em três passos:

1. realização do movimento com técnica perfeita até a falha concêntrica;
2. redução da carga (em aproximadamente 20%), após a falha;
3. prosseguimento do exercício com técnica perfeita até nova falha.

Deve-se repetir o segundo e o terceiro passos até se alcançar o objetivo estabelecido para o treino.

Em exercícios de intensidades altas, ocorre progressiva queda na ativação de unidades motoras até se chegar a um ponto em que a ativação das fibras disponíveis não seria suficiente para prosseguir o movimento, levando à interrupção do exercício. As quedas na carga, durante o *dropset*, têm a finalidade justamente de contornar a fadiga, adequando o esforço às possibilidades momentâneas do músculo e, assim, mantendo um trabalho relativamente intenso por mais tempo (Gentil, 2005).

Durante o *dropset*, é possível manter um grande número de unidades motoras trabalhando em esforços máximos pro períodos longos, tornando-o indicado tanto para ganhos de força quanto de hipertrofia.

Nesse método, utiliza-se em média três a quatro séries, com um mínimo de seis repetições nas primeiras execuções e indo até a exaustão nas passagens subseqüentes, dando um intervalo de 2 a 3 minutos entre as séries.

4.26 Pré-exaustão

Esse método foi desenvolvido levando em consideração a atuação da musculatura acessória, que auxilia o movimento. Consiste em realizar um exercício monoarticular antes do multiarticular, com a finalidade de evitar que a musculatura que auxilia no movimento multiarticular se esgote antes do músculo-alvo; é uma forma de "exaurir" o músculo-alvo, permitindo um treino mais intenso.

A vantagem desse método é facilitar a ocorrência de um estresse maior na musculatura para uma maior hipertrofia, evitando que pequenos músculos fadiguem antes do músculo-alvo.

Exemplo

- Cadeira extensora: 3 x 8
- *Leg* 45°: 3 x 10

4.27 Método de exaustão

Séries de exaustão podem ser incorporadas a praticamente qualquer método de treinamento. Os fisiculturistas usam séries até a exaustão em seus programas de treinamento. Uma série até a exaustão significa executar tantas repetições quanto possível com a técnica adequada, até que ocorra uma falha concêntrica momentânea (ou seja, o peso não pode mais ser levantado). Defensores desse método acreditam que, com séries até a exaustão, mais unidades motoras serão recrutadas e assim receberão um maior estímulo de treinamento do que quando as séries não são executadas até a exaustão. Relatou-se que uma série até a exaustão de 10 repetições causa ganhos importantes na habilidade do agachamento, mas que três séries de 10 repetições, duas das quais até a exaustão, provocam ganhos significativamente maiores naquela habilidade (Stowers et al., 1983). O treinamento nesse estudo foi feito duas vezes por semana, durante sete semanas. Esse mesmo estudo também demonstrou que um grupo treinado com periodização teve aumentos significativamente maiores no agachamento e no salto em altura do que todos os grupos de série até a exaustão. Não foi demonstrada diferença relevante entre os três grupos no exercício de pressão das pernas. Assim, as séries até a falha concêntrica momentânea resultaram em força e progrediram em força aumentada, mas um programa de treinamento periodizado pode resultar em maiores aumentos na força muscular e na potência, especialmente das pernas. Seguem os meios para atingir a exaustão.

4.27.1 Repetição "roubada"

Esse meio se caracteriza pela participação de outros agrupamentos auxiliando o agrupamento agonista principal, possibilitando a utilização de uma carga superior à utilizada normalmente. Nesse método, a diferença está na forma de execução, com o objetivo de ultrapassar limites de desvantagem mecânica no arco articular e não com o número de repetições e séries.

O meio de "roubada" é bastante popular entre os fisiculturistas. Como o nome indica, ele envolve "roubar" ou romper a forma estrita de um exercício (Weider, 1954). Por exemplo, em lugar de manter a parte superior do corpo ereta durante a execução de roscas diretas, o praticante usa um ligeiro movimento do corpo para iniciar o movimento da barra. O movimento do corpo não é exagerado, mas é suficiente para permitir que o praticante levante 4,5 kg a 9,1 kg a mais do que fazendo o exercício da forma correta. Na rosca direta com haltere, a posição mais fraca é quando os braços estão completamente estendidos. A posição mais forte é quando a articulação do cotovelo está em um ângulo de aproximadamente 90°. Quando as roscas diretas são executadas da forma correta, a quantidade máxima de carga que pode ser levantada depende da carga que pode ser movimentada desde a posição mais fraca, ou totalmente estendida. Os músculos envolvidos na flexão do cotovelo, portanto, não estão na atividade máxima durante as partes mais fortes do movimento. O objetivo da "roubada" é permitir o uso de pesos maiores, que forçarão o(s) músculos(s) a desenvolver uma força próxima da máxima em uma amplitude maior de movimento e estimular os ganhos de força muscular.

Deve-se tomar cuidado ao usar o meio de "roubada". As cargas mais pesadas e o movimento incorreto aumentam a chance de lesão. O movimento de *swing* dos quadris e região lombar ao executar roscas diretas, por exemplo, coloca uma tensão adicional na região lombar.

As comparações entre os ganhos de força muscular causados pelo meio de "roubada" em relação aos vários outros meios de treinamento indicam que ele é bastante efetivo. O meio de "roubada" parece ser um dos meios mais efetivos no aumento da força estática dos braços, costas e pernas e pode ser usado em combinação com virtualmente qualquer outro meio de treinamento (por exemplo, "roubar" durante séries múltiplas).

Vantagens
- Aumento da intensidade sem ajuda;
- Aumento da força, aumento sobrecarga.

Desvantagens
- Risco de lesões ou prejuízos à postura;
- Pode diminuir a flexibilidade;
- Perda da eficiência do método em virtude do "roubo" exagerado.

O critério para a escolha de uma técnica para "roubar" consiste em buscar as vantagens cinesiológicas e biomecânicas e minimizar o potencial de riscos de lesões e prejuízos à postura (Godoy, 1994).

4.27.2 Repetição forçada

As repetições forçadas são uma extensão do meio de séries até a exaustão e do meio de "roubada" usado por alguns levantadores de potência. Depois que uma série até a exaustão foi executada, os assistentes de treinamento ajudam o praticante levantando a carga apenas o suficiente para que ele complete mais três ou quatro repetições. As repetições forçadas podem ser feitas com muitos exercícios após a execução de uma série até a exaustão. Esse meio força o músculo a continuar produzindo força quando está parcialmente fatigado e, portanto, pode ser válido quando se procura aumentar a resistência localizada.

Formas de execução:
- Recomendam-se de duas a quatro repetições forçadas no final de um *set*;
- Um treino semanal para cada agrupamento muscular;
- Alternando semanalmente;
- Emprego constante durante a fase específica/pré-competitiva (*bodybuilding*).

4.27.3 Queima

O meio de queima é uma extensão do meio de séries até a exaustão. Pode ser incorporado a qualquer outro meio de treinamento. Depois de se executar uma série até a falha concêntrica momentânea (o peso não pode mais ser levantado para uma repetição completa), executam-se repetições incompletas. Geralmente, são feitas cinco ou seis repetições incompletas, o que causa uma sensação de dor ou queimação, dando o nome ao método (Richford, 1966). Os defensores desse meio consideram-no especialmente efetivo para o treinamento de panturrilhas e braços.

4.27.4 Triplo

O meio triplo é semelhante ao método de ação periférica do coração por envolver grupos ou seqüências de exercícios. Como o nome indica, consiste em grupos de três exercícios para a mesma parte do corpo. Os exercícios podem treinar diferentes grupos musculares e são executados com pouco ou nenhum descanso entre os exercícios e as séries. Geralmente se executam três séries de cada exercício. Três exercícios que constituem um grupo são, por exemplo, roscas diretas, extensões do tríceps e desenvolvimento pela frente. O meio triplo é um dos mais efetivos para aumentar a força muscular estática. Os períodos curtos de descanso e o uso de três exercícios em séries para uma parte específica do corpo fazem que este seja um bom meio para aumentar a resistência muscular localizada.

4.27.5 *Flushing*

Esse meio foi desenvolvido por fisiculturistas para produzir hipertrofia, definição e vascularização. O número de exercícios, séries, repetições e períodos de descanso não são claramente definidos. *Flushing* envolve a execução de dois ou mais exercícios para o mesmo músculo ou para dois grupos musculares próximos. A idéia é manter a circulação no grupo ou grupos musculares durante um longo período de tempo. Acredita-se que isso desenvolverá hipertrofia muscular. Muitos fisiculturistas treinam um grupo muscular com vários exercícios sucessivamente durante a mesma sessão de treinamento, então, empiricamente, essa prática parece resultar em hipertrofia. Não se sabe como o fluxo sangüíneo influencia as alterações de hipertrofia. Os mecanismos fisiológicos responsáveis por tais adaptações de treinamento ainda são desconhecidos. Pode-se levantar a hipótese de que um fluxo sangüíneo maior permita que mais fatores anabolizantes naturais (hormônio do crescimento e testosterona, por exemplo) encontrados no sangue se liguem aos receptores no músculo e no tecido conjuntivo, mas tais especulações não têm apoio em evidências científicas.

4.27.6 *Blitz*

O programa *blitz* é uma variação do método parcelado. Em lugar de treinar várias partes do corpo em cada sessão de treinamento, apenas uma parte do corpo é treinada por sessão. A duração das sessões não é reduzida. Assim, mais séries ou exercícios para uma parte específica do corpo são executados. Um exemplo de programa *blitz* é executar todos os exercícios para braços, peito, pernas, tronco, dorsal e ombros às segundas, terças, quartas, quintas, sextas e sábados, respectivamente. Esse tipo de programa é feito por alguns fisiculturistas na preparação para uma competição. Um programa *blitz* de curta duração pode também ser adequado para o desempenho de um praticante que é limitado pela força muscular de um ou mais grupos musculares específicos.

Variante

- **Exercício isolado:** O método de exercício isolado dedica toda uma sessão de treinamento a um único exercício (Horvath, 1959). Por exemplo: na segunda-feira executa-se apenas o supino; na terça-feira, o agachamento; na quinta-feira, a flexão dos braços; e na sexta-feira, a remada. Outros exercícios podem ser adicionados para perfazer tantos dias de treinamento por semana ou sessões de treinamento por semana quanto se desejar. Escolhe-se uma carga que permita a execução de 8 a 10 repetições. O praticante executa, então, série após série do exercício daquele dia, em tantas repetições quanto for possível em 1 hora e meia. Permite-se um período de descanso de 1 minuto entre as séries.

Referências

Badillo, J. J. G.; Ayestarán, E. G. **Fundamentos do treinamento de força:** aplicação ao alto rendimento. Porto Alegre: Artmed, 2001.

Bosco, C. **La valutazione della forza com il test di Bosco**. Ed. Roma. Societá Stampa Sportiva, 1992.

Cometti, G. **Les methodes de musculation** (2 tomo). Dijon, Université de Bourgogne, 1989.

Darden, E. Weight training systems in the U.S.A. **Journal of Physical Education**, 44:72-80, 1973.

Delorme, T. L; Watkins, A. L.: **Progressive Resistance Exercices**: Techniques and Medical Applications. New York: Appleton – Century Crofts, 1951.

Dudley, G. A, Hather, B. M, Buchanan, P. Skeletal muscle responses to unloading with special reference man. **The Journal of the Florida Medical Association**. Aug: 79 8:525-9, 1992.

Fleck, S. J., Kraemer, W. J. **Fundamentos do Treinamento de Força Muscular.** Porto Alegre: Artmed, 1999.

Forteza De La Rosa, A. **Direções de Treinamento.** Novas Concepções Metodológicas. São Paulo: Phorte, 2006.

Gentil, P. **Bases Científicas do Treinamento de Hipertrofia.** Rio de Janeiro: Sprint, 2005.

Godoy, E. **Musculação Fitness.** Rio de Janeiro: Sprint, 1994.

Hather, B. M.; Tesch, P. A.; Buchanan, P.; Dudley, G. A. Influence of eccentric actions on skeletal muscle adaptations to resistance training. **Acta Physiologica Scandinavica.** V. 143, s. n., p. 178, 1992.

Hatfield, F. **Strength Shoes:** pain no gain? Disponível em: www.sportsci.org. p. 1-4, 1997.

Heyward, V. **Avaliação Física e prescrição de exercício**. Porto Alegre: Artmed, 2004.

Hovarth, B. What´s new in muscles? **Muscle Sculpture.** V.2: 39-44, 1959.

Hurley, B.F, Seals, D.R, Ehasani, A.A, et al. Effects of high-intensity strength training on cardiovascular function. **Med. Sci. Sports Exerc**. v.16:483-88, 1984.

Keeler, L.; Finkelstein, L.; Miller, W.; Fernhall, B. Early-phase adaptations of traditional speed vs. super-slow resistance training on strength and aerobic capacity in sedentary individuals. J. **Strength Cond. Res.** v. 15:309–14, 2001.

Komi, P. V. Stretch-Shortening Cycle. In: **Strength and power in sport**. Edited by P. Komy, Blackwell Scientific Publication, London, 169-79, 1992.

Kraemer, W. J., Noble, B. J., Clark, M. J., Culver, B. W. Physiologic responses to heavy-resistance exercise with very short rest periods. **International Journal of Sports Medicine.**, 1987; 8(4):247-52.

Leighton, J.; Holmes, R; Benson, D.; Wooten, B.; Schemerer, R. A study of the effectiveness of ten different methods of progressive resistance exercise on the development of strength, flexibility, girth, and body weigth. **Journal of the Association of Physical and Mental Rehabilitation**, V.21:78-81, 1967.

Liederman, E. **Secrets of strength.** New York: Earle Liederman. 1925.

McMorris, R. O.; Elkins, E. C. A study of production and evaluation of muscular hypertrophy. **Archives of Physical Medicine an Rehabilitation**. V. 35: 420-26, 1954.

Novaes, J. S.; Vianna, J. M. **Personal training e condicionamento físico em academia.** 2. ed. Rio de Janeiro: Ed. Shape, 2003.**em**

Page, B. Latest muscle building techinique. **Muscle Builder**. v. 14: 20-1, 1966.

Peterson, J. A. Total Conditioning. A case study. **Athletic Journal**. v. 56: 40-5, 1975.

Richford, C. **Principles of successful body building.** Alliance, NE: Iron Man Industries, 1966.

Stowers T. J.; McMillan, J.; Scala, D.; Davis, V.; Wilson, D.; Stone, M. The short-term effects of three different strength-power training methods.**National Strength and Conditioning Association Journal**, v.5:24-7, 1983.

Tubino, M. J. G.; Moreira, S. B. **Metodologia científica do treinamento desportivo**. 13 ed. Rio de Janeiro: Ed. Shape, 2003.

Weider, J. Cheating exercices build the biggest muscles. **Muscle Builder**. v. 3: 60-1, 1954.

Willoughby, D. S. The effects of meso-cycle-length weight training programs involving periodization and partially equated volumes on upper and lower body strength. **J. Strength Cond. Res**. v. 7:2-8, 1993.

Zinovieff, A. Heavy resistance exercise: The Oxford technique. **British Journal of Physical Medicine**, v.14: 129-32, 1951.

Capítulo 5
Ordem de execução como variável metodológica da prescrição dos exercícios resistidos

Humberto Lameira Miranda/Ingrid Barbara Ferreira Dias/Roberto Fares Simão Júnior/ Jefferson da Silva Novaes

O treinamento resistido é definido como um efetivo método para aumentar a capacidade funcional do sistema neuromuscular. Dependendo da especificidade do programa, pode aumentar a força, a hipertrofia, a potência, a resistência muscular localizada, o equilíbrio e a coordenação motora (Deschenes e Kraemer, 2002).

As vantagens do treinamento resistido são influenciadas por um grande número de variáveis que podem ser manipuladas e influenciam a magnitude e a duração das respostas. Esses fatores incluem variações na carga, no número de repetições, na velocidade de execução, na massa muscular ativa, no tipo de contração muscular, no tipo de trabalho muscular, no intervalo entre as séries e entre as sessões, na manipulação na ordem dos exercícios, no tempo de tensão, nos equipamentos, na técnica, no nível de condicionamento e no tipo de programa (Feigenbaum e Pollock, 1999; Starkey et al., 1996).

5.1 Definição e posicionamentos sobre ordem de exercícios

A ordenação dos exercícios em uma sessão de exercícios resistidos é a ordem na qual o profissional dispõe os exercícios, em uma sessão de treinamento. Nessa sessão, os exercícios seguem uma seqüência de execução na qual são dispostos de forma a atender aos objetivos e necessidades de um determinado indivíduo. A ordenação desses exercícios é normalmente projetada dos agrupamentos maiores seguidos dos menores (ACSM, 2002; Beachle e Earle, 2000; Stone e Wilson, 1985), tendo em vista que essa seqüência pode influenciar significativamente o desempenho e a força muscular. Os exercícios que são executados ao final dessa série têm seu desempenho afetado (Stone e Wilson, 1985). A disposição dos exercícios deve ser feita de forma a produzir um resultado no qual o indivíduo tenha a capacidade de desenvolver carga em um volume adequado de treinamento (total de repetições *vs.* carga) (Beachle e Earle, 2000). É especulado que, iniciando-se uma sessão de treinamento pelos maiores agrupamentos, maiores estímulos de treinamento serão possíveis. Iniciando uma sessão de treino por pequenos agrupamentos, a fadiga provocada nesses agrupamentos poderia limitar a estimulação adequada nos maiores agrupamentos (Sforzo e Touey, 1996; Simão et al., 2002; Simão et al., 2004).

Em seu posicionamento, o ACSM (2002) apresenta apenas uma referência original em relação ao tipo de ordenação dos exercícios, o que demonstra a falta de evidências científicas quanto a essa variável metodológica. O estudo realizado por Sforzo e Touey (1996) sugere que os exercícios sejam ordenados dos maiores agrupamentos para os menores em qualquer situação. Teoricamente, o desempenho nas sessões em que a ordenação dos exercícios é feita dos maiores agrupamentos para os menores agrupamentos permitiria um estímulo máximo em todas as musculaturas envolvidas.

5.2 Ordem de exercícios e fadiga muscular

A evidência de que a ordenação dos exercícios é feita dos maiores agrupamentos para os menores deve-se ao fato de que a fadiga durante uma sessão de treinamento de ER é um produto-chave para otimizar ganhos de força. Especula-se que a fadiga esteja associada ao recrutamento de unidades motoras e também a uma maior adaptação neural no treinamento.

Isso foi testado por Sforzo e Touey (1996), observando a taxa de fadiga que foi determinada pela redução no número de repetições na manipulação da ordem dos exercícios, em duas sessões de treinamento. No estudo, participaram 17 homens treinados, com idade entre 18 e 29 anos. Os indivíduos eram convidados a comparecer três vezes à academia, uma para o teste de força e outras duas para as sessões de treinamento. No teste de força, os indivíduos buscavam a máxima carga possível para executar oito repetições. Eram feitas até três tentativas com três minutos de intervalo entre elas e o próximo exercício. Nas duas sessões de treinamento, foram utilizados seis exercícios e eram executados quatro séries de oito repetições de cada exercício, com dois minutos de intervalo entre as séries do mesmo exercício, três minutos entre diferentes exercícios e cinco minutos para separar as porções de membros superiores e inferiores do corpo. Na sessão A de treinamento, a ordem de exercícios foi agachamento, cadeira extensora, cadeira flexora, supino reto, desenvolvimento sentado e rosca tríceps. Na sessão B de treinamento, a ordem foi cadeira flexora, cadeira extensora, agachamento, rosca tríceps, desenvolvimento sentado e supino reto. Na sessão A, os exercícios eram executados dos maiores agrupamentos para os menores e, na sessão B, isso se invertia. Na cadeira flexora e no desenvolvimento sentado, não foram encontradas diferenças significativas. Entretanto, no agachamento, na cadeira extensora, no supino reto e na rosca tríceps foram observadas diferenças significativas, tanto da primeira para a quarta série do mesmo exercício, como de uma sessão para a outra. Quando os agrupamentos maiores se apresentavam no início da série – antes dos menores –, era conseguido um número maior de repetições. Entretanto, quando essa ordem era invertida e os maiores agrupamentos eram executados posteriormente aos menores, o número de repetições era menor. E em relação aos menores agrupamentos, essa regra se manteve. Concluiu-se, então, que os exercícios que iniciavam as séries, independentemente de serem os maiores ou menores agrupamentos, conseguiam um melhor desempenho em relação ao número de repetições executadas.

Em recentes estudos, Simão et al. (2002, 2005) observaram a manipulação da ordem dos exercícios resistidos em dois estudos distintos. Participaram do primeiro estudo 17 mulheres treinadas durante pelo menos seis meses em exercícios resistidos, com média de idade de 24 anos. Para obtenção das cargas, foi feito o teste de uma repetição máxima (1 RM) e, em outro dia, repetiu-se o teste para verificação da fidedignidade do teste. Os exercícios utilizados nas sessões de treinamento foram supino horizontal (SUP), desenvolvimento sentado (DES), tríceps no *pulley* (TRI), *leg press* inclinado (LEG), cadeira extensora (EXT) e cadeira flexora (FLE). Após o primeiro e o segundo dias, nos quais foram feitos os testes de carga máxima para os exercícios, as participantes voltaram em mais dois dias para executar duas diferentes seqüências de exercícios iguais. Na seqüência A: SUP, DES, TRI, LEG, EXT e FLE; e na seqüência B: FLE, EXT, LEG, TRI, DES e SUP, a intensidade em todos os exercícios corresponde a 80% de 1 RM. Foram executadas três séries de cada exercício até a fadiga, em que o intervalo entre as séries foi de dois minutos. Em todos os exercícios, foram encontradas diferenças significativas da primeira para a terceira série, em relação ao número de repetições executadas, sempre com um número maior de repetições na primeira. Em relação ao somatório total de repetições em cada seqüência, não se reparou diferença significativa entre as seqüências. Entretanto, notaram-se diferenças significativas entre o número de séries do mesmo exercício nas duas seqüências. Quando o exercício se apresentava ao início do programa, um desempenho em relação ao número de repetições era maior do que quando este se apresentava ao final do programa. Corroborando Sforzo e Touey (1996), concluiu-se que os exercícios posicionados ao final de um programa de treinamento, independentemente de serem os maiores ou menores agrupamentos, têm uma queda em seu desempenho, com um menor número de repetições concluídas.

No segundo estudo (Simão et al., 2005), observou-se a influência da ordenação dos ER sobre indicadores do desempenho em exercícios para membros superiores em 18 indivíduos (14 homens e 4 mulheres), com experiência mínima de seis meses de treinamento. Os exercícios escolhidos foram supino horizontal (SH), puxada pela frente (PF), desenvolvimento sentado (DS), rosca bíceps (RS) e rosca tríceps (RT). Cada indivíduo participou de quatro sessões – duas para obtenção das 10 RM e duas para as sessões de treinamento. Entre as sessões de treinamento, foi dado um intervalo de 48 horas de descanso. No primeiro dia, foram feitos testes para obtenção da carga para 10 RM em cada exercício. No segundo dia, o teste de 10 RM foi novamente aplicado para verificação da fidedignidade do teste. Posteriormente, foram realizadas duas sessões de treinamento – a seqüência A (SEQ A): supino horizontal (SH), puxada pela frente (PF), desenvolvimento sentado (DS), rosca bíceps (RB) e rosca tríceps (RT); e a seqüência B (SEQ B): RT, BB, DS, PF e SH. Durante ambas as seqüências, foram realizadas três séries de cada exercício até a falha concêntrica e foram dados dois minutos de intervalo entre as séries. A ordem de execução das seqüências foi feita de forma aleatória. Entre os exercícios, apenas o desenvolvimento sentado não apresentou diferenças significativas em relação ao número de repetições entre as seqüências. Já os outros exercícios apresentaram diferenças significativas. Em relação à primeira e à terceira série entre os exercícios na mesma sessão de treino, observou-se uma queda do número de repetições relacionada à fadiga. Tanto os grandes quanto os pequenos agrupamentos, quando eram posicionados ao final das seqüências, concluíam um número menor de repetições, principalmente nas últimas séries de cada exercício. Conclui-se, então, que a ordem dos exercícios teve impacto no desempenho dos exercícios posicionados ao final das seqüências, e indica-se que os exercícios iniciais de uma série em um programa de treinamento devem ser aqueles que solicitem musculaturas que se deseja priorizar.

Recentemente, Spreuwenberg et al. (2006) examinaram o efeito da ordem de execução do exercício agachamento no contexto de uma sessão de exercícios resistidos. Nove homens treinados realizaram quatro séries a 85% de 1 RM do exercício agachamento em duas ocasiões. A sessão de treinamento consistiu dos seguintes exercícios: supino reto, agachamento a fundo, remada, rosca bíceps, levantamento terra, abdominal e puxada. No primeiro protocolo (A), o agachamento foi realizado antes da sessão de exercícios, no segundo (B) após a mesma sessão. Todos os indivíduos realizaram um maior número de repetições no agachamento durante o protocolo A. Verificou-se maior geração de potência na realização do agachamento durante o protocolo B. Não houve diferenças em relação à percepção subjetiva de esforço ao comparar ambos os protocolos. Concluindo, os autores reportam que a ordem dos exercícios pode influenciar no número total de repetições e na resposta da potência.

5.3 Ordem de exercícios e suas implicações práticas

Conclui-se então que, mesmo que se apliquem diferentes formas para obtenção das cargas para a prescrição do treinamento, a manipulação na ordem dos ER pode afetar o desempenho no número máximo das repetições. Os resultados desses últimos estudos corroboram os de Sforzo e Touey (1996), sugerindo que se inicie uma sessão de treinamento pelos agrupamentos que se deseja enfatizar, independente do tamanho do agrupamento muscular. Resta saber, ainda, como a manipulação na ordem dos exercícios resistidos pode influenciar as respostas agudas de fadiga e efeitos do treinamento de maneira geral (força e hipertrofia), em diferentes situações de treinamento.

Referências

American College Of Sports Medicine. Position stand on progression models in resistance training for healthy adults. **Medicine and Science Sports Exercise**, 2002; 34:364-80.

Beachle T. R.; Earle W. R. **Essentials of Strength Training and Conditioning**. Champaign: Human Kinetics, 2000.

Deschenes, M.R., Kraemer, W.J. Performance and Physiologic Adaptations to Resistance Training. **American Journal of Physical Medicine & Rehabilitation**, 2002, 81:3-16.

Feigenbaum, M. S.; Pollock, M. L. Prescription of resistance training for health and disease. **Medicine and Science Sports Exercise**, 1999; 31:38-45.

Sforzo, G. A; Touey, P. R. Manipulating exercise order affects muscular performance during a resistance exercise training session. **Journal Strength and Conditioning Research**, 1996; 10:20-4.

Simão, R.; Polito, M. D.; Viveiros, L. E.; Farinatti, P.T.V. Influência da manipulação na ordem dos exercícios de força em mulheres treinadas sobre o número de repetições e percepção de esforço. **Revista Brasileira de Atividade Física e Saúde**, 2002; 7:53-61.

_____. **Influência da ordem dos exercícios sobre o número de repetições, percepção subjetiva de esforço e consumo de oxigênio em sessões de treinamento resistido**. (Tese de Doutorado). Rio de Janeiro: PPGEF/UGF, 2004.

_____, Farinatti, P. T. V., Polito, M. D., Maior, A. S., Fleck, S. J. Influence of exercise order on the number of repetitions performed and perceived exertion during resistive exercises. **Journal Strength and Conditioning Research**, 2005; 11:152-6.

Spreuwenberg, L. P. B.; Kraemer, W. J.; Spiering, B. A.; Volek, J. S.; Hatfield, D. L.; Silvestre, R.; Vingren, J. L.; Fragala, M. S.; Häkkinen, K.; Newton, R. U.; Maresh, C. M.; Fleck, S. J. Influence of exercise order in a resistance-training exercise session. **Journal Strength and Conditioning Research**, 2006; 20(1):141–144.

STARKEY, D.B.; POLLOCK, M. L.; ISHIDA, Y.; WELSCH, M. A.; BRECHUE, W. F.;, GRAEVES, J. E.; FEIGENBAUM, M. S. Effect of resistance training volume on strength and muscle thickness. **Medicine and Science Sports Exercise**, 1996; 28:1.311-20.

STONE, M. H.; WILSON, D. Resistive training selected effects. **Medical Clinics of North America**, 1985; 69:109-22.

Capítulo 6
Intensidade do treinamento como variável metodológica da prescrição dos exercícios resistidos

Ana Cristina Lopes Y Glória Barreto/Giovanni da Silva Novaes/Humberto Lameira Miranda/
Jefferson da Silva Novaes/Jefferson da Silva Novaes/Roberto Fares Simão Júnior/Victor
Manuel Machado de Ribeiro dos Reis

6.1 Respostas fisiológicas de diferentes tipos de recuperação

Diferentes períodos de recuperação entre as séries de treinamento podem resultar em diferentes respostas fisiológicas (Polito e Farinatti, 2004) e, até mesmo, afetar a *performance* de um exercício, podendo causar, em longo prazo, impacto positivo ou negativo nos objetivos de um programa de treinamento. Nos ER, duas dessas respostas fisiológicas são bem evidenciadas em razão da manipulação do intervalo: a concentração de lactato e as respostas hormonais (testosterona, GH e cortizol, principalmente).

Períodos curtos de descanso (1 minuto ou menos) acabam por elevar significativamente as concentrações de lactato sangüíneo e hormônios séricos, além de diminuir a atividade eletromiográfica do músculo ativo, quando comparados a períodos de intervalo mais longos (3 minutos), independentemente do sexo e idade (Kraemer et al., 1987). Essa diminuição da atividade eletromiográfica pode estar ligada a uma diminuição do pH intracelular, diminuindo assim a ação de algumas enzimas e levando fibras rápidas à fadiga mais rapidamente.

As concentrações de lactato sangüíneo podem chegar a ser de três a oito vezes maior em um protocolo de treinamento para o corpo inteiro, se o tempo de intervalo for diminuído de 3 para 1 minuto entre as séries (Kraemer et al., 1990; Kraemer et al., 1991).

O tempo para a remoção do lactato junto dos íons de hidrogênio acumulados no músculo durante um exercício tem sido demonstrado como algo entre 4 e 10 minutos de intervalo, e a não-remoção desses resíduos metabólicos pode levar à fadiga muscular (Campos et al., 2003).

Períodos mais curtos, como 1 minuto ou menos, podem ser feitos como um método de desenvolver o mecanismo de eliminar a acidez, aumentar a velocidade da recuperação do sistema ATP-Pc, aumentar a secreção de hormônios anabólicos e estimular mais a hipertrofia (Kraemer, 1997).

Fisiculturistas costumam utilizar curtos intervalos entre as séries e um grande volume, causando um elevado estresse muscular e promovendo, talvez, uma hipertrofia acentuada (Tesch e Wright, 1983; Tesch e Larson, 1982), em razão, principalmente, de uma maior liberação dos hormônios anabólicos, em especial a testosterona.

Em função da oclusão do fluxo sangüíneo e da produção de lactato, períodos curtos de intervalo entre as séries são acompanhados de um considerável desconforto muscular (Tesch e Wright, 1983) e conseqüente diminuição na produção de força (Yates et al., 1987). Essa oclusão pode ser benéfica em termos de hipertrofia, como mostrado por Kawada e Ishii (2005).

No estudo, eles fizeram uma oclusão venosa em ratos e depois um treino de musculação, e puderam verificar um aumento da produção de lactato, do diâmetro da fibra muscular e dos sinalizadores hipertróficos, além de uma diminuição da produção de miostatina, que é um inibidor da síntese protéica.

Já os levantadores de peso utilizam cargas altas de treinamento, em longos períodos de descanso, quando comparados aos fisiculturistas. Esses longos períodos de intervalo entre as séries seriam necessários para promover um bom restabelecimento das funções orgânicas (Kraemer et al., 1996), entre as quais se pode destacar a recuperação do sistema neural e energético. Os fisiculturistas geralmente utilizam períodos de intervalo que duram de 30 a 60 segundos, enquanto os levantadores de peso recuperam-se em um período de dois a cinco minutos (Kraemer et al., 1987).

6.2 Comparação de vários tempos de intervalo e resposta muscular

Os tempos ideais de intervalo de recuperação entre as séries, para uma otimização dos ganhos de força e hipertrofia, ainda são uma lacuna obscura na área de treinamento.

O Colégio Americano de Medicina Esportiva (ACSM), em seu posicionamento *Progression Models in resistance training for Healthy Adults* (2002), disserta sobre o tempo de intervalo em três distintos tipos de treinamentos. Quando o tema é o desenvolvimento da força, o ACSM propõe que o tempo de intervalo seja de 2 a 3 minutos para exercícios multiarticulares e intervalos menores de 1 a 2 minutos para exercícios monoarticulares. Já quando o objetivo do treino é a hipertrofia muscular, o tempo de intervalo deve ser de 1 a 2 minutos para iniciantes e intermediários e de 2 a 3 minutos para indivíduos avançados, por trabalharem com uma maior intensidade – e para manter as cargas nas séries subseqüentes, aumenta-se o tempo de intervalo. Para a *endurance* muscular, o ACSM (2002) recomenda a execução de séries de maiores repetições, ou seja, de 15 a 20 RM, com intervalo de 1 a 2 minutos; e, quando se executam séries de menores repetições, de 10 a 15 RM, é recomendado que o intervalo seja de 1 minuto ou até menos, dependendo dos objetivos procurados.

Em estudo recente, Ahtiainen et al. (2005) compararam dois grupos. O grupo 1 treinaria com uma menor intensidade e com intervalos de curta duração (2 minutos), e o grupo 2 com uma maior intensidade, aproximadamente 15% maior, e com intervalos de longa duração (5 minutos), ao executar séries de 10 RM, em homens treinados, para os exercícios *leg* e agachamento. Os dois grupos foram, na medida do possível, aproximados em volume de treino. Os resultados mostraram que, em ambos os protocolos, as respostas foram similares tanto para a secreção hormonal quanto para o desenvolvimento da força e o aumento da secção transversa do músculo quadríceps.

Ahtiainen (2005) achou resultados conflitantes aos verificados por Kraemer et al. (1990), que designavam um treinamento para o corpo todo, com quatro a oito exercícios, múltiplas séries e número de repetições em 10 RM, obtendo, assim, um maior volume, enquanto Ahtiainen (2005) utilizou um protocolo de apenas dois exercícios para membros inferiores e foi adaptando a carga à medida que havia fadiga. Gotshalk et al. (1997) encontraram, como resultado, que a resposta aguda de GH e testosterona foi maior depois de um protocolo de exercícios de resistência para todo o corpo com três séries por exercício do que com *single sets*, corroborando os achados de Kraemer et al., segundo os quais um maior volume levaria a uma maior resposta hormonal aguda.

No estudo de Sewall e Lander (1991), trinta homens iniciantes foram divididos em três grupos, nos quais os intervalos de tempo entre dois testes de 1 RM nos exercícios de agachamento e supino reto foram de 2, 6 e 24 horas. Não foram encontradas diferenças significativas entre os grupos, tanto no agachamento como no supino reto.

Em estudo similar, Weir et al. (1994) testaram dezesseis homens treinados, com intervalos menores: 1, 3, 5 ou 10 minutos entre as sessões de 1 RM no supino reto. Também não foram verificadas diferenças significativas entre os tempos de intervalo, concluindo-se que um minuto era suficiente para a recuperação durante os testes de 1 RM no supino.

Corroborando esse estudo, Matsuzak et al. (2003) verificaram em 17 homens treinados os intervalos de 1, 3 ou 5 minutos entre as sessões de 1 RM no agachamento e também não encontraram diferenças significativas, mostrando mais uma vez que, para a execução de testes máximos que não ultrapassem duas séries, 1 minuto parece ser o suficiente para a realização de um novo teste.

O sistema ATP-CP recupera aproximadamente metade do que foi utilizado em apenas 30 segundos de descanso, o que poderia explicar a manutenção das séries de 1 RM nos estudos de Matsuzak et al. (2003) e Weir et al. (1994) e Willardson e Burkett (2006).

Em relação ao tempo de intervalo entre séries para um agrupamento muscular, encontramos alguns estudos, os quais são descritos a seguir. Larson e Potteiger (1997) testaram quinze homens com média de idade de 28 anos, treinados no agachamento. No primeiro dia, eles faziam um teste para a obtenção da carga para 10 RM, e em três outros dias, com intervalos de três a sete dias, realizavam quatro séries a 85% para 10 RM até a exaustão em três diferentes tempos de intervalo: até que a freqüência cardíaca chegasse a 60% da freqüência cardíaca máxima, pela fórmula de predição pela idade; três minutos de intervalo; e na proporção de 1:3 tempo de trabalho/recuperação. Não foram encontradas diferenças significativas no número de repetições até a exaustão, na concentração de lactato sangüíneo e na percepção subjetiva de esforço.

Abdessemed (1999) utilizou 10 homens, estudantes de Educação Física com média de idade de 22 anos, em 10 séries de seis repetições a 70% da força máxima, com intervalos de 1, 3 ou 5 minutos entre as séries, e avaliou a força muscular e a concentração de lactato sangüíneo. Não foram encontradas diferenças significativas entre os grupos de 3 e 5 minutos em lactato sangüíneo e força; entretanto, desses grupos para o grupo de 1 minuto, diferenças significativas foram identificadas. No grupo 1, a força teve um decréscimo de 27% durante a execução do exercício com intervalo de 1 minuto entre as séries 4 e 10, se comparado com os outros grupos, e o acúmulo de lactato sangüíneo foi maior. Os resultados demonstraram que o acúmulo simultâneo de lactato e o tempo insuficiente de recuperação foram responsáveis pela queda do rendimento no intervalo de 1 minuto. Em experimento realizado, Robinson et al. (1995) compararam o desempenho de 33 homens moderadamente treinados, em um programa de treinamento, durante cinco semanas com quatro sessões de treinamento semanais, em três diferentes tempos de intervalo (3 minutos, 90 segundos e 30 segundos). Foi observado que em um maior volume de treinamento, maiores ganhos de força foram alcançados. Verificou-se também, por meio do teste de 1 RM no agachamento, que, com um maior tempo de intervalo entre as séries, uma maior carga foi alcançada; isso gerou maiores ganhos de força no grupo de 3 minutos de intervalo.

Richmond e Godard (2004) estudaram 28 homens com média de 21 anos de idade e experiência em treinamento resistido. Após uma sessão de testes para obtenção de 1RM, eles executaram duas séries no supino reto a 75% de uma repetição máxima até a exaustão, com tempos de intervalo de 1, 3 ou 5 minutos. Não foram encontradas diferenças significativas entre os intervalos de 3 e 5 minutos, porém em 1 minuto a *performance* foi menor. Kraemer et al. (1997) avaliaram os efeitos de 1 e 3 minutos de intervalo entre as séries em 10 RM no supino reto e no *leg press*, em dias diferentes, em 20 jogadores de futebol americano da primeira divisão. Verificaram que 1 minuto de intervalo entre as séries não foi suficiente para que completassem as 10 RM, com uma significativa redução no número total de repetições. Porém, em 3 minutos se alcançou o número de repetições objetivado.

Willardson e Burkett (2005) compararam três diferentes tempos de intervalo entre as séries no supino reto e no agachamento. Quinze homens com média de idade de 20 anos compareceram quatro dias ao laboratório para o experimento. No primeiro dia, foram feitos testes para obtenção da carga para 8 RM, no agachamento e no supino reto. Nos três dias seguintes, executaram quatro séries de 8 RM em três intervalos diferentes: 1, 2 e 5 minutos entre as séries em ambos os exercícios. Nos dois exercícios, o número total de repetições foi maior no intervalo de 5 minutos, depois 2 minutos e, finalmente, com um número menor de repetições, 1 minuto. Foi observado também que o número total de repetições em cada exercício foi diferente, com o agachamento apresentando um número maior de repetições em relação ao supino. Apesar de o melhor desempenho em relação ao número de repetições completadas ter sido com o intervalo de 5 minutos, esse estudo não avaliou o ganho de força muscular em relação aos intervalos. Esse estudo contrapõe os estudos de Kraemer et al. (1997), já que propõem que o intervalo de 3 minutos seria suficiente para execução de três séries de 10 RM. Esse achado pode ter sido obtido em virtude da utilização de indivíduos treinados – jogadores de futebol americano da primeira divisão, mais acostumados, portanto, ao treinamento com cargas máximas.

Em estudo mais recente, Willardson e Burkett (2006) avaliaram a habilidade de 15 homens previamente treinados em manter 15 RM em cinco séries consecutivas de agachamento e supino, com três diferentes intervalos: 30 segundos, 1 minuto e 2 minutos. O estudo demonstrou que as cinco séries não poderiam ser completadas com nenhum dos intervalos propostos, porém, podem ser apropriados descansos de 30 segundos a 1 minuto entre séries de agachamento e, entre séries de supino, descansos de 1 a 2 minutos, quando se objetiva uma maior *endurance* muscular.

Em mais um estudo, Willardson e Burkett (2006) compararam novamente três tipos de intervalos, 1, 2 e 3 minutos, em 16 homens treinados, porém dessa vez com dois tipos de treinos diferentes: o primeiro com cargas a 80% de 1 RM e o segundo com cargas a 50% de 1 RM, ambos os exercícios sendo executados até a fadiga voluntária e com cinco séries de cada. Os resultados mostraram que o número de repetições executadas nos protocolos 1 e 2 não obteve diferenças significativas em termos de manutenção de repetições. Além disso, eles também surpreenderam, na medida em que era esperado um número constante de repetições para a carga de 50%, em virtude do princípio do tamanho no recrutamento das unidades motoras. O número de repetições foi caindo bruscamente até a terceira série, encontrando um platô da terceira para a quinta série, o que também aconteceu no protocolo de 80% de 1 RM. Esse platô encontrado pode ser resultado de uma rápida ressíntese de ATP-CP.

Quando o treinamento visa aumentar a força máxima, é levado até a falha concêntrica, ou se visa a agrupamentos musculares primários, 3 minutos ou mais são propostos como intervalos para manutenção do número de repetições e conseqüente volume do treinamento. Porém, quando as séries não são feitas até a falha concêntrica ou visam a musculaturas acessórias, 1 a 2 minutos é o intervalo que pode ser estabelecido como suficiente para alcançar essa demanda metabólica.

O tamanho do intervalo deve ser suficiente para que haja recuperação dos níveis de energia, remoção de substâncias que provoquem a fadiga e restauração da força, pois a habilidade de manter o número de repetições sem alterar a intensidade pode resultar em um aumento nos ganhos de força (Willardson et al., 2006).

Por meio dessa revisão de estudos, pode-se notar que, provavelmente, o tempo de recuperação entre séries múltiplas do mesmo exercício para que se consiga a recuperação de força muscular para execução de uma nova série ainda permanece incerto. Um grande número de evidências relata a necessidade de ter um tempo de intervalo maior que um minuto. Considerando que a resposta em intervalos maiores se mostrou mais eficiente no ganho de força e *performance*, em razão de um maior volume de treinamento, este por sua vez levaria a maiores ganhos; porém, esse intervalo se altera quando o objetivo passa a ser novas valências, como *endurance*, hipertrofia ou aumento na secreção hormonal.

6.3 Definições e classificações de velocidade de execução

A velocidade é uma característica neuromuscular que está presente em todas as situações nos vários esportes. Popularmente, diz-se que a velocidade é a capacidade de realizar movimento no menor espaço de tempo. Na Física, diz-se que é uma grandeza vetorial que determina a variação do espaço móvel no decorrer do tempo, isto é, a distância percorrida na unidade de tempo (Ramalho et al., 2003).

Segundo Barbanti (1979), essa qualidade física se constitui na base de vários esportes e se classifica em velocidade motora (de movimentos cíclicos e acíclicos) e de base (com partes do corpo ou com movimento de todo o corpo). Os movimentos acíclicos se caracterizam por não apresentarem nenhuma repetição de partes de fases em seu processo de movimento. Os movimentos cíclicos são aqueles que mostram repetições de fases. O fator comum entre todos os tipos de velocidade é a velocidade de base.

O mesmo autor destaca que a velocidade de base é um fator herdado e se caracteriza pela máxima capacidade de deslocamento na unidade de tempo, sem perdas aparentes de energia, e depende dos seguintes fatores ou condições: força pura; coordenação; velocidade de contração da musculatura; viscosidade das fibras musculares; relação das alavancas tronco-extremidades; capacidade de reação ante a um estímulo apropriado.

Existem outras classificações, como: a) Velocidade de reação — é o tempo decorrido entre um sinal até o movimento muscular solicitado; b) Velocidade de deslocamento — é a máxima velocidade que o atleta tem para se deslocar dentro de um espaço (Fernandes, 1981); c) Velocidade dos membros — é a máxima capacidade que tem o atleta para movimentar com rapidez seus braços e pernas (Fernandes, 1981); d) Velocidade de *sprint* — é a capacidade de executar movimentos cíclicos com bastante rapidez (Barbanti, 1979).

A velocidade depende da perfeita relação do sistema neuromuscular. O sistema nervoso central (SNC) regula os processos que acionam as diferentes musculaturas com o seguinte procedimento: os nervos sensitivos ou receptores recebem os estímulos e, através dos nervos aferentes, transferem o estímulo para o SNC, onde se processa a ordem a ser transmitida às massas musculares correspondentes. Essa ordem é enviada pelos nervos eferentes aos fascículos musculares por meio da placa motora terminal, havendo uma excitação do músculo, o que origina uma atividade muscular e a realização, então, do movimento. O músculo, órgão que tem a propriedade de se contrair sob a influência de estímulos, está constituído por dois tipos básicos de fibras, conforme a menor ou maior quantidade de mioglobina (Higbie et al., 1996).

As fibras oxidativas, vermelhas ou escuras, que são ricas em mioglobina, são de contração mais lenta, assim como seu estímulo; possuem uma ramificação nas terminações nervosas e são encontradas em maior volume nos indivíduos com tendência à resistência (trabalho aeróbico em geral). As fibras glicolíticas, claras ou brancas, são pobres em mioglobina, fatigam-se rapidamente, provêm de ramos nervosos relativamente mais grossos, possuem maior número de estímulos por minuto e são encontradas em indivíduos com tendência à velocidade (trabalho anaeróbico).

Knutzen e Hamill (1999) sugerem que o desempenho da fibra muscular em situações de velocidade e carga variáveis é determinado por quatro propriedades do tecido muscular esquelético:

1. irritabilidade → é a capacidade de responder à estimulação;
2. contratibilidade → é a capacidade de um músculo para se encurtar quando o tecido muscular recebe estimulação suficiente. A média é de 57% do comprimento de repouso, e alguns podem encurtar-se até 70% de seu comprimento inicial. A distância é, geralmente, limitada por restrições físicas do corpo;
3. extensibilidade → é a capacidade do músculo em se alongar além do comprimento de repouso. É determinada pelo tecido conjuntivo encontrado no perimísio, epimísio e fáscia que cerca o músculo.
4. elasticidade → é a capacidade da fibra muscular para retornar ao seu comprimento de repouso depois que a força de alongamento é removida. É determinada mais pelo tecido conjutivo dentro do músculo que pelas próprias fibrilas.

A contração muscular ocorre rapidamente e a duração da contração depende dos elementos contráteis (encontrado nas miofibrilas) e da modificação de comprimento pelos elementos elásticos. Este último componente se subdivide em componente elástico em série, que está localizado nos tendões (85%) e nas pontes transversas de actina e miosina (15%); e componente elástico em paralelo, que é encontrado no sarcolema e no tecido conectivo ao redor do músculo (Dantas, 2003; Knutzen e Hamill, 1999).

As fibras musculares encurtam-se em uma velocidade ou rapidez específica ao mesmo tempo em que desenvolvem a força usada para mover um segmento ou carga externa. Os músculos criam uma força ativa que se iguala com a carga de encurtamento, e a força ativa ajusta-se continuamente com a velocidade com que o sistema contrátil se move. Sob baixas condições de carga, a força ativa é ajustada, aumentando a velocidade de contração. Com cargas altas, o músculo ajusta a força ativa, reduzindo a velocidade de encurtamento (Edman, 1992).

Jones et al. (1999) sugerem que a velocidade é uma variável dependente da intensidade do treinamento, em que maiores intensidades são movidas mais lentamente. Em seu estudo, a velocidade durante levantamento explosivo variou de 1,32 m/s na primeira repetição até 0,78 m/s na última repetição, com uma sobrecarga de 50% 1 RM, de 0,64 m/s a 0,21m/s a 75% 1 RM, e 0,42 m/s a 0,16 m/s a 90% 1 RM.

As ações musculares isométrica, concêntrica e excêntrica não são usadas isoladamente, mas em combinação. As contrações isométricas são usadas para estabilizar uma parte do corpo, as ações concêntricas e excêntricas são usadas seqüencialmente para otimizar o armazenamento de energia e o desempenho muscular, e as três ações são diferentes em termos de custo energético e resultado de força. Essa seqüência natural de função muscular é conhecida como ciclo alongamento-encurtamento (Barroso et al., 2005).

Knuttgen (1992) sugere que variáveis como ação muscular, velocidade de movimento, características como força-comprimento, força-ângulo e força-tempo influem nas medidas de força.

Mecanicamente, força é igual ao torque que pode ser gerado em um ângulo específico. Torque ou momento de força é a grandeza física associada à possibilidade de rotação em torno de um eixo, decorrente da aplicação de uma força em um corpo. O efeito da rotação depende da intensidade da força (F) e da distância perpendicular (d) ao eixo de rotação, também chamada de braço de força. É calculado pelo produto da intensidade da força pela distância desde a linha de ação da força até o eixo de rotação (Okuno e Fratin, 2003).

O movimento da carga não é realizado em velocidade constante, já que os movimentos articulares são feitos em velocidades que variam consideravelmente pela amplitude de movimento. Então, o torque motor desenvolvido varia em função de mudanças no comprimento-tensão, na força-ângulo e na velocidade de levantamento. Em ações musculares concêntricas, a velocidade aumenta à custa de uma diminuição na força e vice-versa. A relação força-velocidade relaciona-se com o comportamento da fibra muscular, mas também com o sistema total que está respondendo ao aumento na carga externa ou peso. O músculo estará gerando uma mesma quantidade de força na fibra, porém a adição de peso faz que o movimento do sistema total fique mais lento. Nesse caso, a velocidade de ação do músculo é alta, mas a velocidade de movimento da carga que foi aumentada é baixa (Schmidtbleicher, 1992). A relação força-velocidade em uma ação muscular excêntrica é oposta ao que se vê no encurtamento. A curva força-velocidade terminará abruptamente em alguma velocidade de alongamento, quando o músculo não puder mais controlar o movimento da carga (Edman, 1992).

Estudos têm postulado que o treinamento resistido é o método mais eficiente para manter ou aumentar a massa magra corporal, a força muscular e os ganhos de potência (McCall et al., 1999; McCartney, 1999; Sale, 1988; Tesch, 1988). Contudo, poucos estudos têm controlado a velocidade durante a fase concêntrica para tornar o melhor possível as respostas do treinamento, combinando diferentes séries e números de repetições (Coelho et al., 2003).

Coelho et al. (2003) compararam as respostas fisiológicas (FC, LAC, PSE) de dois protocolos de treinamento resistido de alta velocidade, usando o mesmo número de repetições e idêntica sobrecarga com indivíduos não treinados (n = 15). Ambos os protocolos incluíam 12 repetições para os mesmos seis exercícios, diferindo apenas no modo de execução, sendo um contínuo (1 x 12) e o outro não contínuo (2 x 6), com intervalo de 15 segundos entre os *sets*. A hipótese de que o protocolo não contínuo teria uma menor demanda fisiológica foi aceita, embora a média de potência na fase concêntrica do movimento não apresentasse diferença significativa, com exceção do exercício de extensão de joelhos, em que o protocolo 2 x 6 gerou maior potência, sugerindo que o intervalo de 15 segundos pode ser importante para manter tal qualidade física.

O treinamento convencional de força e *endurance* induz a diferentes respostas adaptativas específicas quando executado independentemente. O treinamento de força é mais anaeróbico, aumenta a força sem um concomitante desenvolvimento na capacidade aeróbica (VO_2 máx.). Keeler et al. (2001) compararam a diferença entre os efeitos do treinamento resistido tradicional (TR: 2 segundos de contração concêntrica e 4 segundos de contração excêntrica) e do treinamento superlento (SS: 10 segundos de contração concêntrica e 5 segundos de contração excêntrica) na composição corporal, na capacidade aeróbica e na *endurance* cardiovascular. A hipótese dos autores era que, com um aumento no tempo em que o músculo estaria sob tensão, como no protocolo SS, haveria ganhos maiores na força nesse tipo de treino. Os resultados mostraram que o TR produziu maiores ganhos de força em cinco exercícios (*leg press*, flexão pernas, extensão pernas, supino, puxada por trás) dos oito executados. Não houve diferença significativa entre os grupos para as variáveis composição corporal e capacidade aeróbica após 10 semanas de treinamento. Os autores ainda inferem que o treinamento resistido sozinho não traz melhoras no VO_2 máx.

Hunter et al. (2003) compararam a demanda cardiovascular (FC e LAC) e energética dos treinamentos resistidos tradicional (TT) e superlento (SS) em sete homens treinados durante 15 minutos após o exercício em dias separados. A concentração de lactato sangüíneo foi mensurada antes e depois da intervenção. Os resultados mostraram que as médias do VO_2 e FC foram significativamente mais elevadas durante o TT, assim como o consumo de oxigênio líquido durante a de recuperação. O dispêndio energético líquido total do processo oxidativo foi 45% maior em TT (155 ± 28 kcal) do que SS (107 ± 20 kcal). A concentração de lactato foi duas vezes maior após TT e, finalmente, o dispêndio energético líquido durante o exercício mais a recuperação, calculado pela soma de oxigênio consumido e equivalente energético de lactato (kcal), foi 48% maior para TT. Os autores inferem que o TT aumenta mais o dispêndio energético do que o SS e pode ser mais benéfico para o controle da massa corporal.

Paddon-Jones et al. (2001) compararam mudanças na composição de fibras musculares nos músculos flexores do cotovelo e os ganhos de força após 10 semanas de treinamento em um grupo de vinte indivíduos não treinados. O programa consistiu exclusivamente de treinamento isocinético e foram formados dois grupos, de acordo com a velocidade de movimento na fase excêntrica: lenta (0,52 rad. s; n = 7) e rápida (3,14 rad. s; n = 7). O total do trabalho excêntrico após 10 semanas foi similar entre os grupos, com ambos demonstrando aumento de 40% como resultado do programa (73 e 77 kJ para os grupos, respectivamente). Mudanças no torque excêntrico não foram significativas nos grupo de velocidade lenta e controle. O grupo de velocidade rápida aumentou significativamente a habilidade de gerar torque excêntrico em ambas as velocidades adotadas no estudo. Os autores inferem que alguns mecanismos poderiam ter contribuído com a adaptação observada no grupo que treinou com velocidade rápida entre eles: mudanças no tipo de fibra (diminuição de 13% e aumento de 7% na proporção de fibras do tipo I e do tipo II b, respectivamente) e aumento do recrutamento de fibra muscular, mediado pelo melhor controle neural.

Malta e Dantas (2002) compararam a influência de distintas metodologias empregadas durante as aulas de ginástica localizada, sobre os parâmetros fisiológicos, consumo de oxigênio e gasto calórico. Um dos resultados obtidos foi quando compararam a metodologia localizada rápida (96 – 110 bpm; com exercícios executados de forma acelerada com intensidade entre 15% e 45%, 1 RM) e localizada lenta (160 bpm; com o exercício executado em oito tempos e intensidade relativa entre 40% e 50%, 1 RM), não encontrando diferença significativa na variável VO_2 (0,96 e 0,95 L/min, respectivamente). Os autores sugerem que, possivelmente, a velocidade de condução do exercício tenha sido um dos fatores do incremento do consumo de oxigênio e que seria possível o recrutamento de um maior número de unidades motoras no treinamento de velocidades com cargas leves em razão da grande aceleração no início do movimento.

Pereira e Gomes (2003) ressaltam que, embora a velocidade seja uma das variáveis que influenciam efetivamente o treinamento de força, investigações sobre essa qualidade física são escassas e contraditórias. Geralmente, sugere-se uma velocidade controlada ou lentamente controlada, ou às vezes enfatizam a especificidade (implica que os maiores ganhos são obtidos quando o treinamento é similar ao padrão de *performance*) ou a generalidade (quando o objetivo é a melhora da saúde relacionada à qualidade de vida).

Além disso, os autores também destacam que a maior parte dos estudos que investigaram os efeitos da velocidade foram conduzidos em equipamentos hidráulicos ou isocinéticos. Poucas pesquisas analisaram os efeitos com diferentes velocidades em equipamentos isotônicos e, mesmo nestes, a velocidade de movimento não foi estritamente controlada.

Pereira e Gomes (2002) desenvolveram um estudo durante 12 semanas com um grupo de 14 participantes, que treinavam três vezes por semana. Os voluntários foram divididos em dois grupos, que executavam entre 8 – 10 RM os exercícios de supino e agachamento a 25° e 100° por segundo. Os autores observaram maiores ganhos no grupo que treinou com velocidade lenta para o exercício de agachamento (no teste 1 RM: 28 x 21%; 8 – 10 RM na velocidade de 25° s: 36 x 31%; 8 – 10 RM na velocidade de 100° s: 27 x 24% para o grupo de velocidade lenta em comparação ao grupo de velocidade rápida). Em contrapartida, os ganhos foram maiores no grupo que treinou com velocidade rápida no exercício de supino (no teste 1 RM: 17 x 16%; 8 – 10 RM a 25° s: 15 x 19%; 8 – 10 RM a 100° s: 15 x 21% para o grupo lento, comparado ao grupo que treinou com velocidade rápida). A partir dos resultados, os autores sugerem que a velocidade específica poderia responder diferentemente para os distintos exercícios, e essa resposta seria dependente da composição e arquitetura muscular, do sistema de alavanca ou da velocidade linear (para segmentos mais longos, a mesma velocidade angular representa maior velocidade linear do que um segmento mais curto).

Westcott et al. (2001) compararam os ganhos de força em um protocolo de treinamento resistido executado com velocidade de movimento superlenta (10 segundos na fase concêntrica; 4 segundos na fase excêntrica) comparada à velocidade regular (2 segundos na fase concêntrica; 1 segundo de pausa; 4 segundos na fase excêntrica). Participaram do estudo 147 voluntários, homens (n = 65) e mulheres (n = 82) destreinados. O protocolo consistia em 13 diferentes exercícios, com freqüência de três vezes por semana e uma duração de 10 semanas. No grupo que executou os movimentos com velocidade superlenta, a variação da velocidade angular na fase concêntrica foi entre 9° e 18° por segundo, e no grupo que executou com velocidade regular a variação foi entre 45° e 90° por segundo. O treinamento resultou em ganhos na força de 25% no grupo com velocidade regular e em 44% em ganhos do grupo superlento.

Posson et al. (1999) mostraram como a velocidade de treinamento pode implicar a modificação do nível de coatividade dos músculos agonistas e antagonistas. Os voluntários eram vinte homens saudáveis, que foram divididos em dois grupos: um grupo treinado usando contração concêntrica (n = 12) e outro destreinado (n = 8). A sessão consistia em seis *sets* de oito flexões do cotovelo com intensidade de 35% para 1 RM, três vezes por semana, durante sete semanas. Os resultados mostraram que a velocidade angular média no cotovelo entre os ângulos de 75° e 105° foram similares antes (302 ± 32° s) e depois (312 ± 27° s) do treinamento. O torque aumentou significativamente nas medidas de velocidade angular de 240° e 300° s, ou seja, 18% e 23,5%, respectivamente. Os autores inferem que apenas nas velocidades angulares maiores foram notados ganhos no torque e, igualmente, nessas velocidades houve um aumento na atividade eletromiográfica dos agonistas, o que poderia estar associado com a diminuição no nível de coatividade dos antagonistas.

Munn et al. (2005) determinaram, na fase inicial de treinamento (6 semanas), o efeito na força dinâmica de um programa de treinamento físico em função do número de *sets* (1 ou 3) e a velocidade de contração lenta (50°/s) ou rápida (140°/s). Os autores observaram que um programa com um único *set* de treinamento para flexores do cotovelo com treinamento lento executado três vezes por semana aumenta os níveis de força em indivíduos destreinados em aproximadamente 25%, e esse efeito será maior se três *sets* forem executados. O treinamento com velocidades mais rápidas resultou em ganhos de força 11% superiores ao que foi observado no treinamento com velocidade lenta. Os autores também sugerem que o efeito da interação entre o número de *sets* e a velocidade é negativo ($\varepsilon = -15\%$), indicando que há um benefício no treinamento com velocidade rápida ou com a execução de três *sets*, mas não há um benefício adicional se ambos forem realizados.

Referências

ABDESSEMED, D.; DUCHE, P.; HAUTIER, C.; POUMARAT, G.; BEDU, M. Effect of recovery duration on muscular power and blood lactate during the bench press exercise. **International Journal of Sports Medicine**, 1999; 368-73.

AHTIAINEN, J. P.; PAKARINEN; A.; ALEN, M.; KRAEMER, W. J.; HAKKINEN, K.; SHORT, V. S. Long period between the *sets* in hypertrophic resistance training: influence on muscle strength, size and hormonal adaptations in trained men. **Journal of Strength and Conditioning Research**, 2005; 19(3):572-82.

AMERICAN COLLEGE OF SPORTS MEDICINE. Position stand: progression models in resistance training for healthy adults. **Medicine Science in Sports Exercise**, 2002; 34(2):364-81.

BARBANTI, V. J. **Teoria e Prática do Treinamento Esportivo**. 2. ed. São Paulo: Edgard Blucher, 1997.

BARROSO, R.; TRICOLI, V.; UGRINOWITSCH, C. Adaptações neurais e morfológicas ao treinamento de força com ações excêntricas. **Revista Brasileira de Ciência e Movimento**, 2005; 13:111–22.

CAMPOS, G. E. R. ; LUECKE, T. J.; WENDELN, H. K.; TOMA, K.; HAGERMAN, F. C.; MURRAY, K. E.; RAGG, K. E.; RATAMESS, N. A.; KRAEMER, W. J.; STARON, R. S. Muscular adaptations in response to different resistance-training regimens: specificity of repetitions maximum training zones. **European Journal of Applied Physiology**. 2003; 88:50-60.

COELHO, C. W.; HAMAR, D.; ARAÚJO, C. G. S. Physiological responses using 2 high-speed resistance training protocols. **Journal of Strength and Conditioning Research**, 2003; 17:334–7.

DANTAS, E. H. M. **A prática da preparação física**. Rio de Janeiro: Shape, 2003.

EDMAN, K. A. P. Contractile performance of skeletal muscle fibres. In: **Strength and Power in Sport**. Ed. Blackwell Scientific Publications, 1992; p. 96-114.

FERNANDES, J. L. **O Treinamento Desportivo**: procedimentos, Organização, Métodos. São Paulo: EPU, 1981.

Gotshalk, L. A.; Loebel, C. C.; Nindl, B. C.; Putukian, M.; Sebastianelli, W. J.; Newton, R. U.; Hakkinen, K.; Kraemer, W. J. Hormonal response of multiset versus single-set heavy resistance exercise protocols. **Canadian Journal of Applied Physiology**, 1997; 22:244–55.

Hamill, J.; Knutzen, K. M. **Bases biomecânicas do movimento humano**. 1. ed. São Paulo: Manole, 1999.

Higbie, E. J.; Cureton, K. J.; Warren, G. L. Effect of concentric and eccentric training on muscle strength cross-sectional area and neural activation. **Journal of Applied Physiology**, 1996; 81:2.173-81.

Hunter, G. R.; Seelhorst, D.; Snyder, S. Comparison of metabolic and heart rate responses to super slow vs traditional resistance training. **Journal of Strength and Conditioning Research**, 2003; 17:76-81.

Jones, K.; Hunter, G.; Fleisig, G.; Escamilla, R.; Lemak, L. The effects of compensatory acceleration on upper-body strength and power in collegiate football players. **Journal of Strength and Conditioning Research**, 1999; 13:99-105.

Kawada, S.; Ishii, N. Skeletal Muscle Hypertrophy after Chronic Restriction of Venous Blood Flow in Rats. **Medicine Science in Sports Exercise**, 2005; 37(7):1.144-50.

Keeler, L. K.; Finkelstein, L. H.; Miller, W.; Fernhall, B. Early-phase adaptations of traditional-speed vs superslow resistance training on strength and aerobic capacity in sedentary individuals. **Journal of Strength and Conditioning Research**, 2001; 15:309–14.

Knuttgen, H. G. Basic definitions for exercise. In: **Strength and Power in Sport**. Ed. Blackwell Scientific Publications; p. 3-6, 1992;

Kraemer, W. J.; Noble, B. J.; Clark, M. J.; Culver, B. W. Physiologic responses to heavy-resistance exercise with very short rest periods. **International Journal of Sports Medicine**, 1987; 8(4):247–52.

_____; Marchitelli, L.; Mccurry, D.; Mello, R.; Dziados, J. E.; Harman, E.; Frykman, P.; Gordon, S. E.; Fleck, S. J. Hormonal and growth factor responses to heavy resistance exercise. **Journal of Applied Physiology**, 1990; 69:1.444-50.

_____; Gordon, S. E.; Fleck, S. J.; Marchitelli, L. J.; Mell, R.; Dziados, J. E.; Friedl, K.; Harman, E.; Maresh, C.; Fry, A. C. Endogenous anabolic hormonal and growth factor responses to heavy resistance exercises in males and females. **International Journal of Sports Medicine**, 1991; 12:228-35.

_____; Fleck, S. J.; Evans, W. J. Strength and power training: Physiological mechanisms of adaptations. **Exercise Sports Science Review**, 1996; 24:363–97.

Kraemer, J. B.; Stone, M. H.; O'bryant, H. S.; Conley, M. S.; Jhonson, M.S.; Nieman, D. C. et al. Effects of single versus multiple sets of weight training: impact of volume, intensity and variation. **Journal Strength and Conditioning Research**, 1997; 11:143-7.

Larson, G. D.; Potteiger, J.A. A comparison of three different rest intervals between multiple squat bouts. **Journal Strength and Conditioning Research**, 1997; 11(2):115–8.

Malta, P. R. D.; Dantas, E. H. M. Fisiologia da Ginástica: comparação de efeitos de diferentes aulas de ginástica localizada sobre o consumo de oxigênio. **Fitness & Performance Journal**, 2005; 1:26–36.

Matuszak, M. E.; Fry, A. C.; Weiss, L. W.; Ireland, T. R.; Mcknight, M. M. Effect of rest interval length on repeated 1 repetition maximum back squats. **Journal Strength and Conditioning Research**, 2003; 17:634-7.

Mccall, G. E.; Byrnes, W. C.; Fleck, S. J.; Dickinson, A.; Kraemer, W. J. Acute and chronic hormonal responses to resistance training designed to promote muscle hypertrophy. **Canadian J. Applied Physiology**, 1999; 24:96-107.

Mccartney, N. Acute responses to resistance training and safety, **Medicine and Science Sports Exercise**, 1999; 31:31-7.

Munn, J.; Herbert, R. D.; Hancock, M. J.; Gandevia, S. C. Resistance Training for Strength: Effect of number of sets and contraction speed. **Medicine & Science in Sports and Exercise**, 2005; 9(37):1.622–6.

Okuno, E.; Frantin, L. **Desvendando a Física do Corpo Humano**: biomecânica. 1. ed. São Paulo: Manole, 2003.

Paddon-Jones, D.; Leveritit, M.; Lonergan, A.; Abernethy, P. Adaptation to chronic eccentric exercise in humans: the influence of contraction velocity. **European Journal Applied Physiology**, 2001; 85:466–77.

Pereira, M. I. R.; Gomes, P. S. C. Effects of two movement velocities of isotonic exercise on gains in strength and muscular endurance. **Medicine & Science in Sports and Exercise**, 2002; 34, S:289.

_____. Movement Velocity in Resistance Training. **Sports Medicine**, 2003; 6(33): 427–38.

Pereira, M. I. R.; Gomes, P. S. C. Movement Velocity in Resistance Training. **Sports Medicine**, 2003; 6(33): 427–438.

Posson, M.; Amiridis, L. G.; Cometti, G.; Van Hoecke, J. Velocity-specific training in elbow flexors. **European Journal Applied Physiology**, 1999; 80:367–72.

Ramalho Jr., F.; Ferraro, N. G.; Soares, P. A. T. **Os fundamentos da física**. 8. ed. São Paulo: Moderna, 2003.

Richmond, S. R.; Godard, M. P. The effect of varied rest periods between sets to failure using the bench press in recreationally trained men. **Journal of Strength and Conditioning Research**, 2004, 18(4), 846–9.

Robinson, J. M.; Stone, M. H.; Johnson, R. L.; Penland, C. M.; Warren, B. J.; Lewis, R. D. Effects of different weight training exercise/rest intervals on strength, power, and high intensity exercise endurance. **Journal Strength and Conditioning Research**, 1995; 4:216–21.

Sale, D. G. Neural adaptation to resistance training. **Medicine and Science Sports Exercise**, 1988; 20:135-45.

Schmidtbleicher, D. Training for powers events. In: **Strength and Power in Sport**. Ed. Blackwell Scientific Publications, 1992; p. 381–95.

Sewall, L. P.; Lander, J. E. The effects of rest on maximal efforts in the squat and bench press. **Journal of Applied Sport and Science Research**, 1991; 5:96-9.

Tesch, P.; Larson, L. Muscle hypertrophy in bodybuilders. **European Journal of Applied Physiology**, 1982; 49:301-6.

_____; Wright, J. E. Recovery from short-term intense exercise: its relation to capillary supply and blood lactate concentration. **Journal of Applied Physiology**, 1983; 52:99-103.

Tesch, P. A. Skeletal muscle adaptation consequent to long-term heavy resistance exercise. **Medicine and Science Sports Exercise**, 1988; 20:132-4.

Weir J. P.; Wagner L. L.; Housh T. J. The effect of rest interval length on repeated maximal bench presses. **Journal Strength and Conditioning Research**, 1994; 8(1):58–60.

Westcott, W. L.; Winett, R. A.; Anderson, E. S. Effect of regular and slow speed resistance training on muscle strength. **Journal Sport Medicine Physical Fitness**, 2001; 41:154-8.

Willardson, J. M.; Burkett, L. N. A comparison of 3 different rest intervals on the exercise volume completed during a workout. **Journal of strength and conditioning research**, 2005; 19(1), 23-6.

_____. The effect of rest interval length on bench press performance with heavy vs. light loads. **Journal of strength and conditioning research**, 2006a; 20(2), 396-9.

_____. The effect of rest interval length on the sustainability of squat and bench press repetitions. **Journal of strength and conditioning research**, 2006b; 20(2), 400-3.

Yates, J. W.; Kearney, J. T; Noland, M. P; Felts, W. M. Recovery of dynamic muscular endurance. **European Journal of Applied Physiology**, 1987; 56:662-7.

Capítulo 7
Volume do treinamento como variável metodológica da prescrição dos exercícios resistidos

Marcio Luis de Lacio/Monica Menezes Oliveira/Jefferson da Silva Novaes/
Adriana Leite Pinto de Gouveia Lemos/Roberto Fares Simão Júnior/
Thiago Matassoli Gomes

7.1 Número de repetições[1]

Em exercícios resistidos, diversas são as variáveis que podem ser manipuladas (Fleck e Kraemer, 1999). Entre as principais, estão volume e intensidade. Intensidade relaciona-se à carga de trabalho, à velocidade de contração/execução e ao intervalo de recuperação. Já o volume se relaciona com o número de *sets*, o número de sessões semanais, o número de exercícios e, finalmente, o número de repetições (Tan, 1999).

A repetição constitui a unidade básica da estrutura de um programa (Kraemer; Keijo, 2004), consistindo em uma execução completa de um determinado movimento (fase concêntrica e excêntrica). No trabalho isométrico, a repetição se refere a uma ação muscular realizada em um ângulo específico, por um determinado período de tempo. Um termo que é muito utilizado em exercícios resistidos é repetição máxima (RM), que, segundo Moura et al. (2004), significa o número máximo de repetições que um indivíduo é capaz de realizar, dentro de um movimento padronizado (excêntrico/concêntrico ou vice-versa) e com determinada quilagem. Por exemplo, realizar 10 RM no exercício supino significa que, com quilagem de 50 kg, por exemplo, o indivíduo é capaz de realizar 10 repetições corretas e completas do exercício e nem mais ou menos que 10 repetições.

Segundo Feigenbaum (1998), os trabalhos clássicos com adultos de DeLorme e Berger sugerem que protocolos com altas cargas e baixas repetições aumentam a força muscular, e que protocolos de baixas cargas e altas repetições aumentam a *endurance* muscular. Esses trabalhos ganharam suporte onde alguns estudos mostram que altas resistências (6 ou menos repetições) são mais eficientes para melhora da força muscular, e baixas resistências (20 ou mais repetições) podem ser mais eficientes para melhora da *endurance* muscular. O ACSM (2002) recomenda que iniciantes utilizem cargas que correspondam de 8 a 12 repetições e, para alunos intermediários e avançados, cargas que correspondam de 1 a 12 repetições.

Na literatura, são vários os estudos que apontam relações entre o número de repetições e o percentual de carga a ser superado. Hoeger et al. (1987) apresentam o resultado de alguns estudos sobre o tema. (Quadro 7.1)

Quadro 7.1 - Relações entre o número de repetições e o percentual de carga a ser superado

Autor	Repetições	% 1 RM
Pollock (1984)	12 – 15	75
	20 – 25	75
O'Shea (1996)	1 – 3	90
	5 – 6	80

continua

---

[1] Este tópico foi escrito pelos autores: Marcio Luis de Lacio, Monica Menezes Oliveira e Jefferson da Silva Novaes.

continuação

Autor	Repetições	% 1 RM
	8 – 12	70
Landers (1985)	2	95
	4	90
	6	85
	8	80
	10	75
Clarke (1960)	10	55

Fonte: adaptado de Hoeger et al. (1987).

Quadro 7.2 - Quadro relacionando o número de repetições e o percentual de carga trabalhado de acordo com o objetivo.

Objetivo	Repetições	% carga
Força pura	1 – 5	90 – 100
Hipertrofia	6 – 12	75 – 85
Força explosiva	8 – 15	60 – 75
Força-resistência	15 – 50	40 – 60
Endurance	+ 50	-50

Fonte: adaptado de Novaes e Vianna (2003).

Chestnut e Docherty (1999), em seu estudo, avaliaram um grupo de 24 homens destreinados (adaptados aos exercícios resistidos, porém afastados do treinamento no mínimo um ano), que realizaram treinamento três vezes por semana, durante 10 semanas, utilizando pesos livres para trabalhar flexores e extensores de antebraço. Um dos grupos (G4-RM) realizou seis *sets* de quatro repetições com carga de 85% de 1-RM e intervalo entre os *sets* de 3 minutos. O segundo grupo (G10-RM) realizou três *sets* de 10 repetições com 70% de 1 RM de carga e intervalo de 2 minutos. Os resultados sugeriram que as adaptações em 10 semanas de treinamento (desenvolvimento da força, ativação neural e aumento da área de secção transversa) são semelhantes em ambas as metodologias. Os autores concluíram que, para um efetivo aumento de força, sem o concomitante aumento da área de secção transversa deve girar em torno de uma a quatro repetições e com cargas de 85% a 90% de 1 RM. E para maximizar o desenvolvimento da hipertrofia, cargas de 70% a 75% de 1 RM de 10 a 12 repetições.

Schoenfeld (2000) acrescenta que o treinamento com mais de 15 repetições é uma abordagem interessante para exaltar a resistência muscular localizada, mas que os benefícios em aumento de volume muscular são pequenos. Para obter ganhos satisfatórios em massa muscular, o ideal é aumentar o tempo de tensão muscular, trabalhando com número de repetições moderadas (entre 8 e 10). Esse número de repetições estimula um maior número de fibras musculares (em que as unidades motoras menores são ativadas primeiro e, com o aumento da intensidade do exercício, as unidades motoras maiores passam a ser recrutadas progressivamente), e ainda, estimulam a produção de hormônios anabólicos e aumentam a hidratação miofibrilar (concentração intramuscular de sangue – hiperemia – *"pump"*), estimulando a síntese protéica. Behm (2002) corrobora quando cita que programas de exercícios resistidos podem ser diferenciados pela ênfase entre força e hipertrofia, em que maiores volumes de treinamento são necessários para otimizar as adaptações hipertróficas, e o inverso, o treinamento com pequeno número de repetições, e conseqüentemente alta intensidade, ideais para aumento da força máxima.

Campos et al. (2004), em um estudo com 32 homens destreinados, mostraram que, pelo menos em um treinamento de curta duração, treinamentos com poucas repetições (3 a 11 RM) são mais eficientes para o desenvolvimento de força e hipertrofia musculares, quando comparados com alto número de repetições (20 a 28 RM).

Embora essas relações sejam amplamente difundidas e utilizadas nas salas de musculação, alguns estudos mostram que essa relação parece não ser aplicável para todas as pessoas e todos os exercícios. Hoeger et al. (1987), Zatsiorsky (1999) e Tan (1999) apontam que existem diferenças significativas no número de repetições realizadas para uma mesmo percentual de carga. Hoeger et al. (1990), em um estudo envolvendo 38 homens e 40 mulheres destreinados (sedentários), 25 homens treinados e 26 mulheres treinadas, encontraram diferenças entre o número de repetições realizados e o percentual da carga máxima.

Tabela 7.1 — Homens e mulheres (treinados e destreinados). Média dos scores e desvio-padrão dos resultados do número de repetições realizadas nos percentuais selecionados e o valor de 1 RM em sete exercícios selecionados.

	40%	60%	80%	1 RM (em kg)
Homens Destreinados, n = 38				
exercício	média ± DP	média ± DP	média ± DP	média ± DP
leg press	80,1 ± 47,9	33,9 ± 14,2	15,2 ± 6,5	137,93 ± 27,17
lateral pull down	41,5 ± 16,1	19,7 ± 6,1	9,8 ± 3,9	59,87 ± 11,61
bench press	34,9 ± 8,8	19,7 ± 4,9	9,8 ± 3,6	63,86 ± 15,38
knee extension	23,4 ± ,51	15,4 ± 4,4	9,3 ± 3,4	54,93 ± 13,34
sit up	21,2 ± 7,5	15,0 ± 5,6	8,3 ± 4,1	40,87 ± 12,56
arm curl	24,3 ± 7,0	15,3 ± 4,9	7,6 ± 3,5	33,20 ± 5,94
leg curl	18,6 ± 5,7	11,2 ± 2,9	6,3 ± 2,7	33,02 ± 8,53
Homens Treinados, n = 25				
leg press	77,6 ± 34,2	45,5 ± 23,5	19,4 ± 9,0	167,2 ± 43,2
lateral pull down	42,9 ± 16,0	23,5 ± 5,5	12,2 ± 3,72	77,8 ± 15,7
bench press	38,8 ± 8,2	22,6 ± 4,4	12,2 ± 2,87	95,5 ± 24,8
knee extension	32,9 ± 8,8	18,3 ± 5,6	11,6 ± 4,47	72,5 ± 19,8
sit up	27,1 ± 8,76	18,9 ± 6,8	12,2 ± 6,42	59,9 ± 15,0
arm curl	35,3 ± 11,6	21,3 ± 6,2	11,4 ± 4,15	41,2 ± 9,6
leg curl	24,3 ± 7,9	15,4 ± 5,9	07,2 ± 3,08	38,8 ± 7,1
Mulheres Destreinadas, n = 40				
leg press	83,6 ± 38,6	11,9 ± 7,0	38,0 ± 19,2	85,3 ± 16,6
lateral pull down	45,9 ± 19,9	23,7 ± 10,0	10,0 ± 5,6	29,2 ± 5,6
bench press	----- ± -----	20,3 ± 8,2	10,3 ± 4,2	27,7 ± 23,7
Mulheres Destreinadas, n = 40				

continua

continuação

knee extension	19,2 ± 5,3	13,4 ± 3,9	7,9 ± 2,9	26,7 ± 7,8
sit up	20,2 ± 11,6	13,3 ± 8,2	7,1 ± 5,2	19,3 ± 8,3
arm curl	24,8 ± 11,0	13,8 ± 5,3	5,9 ± 3,6	13,8 ± 2,7
leg curl	16,4 ± 4,4	10,5 ± 3,4	5,9 ± 2,6	15,8 ± 3,7
Mulheres Treinadas, n = 26				
leg press	146,1 ± 66,9	57,3 ± 27,9	22,4 ± 10,7	107,5 ± 16,0
lateral pull down	81,3 ± 41,8	25,2 ± 7,9	10,2 ± 3,9	34,8 ± 6,0
bench press	----- ± -----	27,9 ± 7,9	14,3 ± 4,4	35,6 ± 4,9
knee extension	28,5 ± 10,9	16,5 ± 5,3	9,4 ± 4,3	40,3 ± 10,2
sit up	34,5 ± 16,8	20,3 ± 8,1	12,0 ± 6,58	23,8 ± 6,4
arm curl	33,4 ± 10,4	16,3 ± 5,0	6,9 ± 3,1	17,3 ± 3,8
leg curl	23,2 ± 7,7	12,4 ± 5,1	5,3 ± 2,6	21,7 ± 5,0

FONTE: adaptado de Hoeger et al. (1990)

Alguns estudos sugerem, ainda, que crianças e idosos podem responder diferentemente a protocolos de treinamento de resistência. A diferença na relação entre número de repetições e percentual da carga também foi encontrada em crianças. Faigenbaum (1998) realizou comparação entre 50% e 75% de 1 RM e número de repetições em 21 crianças (13 meninos e 8 meninas), aparentemente saudáveis. (Tabela 7.2)

Tabela 7.2 – Relação entre o número de repetições e percentual de carga em crianças

	50%	75%
Leg press	87,2 ± 56,5	18,2 ± 11,0
Supino reto	39,2 ± 19,4	13,4 ± 4,3

FONTE: adaptado de Feigenbaum (1998)

Chagas et al. (2005) explicam que não existe um consenso no que diz respeito à relação entre número máximo de repetições realizadas em um determinado percentual de 1 RM. Muitas variáveis que influenciam a execução do exercício, como, por exemplo, velocidade de execução, amplitude de movimento, trajetória, movimentos acessórios e regulagem do equipamento devem ser levadas em consideração para a análise da relação entre percentual de 1 RM e número de repetições. Além disso, especificidade do treinamento e prática esportiva pode interferir nessa relação.

Como visto anteriormente, o número de repetições utilizadas isoladamente em exercícios resistidos parece não ser uma maneira adequada. Alguns autores atribuem a hipertrofia muscular ao tempo de tensão exercida pelo músculo, ou seja, o tempo que dura a aplicação da carga, sem contar os intervalos de recuperação (Badillo e Ayestarán, 2001). Verkhoshansky (2000) afirma que, para conseguir hipertrofia, é necessário trabalhar com intensidades de 80% de 1 RM, por 8 a 12 repetições, durante 40 a 60 segundos.

Para concluir, é importante lembrar que o número de repetições é um fator fundamental, mas não deve ser analisado isoladamente dentro dos programas de exercícios resistidos. É importante tratar a questão de maneira mais ampla, levando em consideração, além do número de repetições, a velocidade da execução, o tempo de contração, o tempo do intervalo de recuperação, a amplitude de movimentos etc. Gentil (2005) complementa acrescentando que o treinamento resistido não deve se prender somente a aspectos quantitativos, como número de repetições ou tempo sob tensão. O ideal é manipular as variáveis de acordo com as características individuais do aluno e o objetivo do treinamento.

7.2 Número de séries[2]

Para Feigenbaum e Pollock (1997), o volume de treinamento corresponde ao produto entre o número de séries realizadas em cada exercício, o número de repetições completadas dentro de cada série e a quantidade de peso levantado. Embora três séries de 8 a 12 repetições, realizadas três vezes por semana, seja uma típica prescrição para a maioria dos programas de treinamento, o número ideal de séries em cada exercício para desenvolver força muscular e hipertrofia permanece controverso. Carpinelli e Otto (1998) sugerem que as evidências são insuficientes para que se possa concordar que um maior volume de exercícios gere um ganho de força muscular ou hipertrofia superior àquele alcançado em séries únicas.

De acordo com o ACSM (1998), o volume recomendado de treinamento para o treinamento de força tem sido objeto de estudo há muito tempo, desde a década de 1940. Em revisão da literatura, Carpinelli e Otto (1998) e Feigenbaum e Pollock (1997) chamaram a atenção para os resultados dos estudos que compararam programas de exercícios resistidos de séries únicas e múltiplas não periodizadas, em populações não atléticas. Somente dois estudos mostraram aumento de força significativamente superior nos programas de séries múltiplas, comparado a uma série. Nenhum estudo demonstrou diferenças significativas no desenvolvimento de força, quando se compararam uma e duas séries.

Em sua revisão, Carpinelli e Otto (1998) concluem que, de forma geral, não se deve esperar diferenças significativas na força adquirida como resultado de programas de uma ou múltiplas séries, pelo menos até 15 séries em período de 4 a 25 semanas. Deve-se, na opinião desses autores, tentar obter os benefícios dos programas com exercícios resistidos com volumes mínimos, e não os máximos toleráveis para se alcançar os resultados esperados. Corroborando essa opinião, Hass et al. (2000) conduziram um estudo com levantadores de peso recreativos comparando os efeitos de uma a três séries durante 13 semanas. Os autores concluíram que, diante da inexistência de diferenças entre um treinamento de série única e treinamento não periodizado de séries múltiplas, uma única série de 8 a 12 repetições representaria um método eficiente para ganhos de força muscular, a despeito da forma física do indivíduo.

Porém, Kraemer et al. (1997) sugerem que o uso de programas de séries únicas seria mais apropriado para indivíduos não treinados, ou que estivessem iniciando um programa de treinamento de força. Uma vez que a boa forma inicial fosse adquirida, as séries múltiplas se tornariam mais indicadas que a série única, na obtenção de adaptação fisiológica ideal. Para Kraemer et al. (1997), o sistema neuromuscular adapta-se a um dado estímulo de força. Caso essa adaptação ocorresse, as séries múltiplas se tornariam um estímulo superior, produzindo ganhos de força mais rapidamente do que as séries únicas, em virtude de uma dose maior de variações de estímulo de treinamento. Em acordo com essa informação, Rhea et al. (2002) com-

---

[2] Este tópico foi escrito pelos autores: Adriana Leite Pinto de Gouveia Lemos, Roberto Fares Simão Júnior e Jefferson da Silva Novaes.

pararam séries simples e múltiplas em homens treinados, nos exercícios de supino horizontal e *leg press*. Demonstrou-se que as séries múltiplas seriam superiores às simples, em relação aos ganhos de força. Schlumberger et al. (2001) também compararam séries simples e múltiplas, em mulheres experientes realizando diversos exercícios, constatando ganhos superiores de força nas séries múltiplas. Em uma recente revisão de 41 estudos compreendendo o período de 1962-2002, comparando séries simples e múltiplas em indivíduos treinados e destreinados (Wolfe et al., 2004), indicou-se que os programas de séries simples seriam importantes para iniciantes e destreinados, mas que para indivíduos treinados as séries múltiplas seriam mais efetivas. É importante ressaltar que os estudos incluídos seguiram critérios de inclusão, como a) pelo menos seis indivíduos em cada grupo; b) grupos de treinamento em séries simples e múltiplas; c) medidas da força muscular em pré e pós-teste; d) utilização somente de exercícios resistidos durante o treinamento; e) programas de treinamento durante seis semanas ou mais; f) indivíduos saudáveis; g) estudos publicados na língua inglesa.

Galvão et al. (2005) compararam séries simples e múltiplas em 12 mulheres idosas e 20 homens idosos destreinados, em exercícios para membro inferior e superior. Concluiu que os treinamentos de exercícios de resistência em série única são suficientes para aumentar significativamente a função muscular e o desempenho físico, embora o ganho muscular e a força de resistência sejam maiores com mais alto volume de trabalho em séries múltiplas.

Abaixo, pode-se visualizar uma tabela com alguns estudos sobre números de séries:

Tabela 7.3 – Tabela comparativa entre diferentes estudos sobre o número de séries

Autor de estudos	Método utilizado	Freqüência semanal	Duração	Modalidade	*Sets* / Reps.
Starkey et al. (1996)	1 RM	3	14	MI	1 *set* 8-12 reps. 3 sets 8-12 reps.
Gotshalk et al. (1997)	1 RM	NI	NI	NI	1 *set* 10 reps. 3 sets 10 reps.
De Hoyos et al. (1997)	1 RM	3	10	MI	1 *set* 10-15 reps. 3 sets 10-15 reps.
Kraemer (1997)	1 RM	3	12	MI	1 *set* 8-12 reps. 3 *sets* 8-12 reps.
Ostrowski et al. (1997)	1 RM	4	10	MI	1 *set* 9 – 12 reps. 3 *sets* 9 – 12 reps. 1 *set* 9 – 12 reps. 2 *sets* 9 – 12 reps.
Vincent et al. (1998)	1 RM	NI	25	MI	1 *set* – 3 reps
Pollock et al. (1998)	NI	3	25	MI	1 *set* 8 – 12 reps. 3 *sets* 8 – 12 reps.
Hass et al. (1998)	1RM	3	13	MI	1 *set* 8 –12 reps.

continua

continuação

Autor de estudos	Método utilizado	Freqüência semanal	Duração	Modalidade	Sets / Reps.
Abe et al. (2000)	NI	3	12	MI	1 set 8 –12 reps. 3 sets 8 –12 reps.
Kraemer et al. (2000)	1RM	4 – 2 – 3	36		2 – 5 sets / 3 – 15 reps. 1 set 8 – 10 reps.
Schlumberger et al. (2001)	1RM	2	6	MI	1 set 6 – 9 reps. 3 sets 6 – 9 reps.
Wolfe et al. (2001)	1RM	3	10	NI	1 set 6 reps. 3 sets 6 reps.
Rhea et al. (2002)	1RM	5	16	MI	1 set 8 – 12 reps. 1 set 2 reps.
Galvão et al. (2005)	1RM	2	20	MI	1 set – 3 reps.

Não informa = NI, Membro inferior = MI

Em conclusão, pode-se observar que a literatura demonstra que os resultados atingidos no treinamento estão diretamente relacionados ao número de séries utilizado em uma sessão de exercícios resistidos. O uso de séries únicas de um exercício tende a ser mais eficaz para indivíduos destreinados, iniciando um programa, ou para a manutenção dos ganhos de força em treinados. Séries múltiplas apresentam um estímulo de treinamento eficaz para ganhos de força e hipertrofia em indivíduos treinados. O volume de exercícios (séries vs. repetições vs. intensidade) é um conceito fundamental em progressão do treinamento. Portanto, novos estudos com diferentes propostas de treino e maior duração parecem ser necessários para verificação dos ganhos de força e hipertrofia em indivíduos treinados.

Os períodos de intervalo entre séries com durações variadas resultam em respostas fisiológicas diferentes, podendo causar, em longo prazo, impacto positivo nos objetivos de um programa de treinamento. Duas respostas fisiológicas são bem evidenciadas nos exercícios resistidos, devido à manipulação do intervalo: a hormonal (testosterona e GH, principalmente) e a concentração de lactato. Normalmente, o período de intervalo compreende de 30 a 60 segundos para fisiculturistas e de 2 a 5 minutos para levantadores de peso (Kraemer et al.,1987).

7.3 Número de sessões semanais[3]

Apesar do avanço constante da ciência, especialmente em relação à prescrição do exercício físico, dúvidas constantes perduram no pensamento de treinadores físicos e profissionais de *fitness*: "Qual a quantidade ideal de exercícios?" e "Qual a quantidade ideal de treinos semanais para potencializar o desempenho da força muscular?"

A freqüência de treinamento refere-se ao número de sessões semanais de treinamento realizadas pelo indivíduo (Baechle et al., 2000). Kraemer e Ratamess (2004b) afirmaram que o número de sessões semanais pode afetar as subseqüentes adaptações provenientes do treinamento de força.

A freqüência de duas a três vezes por semana tem sido sugerida como a freqüência ideal para o desenvolvimento da força nos indivíduos em fase inicial de treinamento (ACSM, 2002),

---

[3] Este tópico foi escrito pelos autores: Thiago Matassoli Gomes e Jefferson da Silva Novaes.

apesar de dados na literatura mostrarem que até uma única sessão de treinamento semanal é capaz de aumentar a força muscular (Derenne et al., 1996). Porém, empiricamente, fisiculturistas e levantadores de peso, por exemplo, chegam a treinar de cinco a sete vezes por semana, com o objetivo de maximizar o volume e a força muscular.

A partir desse contexto, surgiram diversos estudos que objetivaram verificar a dose-resposta de diferentes números de sessões de treinamento no desempenho da força muscular.

O American College of Sports Medicine (ACSM, 1998) em seu posicionamento em relação ao treinamento de força para indivíduos saudáveis, recomenda de duas a três sessões semanais como um número suficiente para o aumento da força e da resistência muscular e para a manutenção da massa livre de gordura.

Braith et al. (1989), em um estudo experimental, dividiram os voluntários em dois grupos e conduziram o experimento com duração de dez e dezoito semanas. Compararam o ganho de força isométrica em indivíduos sedentários que treinaram duas e três vezes por semana. Como resultado, observaram um aumento da força dos músculos extensores do joelho para os dois grupos. Porém, o grupo que treinou três vezes por semana ganhou mais força do que o grupo que treinou apenas duas. Os autores concluíram o estudo mostrando que adultos que treinam duas vezes por semana podem obter até 20% a menos de ganhos de força quando comparados com indivíduos que treinem três vezes por semana.

Ainda em 1989, Roberts e Thomas observaram ganhos similares na força para os exercícios de supino e agachamento de mulheres universitárias, quando compararam duas e três sessões de treinamento semanais.

Hoffman et al. (1990) compararam, entre outras valências físicas, os ganhos de força em atletas de futebol com freqüências de três, quatro, cinco e seis vezes por semana. A quantidade de treinos por semana era escolhida livremente por cada atleta. Os resultados do estudo mostraram que, quando escolhido pelos atletas, quatro e cinco sessões de treinamento por semana perfizeram um tempo ideal para o desenvolvimento da força, da resistência e da massa muscular.

No único estudo que avaliou o comportamento da força em pubescentes, DeRenne et al. (1996) compararam uma e duas sessões de treinamento em atletas de beisebol. Em seus resultados, os autores observaram que tanto duas quanto três sessões de treinamento são igualmente suficientes para aumentar a força nos exercícios supino e *leg press* durante a pré-temporada e para manter a força durante a temporada de competições.

Estudando a resposta da força muscular em indivíduos treinados, McLester et al. (2000) realizaram um estudo longitudinal com doze semanas de duração. O objetivo dos autores foi comparar os ganhos de força em um dia *versus* três dias de treinamento. Os voluntários foram aleatoriamente divididos em dois grupos, e o volume total de treinamento foi o mesmo para todos. Como resultado, os dados do estudo mostraram que ambos os grupos obtiveram ganhos em força muscular, tanto para os membros superiores quanto para os inferiores, e o grupo que treinou duas vezes por semana só conseguiu atingir 62% dos ganhos obtidos pelo grupo que treinou três vezes. Outro dado de extrema relevância observado pelos autores foi o fato de que apenas o grupo que treinou três vezes por semana teve aumento estatisticamente significativo na quantidade de massa magra.

Corroborando os dados expostos na literatura, em um dos estudos mais recentes envolvendo a dose-resposta das variáveis para o desenvolvimento da força muscular, Rhea et al. (2003), em sua metanálise, demonstraram que a taxa de desenvolvimento de força ocorre de forma diferente em relação à freqüência semanal, variando com o estado de treinamento do indivíduo. Para pessoas destreinadas, há um desenvolvimento bastante significativo na força muscular com freqüência de três vezes por semana, ao passo que, para indivíduos treinados, uma freqüência de duas vezes na semana (para cada grupo muscular) propicia ganhos significativos em força.

7.4 Conclusão

Apesar de o conhecimento ter avançado em muitos aspectos da definição de possibilidades para essas combinações, permitindo o estabelecimento de expectativas e, até mesmo, certo poder de previsão sobre as relações de dose-resposta a muitas variáveis, alguns aspectos permanecem obscuros. Na verdade, muitas recomendações sobre variáveis da prescrição dos exercícios resistidos repousam em uma quantidade pequena de estudos experimentais. O mesmo acontece com alguns dos efeitos provocados pelo treinamento, principalmente os que fogem à esfera das adaptações unicamente musculares – é o caso, por exemplo, das relações entre exercícios resistidos e emagrecimento.

Os dados da literatura são bastante consistentes e indicam que a força muscular apresenta resposta positiva em seu desenvolvimento para indivíduos destreinados e/ou sedentários que realizam um protocolo completo de treinamento (membros superiores e inferiores) de duas a três vezes por semana, o que ainda pode aumentar a adesão ao programa de treinamento, ao passo que, para indivíduos considerados avançados, o número de sessões deve variar de quatro a cinco.

Desse modo, pode-se afirmar que persistem na literatura questionamentos referentes às formas de manipulações das variáveis metodológicas do treinamento. As dúvidas que cercam o assunto, uma vez limitando as possibilidades de incrementar a qualidade dos programas de treinamento de força, em diferentes populações, necessitariam de um maior esforço investigativo para serem dirimidas de forma satisfatória.

Referências

ABE, T. D. V.; DE HOYOS, M. L.; POLLOCK, M. L.; GARZARELLA, L. Time course for strength and muscle thickness changes following Upper and lower body resistance training in men and women. **European Journal of Applied Physiology**, 2000; 81:174–80.

AMERICAN COLLEGE OF SPORTS MEDICINE. Position stand on the recommended quantity and quality of exercise for developing and maintaining cardiorespiratory and muscular fitness, and flexibility in adults. **Medicine Science Sports Exercise**, 1998; 30:975-91.

_____. Position stand on progression models in resistance training for healthy adults. **Medicine Science in Sports Exercise**, 2002; 2(34):364–80.

BADILLO, J. J. G.; AYESTARÁN, E. G. **Fundamentos do treinamento de força**: aplicação ao alto rendimento desportivo. Porto Alegre: Artmed, 2001.

BAECHLE, T. R.; EARLE, R. W.; WATHEN, D. RESISTANCE TRAINING. IN: BAECHLE, T. R. EARLE, R. W. editors. Essentials of strength training and conditioning. 2nd ed. Champaign (IL): **Human Kinetics**, 2000:395-425.

BEHM, D. G.; REARDON, G.; FITZGERALD, J.; DRINKWATER, E. The effect of 5, 10, and 20 repetition maximums on the recovery of voluntary and evoked contractile properties. **Journal of Strength and Conditioning Research**, 2002; 16(2):209–18.

BRAITH, R. W.; GRAVES, J. E.; POLLOCK, M. L.; LEGGETT, S. L.; CARPENTER D. M.; COLVIN A. B. Comparison of 2 vs 3 days/week of variable resistance training during 10-week and 18-week programs. **International Journal of Sports Medicine**, 1989; 10(6):450-4.

CAMPOS, G. E.; LUECKE, T. J.; WENDELN, H. K.; TOMA, K.; HAGERMAN, F. C.; MURRAY, T. F.; RAGG, K. E.; RATAMESS, N. A.; KRAEMER, W. J.; STARON, R. S. Muscular adaptations in response to three different resistance-training regimens: specificity of repetition maximum training zones. **European Journal of Applied Physiology**, 2002; 88(1-2):50-60.

CARPINELLI, R. N.; OTTO, R. M. Strength training. Single versus multiple sets. **Sports Medicine**, 1998; 26: 73-84.

CHAGAS, M. H; BARBOSA, J. R. M; LIMA, F. V. Comparação do número máximo de repetições realizadas a 40 e 80% de uma repetição máxima em dois diferentes exercícios na musculação entre os gêneros masculino e feminino. **Revista Brasileira de Educação Física e Esporte**, 2005; 1(19):5-12.

CHESTNUT, J. L.; DOCHERTY, D. The effects of 4 and 10 repetition maximum weight-training protocols on neuromuscular adaptations in untrained men. **Journal of Strength and Conditioning Research**, 1999;13(4): 353–9.

DE HOYOS, D. V.; HERRING, D.; GARZARELLA, L.; WERBER, G.; BRECHUE, W. F.; POLLOCK, M. L. Effect of strength training Volume on the development of strength and power in adolescent Tennis players. **Medicine & Science in Sports and Exercise**, 1997; 29:S164.

DERENNE, C.; HETZLER, R. K.; BUXTON, B. P.; HO, K. W. Effects of training frequency on strength maintenance in pubescent baseball players. **Journal of Strength and Conditioning Research**, 1996; 10(1):8-14.

FEIGENBAUM, A. D.; WESTCOTT, W. L.; LONG, C; LOUD, R. L; DELMONICO, M; MICHELI, L. Relationship between repetitions and selected percentages of the one repetition maximum in healthy children. **Pediatric Physical Therapy**. 1998; 10:110-3.

FEIGENBAUM, M. S.; POLLOCK, M. L. Strength training-rationale for current guidelines for adult fitness program. **Physical Sports Medicine**, 1997; 25:44-64.

FLECK, S. J.; KRAEMER, W. J. **Fundamentos do treinamento de força muscular**. Porto Alegre: Artmed, 1999.

GALVÃO, D. A.; TAAFFE, D. R. Resistance training for the older adult: manipulating training variables To enhance muscle strength. **Journal Strength and Conditioning Research**, 2005; 27:48-54.

GENTIL, P. **Bases científicas do treinamento de hipertrofia**. Rio de Janeiro: Sprint, 2005.

GOTSHALK, L. A.; LOEBEL, C. C.; NINDL, B. C.; PUTUKIAN, M.; SEBASTIANELLI, W. J.; NEWTON, R. U.; HAKKINEN, K.; KRAEMER, W. J. Hormonal responses of multi set versus single-set heavy Resistance exercise protocols. **Canadian Journal of Applied Physiology**, 1997; 22:244-55.

HASS, C. J.; DE HOYOS, D. V.; GARZARELLA, L.; POLLOCK, M. L. Effects of training volume on strength and endurance in Experienced resistance trained adults. **Medicine Science in Sports Exercise**, 1998; 30:S115.

_____.; GARZARELLA, L.; DE HOYOS, D. V.; POLLOCK, M. L. Single versus multiple sets in long-term recreational weightlifters. **Medicine Science Sports Exercise**, 2000; 32:235-42.

HOEGER, W. W. K; BARETTE, S. L.; HALE, D. F.; HOPKINS, D. R. Relationship between repetitions and selected percentages of one repetition maximum. **Journal of Applied Sport Science Research**, 1987;1(1):11-5.

HOFFMAN, J. R.; KRAEMER, W. J.; FRY, A. C. The effects of self-selection for frequency of training in a winter conditioning program for football. **Journal of Applied Sport Science Research**, 1990; 4(3):76-82.

KRAEMER, J. B.; STONE, M. H.; O'BRYANT, H. S.; CONLEY, M. S.; JOHNSON, M. S.; NIEMAN, D. C. et al. Effects of single versus multiple sets of weight training: impact of volume, intensity and variation. **Journal Strength and Conditioning Research**, 1997; 11:143-7.

KRAEMER, W. J.; NOBLE, B. J.; CLARK, M. J.; CULVER, B. W. Physiologic responses to heavy-resistance exercise with very short rest period. **International Journal of Sports Medicine**, 1987; 8:247-52.

_____; RATAMESS, N.; FRY, A. C.; TRIPLETT-MCSINGLE-BRIDE, T.; ZORISIS, P.; BAUER,, J. A.; LYNCH, J. M.; FLECK, S. J. Influence of resistance training volume and periodization onPhysiological and performance adaptations in collegiate women Tennis players. **Medicine Science in Sports Exercise**, 2000; 28:626–33.

_____; KEIJO, H. **Treinamento de força para o esporte**. Porto Alegre: Artmed, 2004a.

_____; Ratamess, N. A. Fundamentals of resistance training: progression and exercise prescription. **Medicine Science in Sports Exercise**, 2004b; 36(4):674-88.

McLester, J. R., Bishop, P.; Guilliams, M. E. Comparison of 1 day and 3 days per week of equal-volume resistance training in experienced subjects. **Journal Strength and Conditioning Research**, 2000; 14(3): 273-81.

Moura, J. A. R.; Borher, T.; Prestes, M. T.; Zinn, J. L. Influência de diferentes ângulos articulares obtidos na posição inicial do exercício pressão de pernas e final do exercício puxada frontal sobre os valores de 1-RM. **Revista Brasileira de Medicina do Esporte**, v. 10, n. 4, 2004.

Novaes, J. S; Vianna, J. M. **Personal training e condicionamento físico em academia**. Rio de Janeiro: Shape, 2003.

Ostrowsky, K. J.; Wilson, G. J.; Weatherby, R.; Murphy, P. W.; Lyttle Ad. The effect of weight training volume on hormonal Output and muscular size and function. **Journal Strength and Conditioning Research**, 1997; 11:148-54.

Pollock, M. L.; Gaesser, G. A.; Butcher, J. D.; Després, J. D.; Dishman Rk; Franklin Ba et al. The recommended quantity and quality of exercise for developing and maintaining cardiorespiratory and muscular fitness, and flexibility in healthy adults. **Medicine Science Sports Exercise**, 1998; 30:975-91.

Rhea, M. R.; Ball, S. D.; Phillips, W. T.; Burkett, L. N. A Comparison of linear and daily undulating periodized programs With equated volume and intensity for strength. **Journal Strength and Conditioning Research**, 2002; 16:250-5.

_____; Alvar, B. A.; Ball, S. D.; Burkett, L. N. Three sets of weight training superior to 1 set with equal intensity for eliciting strength. **Journal Strength and Conditioning Research**, 2002; 16:525-9.

_____; Alvar, B. A.; Burkett, L. N.; Ball, S. D. A meta-analysis to determine the dose response for strength development. **Medicine Science in Sports Exercise**, 2003; 35(3):456-64.

Roberts, J. V. B.; Thomas, L. E. Effects of weight training frequency on the self concept of college females. **Journal of Applied Sport Science Research**, 1989; 3(2):40-3.

Schoenfeld, B. Repetitions and muscle hypertrophy. **National Strength & Conditioning Association**, v. 22, n. 6, p. 67-9, 2000.

Schlumberger, A.; Stec, J.; Schmidtbleicher, D. Single vs. multiple-set strength training in women. **Journal Strength and Conditioning Research**, 2001; 15: 281-9.

Starkey, D. B.; Pollock, M. L.; Ishida, Y.; Welsch, M. A.; Brechue, W. F.; Graves, J. E.; Feigenbaum, M. S. Effects of resistance Training volume on strength and muscle thickness. **Medicine Science in Sports Exercise**, 1996;28:1.311-20.

Tan, B. Manipulating resistance training program variables to optimize maximum strength in men: a review. **Journal of Strength and Conditioning Research**, 1999; 13(3):289-304.

Verkhoshansky, Y. V. **Hipertrofia muscular**: bodybuilding. Rio de Janeiro: Editora Ney Pereira, 2000.

Vincent, K.; De Hoyos, D. V.; Garzarella, L.; Hass, C.; Nordman, M.; Pollock, M. L. Relationship between indices of knee Extension strength before and after training. **Medicine Science in Sports Exercise**, 1998; 30:S163. 1998.

Wolfe, B. L.; Lemura, L. M.; Cole, P. J. Quantitative analysis of single vs. multiple set programs in resistance training. **Journal Strength and Conditioning Research**, 2004; 18:35-47.

Zatsiorsky, V. M. **Ciência e prática do treinamento de força**. São Paulo: Phorte, 1999.

Capítulo 8
Periodização dos exercícios resistidos

Fabricio Miranda Ribeiro / Jefferson da Silva Novaes

Os exercícios resistidos (ER), nas últimas duas décadas, têm se tornado uma das atividades mais populares em todo o mundo (Kraemer e Ratamess, 2004), particularmente em virtude de sua importância para o rendimento atlético e aos benefícios associados a sua prática, como o aumento de força, potência, velocidade e hipertrofia muscular (Fleck; Kraemer, 1997). A partir da década de 1990, o aumento dessa popularidade se deu principalmente após a sua inserção como parte integrante na prescrição de exercícios que objetivam a saúde e a qualidade de vida. Tal fato ocorreu após o posicionamento do American College of Sports Medicine, intitulado *The Recommended Quantity and Quality of Exercise for Developing and Maintaining Cardiorespiratory and Muscular Fitness and Healthy Adults*, que definitivamente incorporou o TF como importante atividade no desenvolvimento do *fitness e wellness* (ACSM, 1990).

Desde então, o melhor entendimento de suas variáveis metodológicas passou a ser objeto de investigação científica (Tan, 1999). Entre as variáveis envolvidas na prescrição do ER, pode-se destacar intervalo entre as séries, números de séries e repetições, ordem dos exercícios, freqüência semanal, carga, velocidade de execução e o tipo de ação muscular (Stone, 1999; ACSM, 2002). Essas variáveis podem ser manipuladas para especificar a magnitude dos ganhos sobre a força, a potência e a hipertrofia muscular.

A importância das alterações sobre as variáveis agudas envolvidas no ER está no fato de que o músculo tem de ser oportunizado a novos estímulos para que o sistema neuromuscular crie adaptações às novas demandas, tornando-se mais forte, mais potente, mais resistente ou hipertrofiado (Kraemer e Ratamess, 2004). No entanto, é impossível que tais mudanças ocorram durante todo o processo de treinamento, ou seja, apropriadas manipulações sobre as variáveis na prescrição podem evitar esse possível *plateau*.

8.1 Princípios da periodização

As adaptações desencadeadas pelo ER seguem dois princípios gerais: o Princípio da Sobrecarga e a Síndrome da Adaptação Geral ou Princípio de Sayle (Kraemer e Ratamess, 2004). O Princípio da Sobrecarga se baseia na capacidade do músculo em se adaptar de forma fisiológica e neural a um novo estresse ou estímulo. Esse estresse é caraterizado pelo aumento da carga de treinamento (Rhea et al., 2003). O aumento da carga pode ser feito de forma gradual, pois o processo adaptativo do corpo humano somente acontecerá se uma nova demanda fisiológica for continuamente requerida. Levando em consideração que as adaptações fisiológicas podem ocorrer em um período de tempo relativamente curto, um sistemático aumento no estímulo deverá ser necessário para que promova o aumento dessas adaptações. Existem diversas formas de aumentar a carga de treinamento: por meio do peso mobilizado (resistência), do número de repetições em uma mesma carga, da velocidade de execução, da manipulação dos intervalos de recuperação e pela combinação de todos esses fatores. A progressão da sobrecarga em um treinamento tem sido mostrada como necessário para maximizar as adaptações neurais e hipertróficas (Kraemer e Ratamess, 2004), conseqüentemente os aumentos na força e na potência muscular.

A variação do treinamento tornou-se aparente no ER depois dos estudos realizados por Sayle (1974). Ele propôs que o corpo humano, a partir do momento em que se confrontasse com algum estresse (novo estímulo), criaria adaptações por meio de três fases distintas: alarme, adaptação e exaustão. A fase de alarme é caracterizada pela resposta inicial ao estímulo do treinamento; nesse processo, tem-se perda momentânea do rendimento. Logo após, durante um segundo estágio, o corpo experimentaria um aumento do rendimento, também chamado de supercompensação, criando adaptações ao novo estímulo, que, por sua vez, é seguido por um terceiro momento, a exaustão, caracterizada pela instalação de um *plateau* em seu desempenho. Dessa forma, alterações dos estímulos dentro do processo de preparação, aliados a períodos corretos de recuperação, são necessários para garantir a eficiência dos métodos de treinamento.

8.2 Conceito sobre periodização

Levando em consideração os princípios pelos quais o corpo humano se adapta ao treinamento, sistemáticas variações têm sido utilizadas em muitos programas no ER com o objetivo de evitar as estagnações nos ganhos sobre a força muscular e maximizar o rendimento esportivo (Stone, 1999; Fleck, 1999; Rhea et al., 2003). Um programa bem planejado e que controle bem as variáveis do treinamento poderá gerar superiores adaptações em um período apropriado, como picos. A forma como as variáveis serão manipuladas determinarão o tipo de modelo a ser utilizado. Sendo assim, segundo Bompa (1996), surge uma forma dessas variações acontecerem em uma porção ou divisão do tempo, ocorrendo em curtos ou longos períodos, mais fáceis de controlar e comumente chamados de periodização (PER).

O uso dos fatores de variação do treinamento, ou simplesmente PER, tem ganhado considerável popularidade nos últimos anos (Stone, 1999). O conceito de PER nasceu nas idéias que envolviam a preparação de atletas competitivos. Essa preparação era dividida em diferentes períodos para o inverno, outono e verão. O conceito moderno de PER se baseou nos primeiros estudos realizados por Matveyev em 1962. Ele dividiu o ano de treinamento em fases, cada qual com uma característica diferente. Diversos cientistas do esporte e treinadores mudaram essas fases dependendo da característica de seu esporte, porém os conceitos fundamentais presente nos estudos de Matveyev continuam válidos e sendo usados até os dias de hoje (Stone, 1999).

No entanto, o uso da PER não tem se limitado a atletas de elite ou treinamentos avançados, mas tem sido usado com sucesso como base para o desenvolvimento de programas para diversos objetivos individuais e diferentes níveis de condicionamento (Kraemer e Ratamess, 2004; Fleck, 1999). Diferentes formas de manipular um treinamento têm sido utilizadas na prática, porém, muitos protocolos são intitulados como treinamentos periodizados, mas não seguem completamente o conceito tradicional de PER proposto por Matveyev (1962). Apesar de a variação ser um importante fator na prescrição de programas no ER, nem todas as variações poderão produzir resultados exatamente iguais (Stone, 1999).

8.3 Modelo tradicional de periodização

A PER pode ser um procedimento ou uma organização lógica das estruturas envolvidas em um processo de preparação. Essa preparação ocorre durante um longo período, de tal maneira que o atleta esteja em condição de obter os melhores resultados durante a fase mais importante da competição.

Matveyev propôs que o rendimento atlético passaria por três estágios (Pedemole, 1982):

1. Aquisição: envolve a formação e o desenvolvimento dos componentes básicos da forma atlética. Nesse período busca-se aumentar o nível funcional geral das possibilidades do organismo, indispensáveis na habilidade motora da prática esportiva.
2. Estabilização: é caracterizado pela relativa estabilização da forma atlética. Nessa fase, existe a combinação de todos os componentes que asseguram a otimização da preparação para o alto rendimento e o treinamento dos componentes que estão altamente relacionados com o aumento do desempenho.
3. Declínio: fase em que ocorre perda momentânea da forma atlética. No entanto, isso não significa um aspecto negativo na preparação, pelo contrário, representa uma indispensável passagem do organismo por um período de recuperação ativa para altos níveis de condicionamento atlético.

Sendo assim, um processo de preparação a longo prazo (anual) deverá ser conforme os princípios que governam o desenvolvimento do desempenho atlético, ou seja, o treinamento realizado por um extenso período será quebrado em diferentes fases, que modularão as características do processo de treino de acordo com o período em que está o atleta.

De forma analógica, Matveyev dividiu o ano de preparação em três fases distintas: período preparatório, período competitivo e período de transição. Fica evidente que essas fases substancialmente representam coerentes estágios de preparação no desenvolvimento da forma atlética, como já mencionado anteriormente. Cargas progressivas serão manipuladas com o objetivo de levar adaptações ao sistema neuromuscular, evitando estagnações, *overtraining* e maximizando o desempenho esportivo.

Um programa periodizado de treinamento é tipicamente estruturado em macrociclo, mesociclo e microciclo, que progridem de cargas menos intensas para cargas mais intensas, assim como de tarefas motoras mais gerais para especiais. Dessa forma, é característica do modelo tradicional iniciar o período de treinamento com um alto volume e uma intensidade menor e subseqüente aumento da intensidade e diminuição do volume (Plisk e Stone, 2003).

O macrociclo é a visão anual da preparação e pode ser dividido em mesociclo (dois a seis meses), que tem suas características afirmadas pelos microciclos (preparação semanal). O microciclo concerne em variações semanais ou diárias do volume e da intensidade, além da seleção dos exercícios; a soma de todos os microciclos determinará o *status* do treinamento e o reconhecimento do objetivo esperado para o mesociclo em questão, que pode durar de dois a seis meses e incluir variações dentro do macrociclo, concluindo em um pico de rendimento (Stone, 1999).

Muitos treinadores entendem que o modelo de Matveyev implica aumentos graduais da sobrecarga de treinamento por meio de fases, as quais possuem características distintas e diferentes graus de variação. No entanto, é evidente que Matveyev não tinha a intenção de que seu modelo fosse universalmente aplicado em todas as modalidades esportivas. Seu modelo é visto como padrão para programas periodizados, porém, variadas interpretações têm sido feitas pela comunidade atlética mundial ao longo dos anos, e diferentes modelos de periodização foram criados levando em consideração a especificidade da modalidade em questão (Stone, 1999; Kraemer e Ratamess, 2004).

8.4 Periodização no treinamento de força e potência:

O exercício resistido (ER) deve ser planejado especificamente levando em consideração as necessidades individuais e da modalidade esportiva. Em outras palavras, a PER no ER não deverá ser aplicada exatamente da mesma forma em diferentes esportes; além disso, foi necessário desenvolver variações ao modelo tradicional (Bompa, 1996).

Com o objetivo de aumentar a força e a potência muscular, altamente relacionadas com o desempenho esportivo, o ER deve ser periodizado de forma que suas variáveis sejam manipuladas de maneira ideal, por meio de fases que serão planejadas e organizadas a partir de uma seqüência lógica (Stone, 1999).

Dessa forma, foi proposto um modelo básico de PER para o desenvolvimento da força e potência muscular (Bompa, 1996). Esse modelo era caracterizado pela divisão do treinamento em diferentes fases:

1. Adaptação anatômica: representa a primeira fase do processo de preparação, que tem por objetivo envolver um número maior de grupos musculares, preparando o músculo, os ligamentos e os tendões para as fases extenuantes que seguirão. A duração desta fase depende do comprimento da periodização, de cargas em torno de 40% a 60% de uma repetição máxima (1 RM); 8 a 12 repetições e intervalos entre 60 e 90 segundos são sugeridos para alcançar os objetivos dessa fase.
2. Força máxima: esta fase tem uma função determinante no desenvolvimento da potência e resistência muscular. Seu principal objetivo é desenvolver o mais alto nível de força da capacidade atlética do indivíduo. A duração desta fase pode ser de 1 a 3 meses, dependendo da modalidade esportiva.
3. Conversão: a proposta desta fase é converter os ganhos obtidos na força máxima, em potência ou resistência muscular ou ambos, dependendo da necessidade e da característica do esporte. Nesta fase, adequados métodos de treinamento devem ser aplicados para garantir gradualmente a conversão da força máxima na força específica que se deseje alcançar (Ex.: força de velocidade).
4. Manutenção: o termo sugere que, nesse momento, os níveis de força adquiridos nas fases anteriores sejam mantidos. Novamente, o planejamento desse programa deverá seguir a especificidade do esporte, em que a manutenção da taxa de força máxima, potência ou resistência de força, seguirá a demanda requerida pela modalidade esportiva.
5. Transição ou compensação: a função desta fase é ajudar o atleta a se recuperar da fadiga gerada pelo treinamento e rea-

bastecer as reservas de energia por meio de períodos de recuperação. Essa recuperação pode ser feita de forma ativa, com o próprio ER, porém com cargas em torno de 40% a 50% da carga máxima, para que os efeitos da força e da potência não sejam perdidos.

Apesar da PER no ER levar em consideração a especificidade da modalidade esportiva, é possível perceber que o conceito tradicional de PER está sempre presente em diversos planejamentos. Bompa (1996) faz uma categorização dos diferentes momentos do planejamento de um treinamento para o desenvolvimento da força e da potência muscular com a PER tradicional. Tal comparação pode ser vista nos Quadros 8.1 e 8.2.

Quadro 8.1 – Modelo de PER para força e potência, segundo Bompa

Período	Preparatório	Competitivo	Transição
Fases	Adaptação anatômica; desenvolvimento da força máxima	Manutenção da força e/ou da resistência de força	Compensação (recuperação)

Como pode ser visto, a PER no treinamento da força e da potência muscular seguirá parâmetros de distribuição muito semelhantes aos propostos por Matveyev (1966), porém, dependerá da característica da modalidade esportiva, pois cada fase apresentará uma característica diferente, a qual terá relação direta com a manipulação das variáveis do treinamento. No Quadro 8.2, é possível verificar uma forma geral de como essa variáveis podem ser manipuladas em diferentes fases de preparação, proposta por Stone (1981).

A PER no ER tem ganhado considerável popularidade nos últimos anos, porém, boa parte dos conceitos apresentados até o momento é originada do Leste Europeu e baseada em empirismo, muito mais do que em evidências científicas (Plisk e Stone, 2003). Alguns estudos têm reportado o efeito da PER sobre a força e a potência muscular, mas apenas alguns modelos parecem ser alvo de investigação científica.

Quadro 8.2 – Planejamento generalizado de um programa periodizado para força e potência

Período	Preparação Geral	Preparação Especial	Competição	Recuperação
Intensidade	Baixo	Alto	Alto	Moderado
Volume	Alto	Moderado a alto	Baixo	Muito baixo
Repetições	8-20	4-6	2-3	1-3
Séries	3-5	3-5	3-5	1-3
Sessões/dia	1-3	1-3	1-2	1
Dias/semana	3-4	3-5	3-6	1-5

8.5 Modelos de periodização no treinamento de força

A PER pode ser realizada por meio da manipulação de variáveis agudas, como número de séries, repetições e exercícios realizados; quantidade ou tipo de resistência utilizada; tipo de contração e freqüência de treinamento (Fleck, 1999). Especificamente no ER, tem sido demonstrado na literatura que a manipulação do volume e da intensidade do treinamento são os fatores mais importantes na efetividade dos programas periodizados que objetivam o aumento de força, potência e hipertrofia muscular (Herrick e Stone, 1996; Tan, 1999; Stone, 1999). O volume pode ser definido pelo volume total = número de repetições x número de séries ou pelo volume de carga (número de repetições x número de séries x carga mobilizada) (Fleck e Kraemer, 1997; O'Bryant et al., 1988; Schoitz et al., 1998). A intensidade pode ser definida pela média de massa (carga) levantada por exercício, dias ou meses, ou ainda pela intensidade do exercício, calculada pela intensidade relativa (percentual de 1 RM) (Fleck e Kraemer, 1997; Stone, 1999).

No entanto, modelos não periodizados foram por muitos anos utilizados na comunidade atlética como os principais métodos para o aumento da força muscular (Baker et al., 1994; Herrick e Stone, 1996; Rhea et al., 2003). Como exemplo, podem-se citar os modelos de volume e intensidade constante e o de resistência progressiva.

Essas metodologias não manipulavam o volume e a intensidade do treinamento, e talvez por esse motivo foram associadas a quadros de *overtraining* (Herrick e Stone, 1996). O primeiro modelo se baseia em uma estrutura na qual, em extensa revisão, Atha (1981) determina três séries de seis repetições máximas (6 RM), intensidade ideal para o desenvolvimento da força, pois poderia incrementar a força não só por mecanismos neurais, mas também por hipertróficos. O segundo modelo é amplamente usado em academias de ginástica e tem como sustentação o princípio da sobrecarga, que se baseia na capacidade do músculo em se adaptar de forma fisiológica e neural a um novo estresse, desencadeado pelo aumento da carga (Rhea et al., 2003). No entanto, no decorrer de um calendário esportivo, esses modelos de treinamento, quando aplicados durante um longo período de tempo, parecem não ser suficientes para elucidar a melhora da força e da potência muscular no rendimento atlético (Herrick e Stone, 1996; Fleck e Kraemer, 1997).

A falta de variação no volume e na intensidade do treinamento aliados a insuficientes períodos de recuperação têm sido relacionados com um aparente desenvolvimento de *overtraining* (Stone, 1999; Fleck, 1999). O *overtraining* pode ser definido como fator bioquímico, psicológico e fisiológico, que pode levar à estagnação dos ganhos de força e subseqüente perda no desempenho esportivo (Fleck e Kraemer, 1982). Por esse motivo, alguns modelos de treinamento começaram a ser analisados como menos efetivos nos ganhos de força e hipertrofia, e a manipulação das variáveis volume e intensidade passou a receber grande importância na elaboração de programas no ER.

Sendo assim, os modelos de PER no ER tinham como principal objetivo a manipulação do volume e da intensidade do treinamento como estratégia para diversificar os estímulos e maximizar as adaptações ao sistema neuromuscular. Dois modelos baseados nesse princípio começaram a ser analisados pela literatura (Tan, 1999; Fleck, 1999; Rhea e Alederman, 2004).

O primeiro modelo, chamado de linear ou tradicional, teve como base o modelo desenvolvido por Matveyev (1966) e tem como característica alto volume e baixa intensidade no início do ciclo de treinamento, e subseqüente diminuição do volume e aumento da intensidade no decorrer do período. Essas variações podem ocorrer em um período de quatro semanas, e tem sido teorizado que o alto volume inicial enfatiza o aprendizado do movimento e as adaptações hipertróficas e prepara o sistema neuromuscular para um período de maior sobrecarga. Esse período de trabalho com altas intensidades teria o objetivo de enfatizar os ganhos neurais, levando a uma maior eficiência na estrutura do treinamento para os ganhos de força e potência quando comparados a modelos de volume e intensidade constante (Fleck, 1999; Herrick e Stone, 1996; Baker et al., 1994; Willoughby, 1993).

O segundo modelo analisado, intitulado ondulatório ou não linear, foi proposto por Poliquin (1988) ao verificar a efetividade de diferentes programas de treinamento nos ganhos da força muscular em jogadores de futebol americano. Ele verificou que muitos modelos de treinamento utilizados apresentavam uma intensificação linear, ou seja, aumentavam continuamente a intensidade do treinamento, o que aumentava o nível de estresse, e proporcionavam curtos períodos de recuperação entre as fases. Segundo esse autor, programas no ER perdem a sua eficiência em um período de duas semanas, pois o corpo cria adaptações muito rápidas, e um novo estímulo deveria ser aplicado para que constantes adaptações possam ocorrer à sobrecarga de treinamento.

Sugere, ainda, que no modelo linear a hipertrofia adquirida no primeiro mês de treinamento dificilmente será mantida nas próximas fases, quando o volume é menor, sendo o volume um importante componente no aumento da massa muscular. Sendo assim, Poliquin (1988) sugere que as modificações no volume e na intensidade do treinamento possam ocorrer de forma ondulatória. Dessa maneira, o volume diminui em uma taxa menor enquanto a intensidade vai sendo gradualmente aumentada. Essas fases acontecem em períodos menores, diária ou quinzenalmente, e buscam minimizar os efeitos do *overtraining* alternando respostas hipertróficas com curtos períodos de alta intensidade, enfatizando as respostas neurais e proporcionando também ao sistema neuromuscular períodos de recuperação.

Essa alternância de períodos, que o próprio autor chama de fases de acumulação e de intensificação, seria a melhor estratégia para evitar as estagnações nos ganhos de força do que uma intensificação linear proposta pelo método tradicional, o que poderia levar ao que ele chama de "fadiga neural" (Brown, 2001). O modelo ondulatório é muito popular e vem sendo utilizado pelos levantadores de peso do Leste Europeu, norte da Alemanha e Canadá. No entanto, poucos estudos têm reportado o efeito do modelo ondulatório a programas não periodizados (Stone et al., 1981; Baker et al., 1994). Ivanov et al. (apud Baker, 1994) reportaram superioridade do modelo ondulatório quando comparado a programas que utilizam 3 x 10 RM e 5 x 3 RM.

Os modelos de PER apresentados se aproximam em sua essência, pois ambos buscam variações no volume e na intensidade do treinamento como forma de diferenciar os estímulos e maximizar os ganhos na força muscular. As diferenças metodológicas estão na periodicidade em que as manipulações acontecem. Apesar da PER ter se tornado muito popular no ER, poucos estudos têm analisado e comparado diferentes programas periodizados a modelos não periodizados.

8.6 Estudos sobre periodização

Fleck (1999), em artigo de revisão, faz uma análise em nove estudos que compararam treinamentos periodizados a modelos de volume e intensidade constante e séries simples. De uma forma geral, os modelos periodizados mostraram-se superiores nos ganhos de força, potência e resistência muscular quando comparado a outros modelos de treinamento. Porém, por apresentarem muitas diferenças metodológicas, os estudos analisados por Fleck não levam a uma conclusão plausível. Uma limitação dessa revisão foi a falha na identificação da magnitude dos aumentos nos ganhos de força entre programas periodizados e não periodizados e também a incapacidade de examinar especificamente o efeito das variáveis intervenientes nos modelos utilizados sobre os mecanismos do aumento da força.

A reprodutibilidade dos resultados de um estudo pode ser limitada pela análise estatística, especialmente estudos que utilizam uma amostra pequena. Os estudos analisados por Fleck se baseiam na média dos ganhos percentuais pré e pós-treinamento, que pode ser altamente variável, levando a interpretações errôneas. Por essa razão, fica difícil uma interpretação mais concreta sobre o efeito da periodização quando confrontada sobre diferentes aspectos: tempo de treinamento, treinabilidade dos indivíduos, idade, sexo, volume e intensidade utilizados.

Sendo assim, existe a necessidade de um estudo de revisão que inclua todos os estudos disponíveis publicados, no qual se mostre de forma mais compreensível e objetiva a reprodutibilidade e a avaliação da magnitude do aumento da força e da potência muscular, por meio dos estudos que verificaram a efetividade de programas periodizados. Rhea e Alederman (2004), por meio de um estudo de metanálise, tiveram como objetivo examinar a magnitude da força e da potência muscular elicitados por programas periodizados e não periodizados no ER e avaliaram o específico impacto da variação dos programas em tais adaptações.

Nesse estudo, utilizando os dados média, desvio-padrão, tamanho dos grupos experimentais e controle, além dos valores do teste estatístico (s,t,F) e dos níveis de significância, foi possível o cálculo do efeito do tamanho, que representa uma padronização na medida da magnitude do efeito do tratamento estatístico utilizado.

Os resultados encontrados nessa metanálise reforçam a idéia de que a variação do treinamento, caracterizada pela manipulação do volume e da intensidade, é fator primordial nos ganhos de força e potência quando comparado a treinamentos não periodizados. Outra análise importante é que a PER demonstrou ser uma boa estratégia para indivíduos destreinados, seguidos de moderadamente treinados e atletas. Fleck (1999), em sua revisão, encontrou resultados diferentes, nos quais a PER parece ser mais efetiva em indivíduos treinados e desnecessária em indivíduos iniciantes. Apesar de a PER ser, por muito tempo, vinculada exclusivamente ao rendimento esportivo, ou seja, em atletas, essa metanálise demonstrou que ela é importante para todos os níveis de condicionamento.

No presente estudo, o treinamento periodizado demonstrou ser mais efetivo do que o não periodizado em mulheres e homens em diferentes faixas etárias, apesar de poucos estudos nesse grupo.

Uma limitação dessa metanálise continua sendo identificar a superioridade da PER sobre o treinamento não periodizado pela natureza do tempo de intervenção dos estudos aqui verificados. De fato, a PER envolve longos períodos de treinamento e busca elucidar contínuos ganhos sobre a força muscular ao longo de meses ou anos.

Os procedimentos metodológicos, que incluem principalmente a periodicidade das mudanças no volume e na intensidade do treinamento, também devem ser levados em consideração, quando confrontados com o tipo de amostra e os diferentes tempos de intervenção; dessa forma, é necessário mais estudos que verifiquem o efeito do modelo linear e o do ondulatório sobre os ganhos de força e potência muscular.

8.6.1 Linear *versus* ondulatório

Ao se examinar os estudos previamente citados, pode-se perceber que, de alguma forma, programas que manipulam o volume e a intensidade do treinamento se mostraram mais efetivos do que programas não periodizados. Porém, na literatura, uma comparação entre os modelos linear e ondulatório ainda é escassa (Rhea et al., 2003; Rhea e Alederman, 2004; Brown, 2001). O problema em se comparar estudos em PER no TF é que muitos que compararam modelos lineares e ondulatórios aos de intensidade e volume constante não levaram em consideração ou não controlaram o volume total (VT) produzido por cada grupo.

O'Bryant, em sua tese de doutorado (apud Rhea, 2004), defende que um bom programa periodizado é aquele que independe do volume total produzido, ou seja, as variações de volume e intensidade são fatores mais importantes do que o próprio volume total produzido. Alguns estudos suportam a teoria de O'Bryant. Willoughby et al. *(1993)* compararam os efeitos de três protocolos em 16 semanas de treinamento sobre 1 RM nos exercícios supino reto e agachamento. Noventa e dois homens previamente treinados foram divididos em três grupos: grupo 1 (5 séries x 10 RM), grupo 2 (6 séries x 8 RM) e o grupo 3 (programa periodizado, 4 semanas - 5 séries x 10 RM; 4 semanas - 6 séries x 8 RM; 4 semanas - 4 séries x 8 RM; e 4 semanas - 3 séries x 4 RM). Como pode ser visto, o volume nos três grupos se manteve igual nas primeiras oito semanas de treinamento, porém, nas quatro semanas finais, o grupo 3 apresentou uma variação em seu volume. Para ambos os exercícios, todos os grupos apresentaram ganhos na força muscular iguais no início do treinamento; no entanto, nas semanas 8 a 16, o grupo 3 apresentou ganhos significativos em relação ao outros grupos, que se mantiveram iguais estatisticamente. Os resultados sugerem que a variação é um importante componente em programas no ER.

Stone et al. *(2000)* verificaram o efeito de três protocolos de treinamento sobre 1 RM no exercício agachamento durante 12 semanas. Vinte e um indivíduos foram divididos em três grupos: grupo 1 (volume e intensidade constante), grupo 2 (modelo linear); grupo 3 (modelo ondulatório). O volume total produzido nos grupos foi, respectivamente, 619, 629 e 529 repetições, e os resultados encontrados demonstram que um programa periodizado foi mais efetivo nos ganhos em 1 RM do que modelos que mantinham o volume e a intensidade constantes, não só quando as repetições eram iguais (grupo 1 x grupo 2) mas substancialmente menores (grupo 1 x grupo 3).

No entanto, Baker et al. (1994) mostraram que, quando o volume total de treinamento é igual entre os grupos, não importa o modelo de periodização utilizado, os ganhos na força muscular serão iguais. Em seu estudo, em um período de 12 semanas, 33 homens experientes em força foram avaliados em 1 RM nos exercícios agachamento e supino. Ele dividiu os indivíduos em três grupos: grupo 1 (volume e intensidade constante), grupo 2 (periodizado de forma linear) e grupo 3 (periodizado de forma ondulatória). O total de repetições realizados, assim como a intensidade relativa entre os grupos, foi igual, para que qualquer diferença encontrada nos resultados seja atribuída à manipulação do volume e da intensidade. Não foram encontradas diferenças entre os ganhos de força no supino e no agachamento nos três grupos, o que confirma a hipótese da importância do volume total de treinamento produzido e não do modelo de periodização adotado, o fator mais importante em programas que busquem ganhos na força muscular.

Schoitz et al. (1998) também igualaram o volume de treinamento entre os programas de força desenvolvidos em um período de 10 semanas em jovens militares sem prévia experiência em ER. Dois modelos foram utilizados: volume e intensidade constante e periodizado de forma linear. Os autores não encontraram diferenças estatisticamente significativas entre os ganhos de força máxima (1 RM) nos exercícios supino e agachamento. O problema desse estudo é que, apesar de os ganhos de força no supino não terem apresentado diferença estatisticamente significativa, a magnitude dos ganhos no grupo periodizado foi maior do que o grupo de volume constante. Além disso, os indivíduos foram submetidos a um protocolo de corrida, que pode ter atenuado os ganhos de força nos membros inferiores. Segundo Kraemer et al. (1995), o treinamento de *endurance* pode atenuar os ganhos de força em membros inferiores, mesmo que os membros superiores não sejam afetados. Dessa forma, não fica muito claro se realmente a periodização elucidaria ganhos semelhantes ao outro grupo, sendo importante destacar que outras variáveis foram avaliadas nesse estudo, como composição corporal, corrida e um teste de sentar e levantar, em que todos mostraram ser mais efetivos no grupo periodizado.

Uma característica do modelo ondulatório é a manipulação mais freqüente do volume e da intensidade do treinamento; porém, nos estudos apresentados, essas variações ocorriam de forma semanal, ou seja, dentro dos microciclos, mas tem sido proposto que essas manipulações podem ocorrer também a cada sessão de treinamento (Poliquin, 1988; Brown, 2001). Rhea et al. (2002) propuseram uma comparação entre o modelo linear e o modelo ondulatório realizado de forma diária nos ganhos de força em 1 RM nos exercícios supino reto e *leg press*. Vinte homens foram divididos em dois modelos de treinamento, que envolviam três séries realizadas três vezes por semana. Um grupo periodizado de forma linear realizava 8 RM durante as semanas 1 a 4, 6 RM durante as semanas 5 a 8 e 4 RM durante as semanas 9 a 12. O segundo grupo, periodizado de forma ondulatória, realizava alterações a cada sessão de treinamento, ou seja: segunda - 8 RM; quarta - 6 RM; e sexta, 4 RM, e então o ciclo era reiniciado. Os resultados demonstraram que a média percentual dos ganhos de força para o grupo linear foi de 14,37% e 25,61% para o supino e o *leg press*, respectivamente, e para o grupo ondulatório, 28,78% e 55,78%. Houve diferenças entre os grupos, e o modelo ondulatório mostrou ser mais efetivo nos ganhos de força do que o modelo linear.

8.7 Periodização na composição corporal, resistência de força e hipertrofia

A PE no ER tem sido muito utilizada no desenvolvimento da força e da potência muscular, vistas como fatores determinantes no rendimento esportivo (Kraemer e Ratamess, 2004; Tan, 1999; Fleck, 1999). Porém, poucos estudos têm reportado os efeitos da periodização em parâmetros de saúde e qualidade de vida, assim como a resistência de força e hipertrofia muscular (Rhea et al., 2003; Schoitz et al., 1998; Baker et al., 1994; Kraemer, 2004; Kraemer et al., 2003).

No que diz respeito à composição corporal, Baker et al. não encontraram diferenças significativas nos ganhos de massa corporal em diferentes protocolos: linear, ondulatório e não periodizado em homens previamente treinados submetidos a 12 semanas de treinamento. Os níveis de gordura se mantiveram inalterados durante todo o estudo. Schiotz (1998) também não encontrou diferença na massa corporal entre um grupo periodizado e de volume e intensidade constante em 10 semanas de treinamento, apesar de ambos os grupos terem apresentado aumentos. Um dado importante é que somente o grupo periodizado apresentou uma diminuição estatisticamente significativa no percentual de gordura. Esses dados corroboram Kraemer (2003), que, para um período de 9 meses em tenistas do sexo feminino, não encontrou diferenças na massa corporal entre um grupo periodizado de forma ondulatória e não periodizado; somente uma tendência a maiores valores nos ganhos de massa livre de gordura foi encontrada para o grupo periodizado.

A força máxima e a potência muscular sempre foram o foco dos estudos em PER no ER; no entanto, Rhea et al. (2003) compararam três protocolos de PER: linear, ondulatório, de forma diária e linear inverso nos ganhos da resistência muscular localizada em 15 semanas de treinamento. Sessenta indivíduos (30 homens e 30 mulheres) foram avaliados no máximo de repetições em 50% do próprio peso corporal na cadeira extensora. O grupo linear realizou mesociclos que variavam a cada cinco semanas em 25 RM, 20 RM e 15 RM. No ondulatório as mudanças ocorriam a cada sessão de treinamento, e no linear inverso o mesociclo também era mudado a cada cinco semanas, porém, 15 RM, 20 RM e 25 RM eram realizados. Os resultados desse estudo indicam que não existe diferença estatisticamente significativa entre os modelos apresentados nos ganhos da força muscular localizada. Porém, quando analisamos a efetividade dos diferentes tipos de PER na resistência de força, o modelo linear inverso demonstrou ser mais efetivo do que o linear tradicional e o ondulatório.

Em razão da dificuldade de se mensurar os ganhos sobre a hipertrofia muscular, evidências a respeito do efeito da PER sobre a massa magra ainda são escassas. Kraemer et al. (2004) verificaram o efeito do treinamento de dois protocolos de PER em exercícios para os membros superiores e inferiores sobre a área de secção transversa (AST) dos músculos do braço e coxa. Por um período de 24 semanas de treinamento, mulheres sem prévia experiência em ER foram submetidas a dois protocolos de PER lineares. No primeiro grupo, utilizava-se uma progressão que partia de 8-5-3 RM e, no segundo grupo, de 12-10-8 RM; as variações ocorriam a cada três semanas de treinamento. Os resultados deste estudo demonstram que ambos os grupos apresentaram aumentos significativos na AST dos músculos do braço e da coxa, porém o grupo 1 demonstrou ser mais efetivo na hipertrofia muscular do que o grupo 2.

8.8 Conclusão

Por meio deste trabalho de revisão, foi possível observar que, quando manipulamos variáveis do treinamento, principalmente o volume e a intensidade, de forma coerente, respeitando a especificidade da modalidade esportiva ou o objetivo a ser seguido, aplicados em uma ordenação lógica de tempo e respeitando os princípios de adaptação do organismo às cargas de treinamento, podemos evitar a estagnação do rendimento esportivo, evitando o *overtraining* e maximizando os ganhos sobre a força e a potência muscular.

A periodização (PER) parece ser a melhor estratégia na manipulação dessas variáveis. No exercício resistido (ER), a PER demonstrou ser mais efetiva do que modelos não periodizados; porém, não está bem claro quais os mecanismos envolvidos nesse processo. Existe uma dificuldade de se comparar diferentes modelos de PER no ER, já que outras variáveis, como o tempo de treinamento, o nível de condicionamento, o protocolo utilizado e o volume total produzido, parecem influenciar de forma significativa os resultados de alguns estudos.

De uma forma geral, dois modelos de PER parecem ser mais efetivos nos ganhos de força, o linear e o ondulatório, porém, mais pesquisas devem ser realizadas para comparar realmente que tipo de modelo é mais eficiente nos ganhos sobre a força muscular. Talvez as variáveis intervenientes já citadas devam ser mais controladas e correlacionadas aos métodos, tendo como exemplo uma tendência à efetividade do modelo ondulatório sobre o linear em indivíduos treinados e a ausência de diferenças entre os modelos, quando submetidos ao mesmo volume total de treinamento.

A PER sempre foi vinculada ao rendimento esportivo e a sua aplicação, a um calendário de competição; no entanto, seus benefícios parecem não se limitar a atletas. Indivíduos que buscam melhoras na força muscular, hipertrofia e composição corporal –importantes componentes em programas direcionados a saúde e qualidade de vida – parecem ser também beneficiados.

Porém, nota-se que mais estudos longitudinais devem ser realizados para elucidar os efeitos de diferentes modelos de PER no ER, além de uma análise mais aprofundada da PER, em uma perspectiva de saúde e não somente de desempenho esportivo.

Referências

AMERICAN COLLEGE OF SPORTS MEDICINE. Position stand on the recommended quantity and quality of exercise for developing and maintaining cardio respiratory and muscular fitness in healthy adults. **Medicine & sciense in sports & exercise**, 1990; 22:265-274.

_____. Position stand on progression models in resistance training for healthy adults. **Medicine & science in sports & exercise**, 2002; 34:364-80.

ATHA, J. Strengthening muscle. In: **Exercise and Sports Science Review**. D. I. Miller ed. Philadelphia: Frank-Lin Institute Press. 1981; 9:1-73.

BAKER, D.; WILSON, G.; CARLYON, R. Periodization: The effect on strength of manipulating volume and intensity. **Journal of Strength and Conditioning Research**, 1994; 8:235-42.

BOMPA, T. O. **Periodization**: theory and methodology of training. Nova York: Human Kinetics.

_____. Variations of periodization os strength. **National strength and conditional association**. 1996.

BROWN, L. Nonlinear versus Linear periodization models. **National strength and conditional association**. 2001; 23:42-4.

FLECK, S. J.; KRAEMER, W. J. The Overtraining Sindrome. **National strength and conditional association**, 1982; 4:50-1.

_____. Designing Resistance Training Programs. 1997; 2:1-275.

_____. Periodized strength training: A critical review. **Journal of Strength and Conditioning Research**, 1999; 13:82-9.

HERRICK, A. B.; STONE, W. J. The effects of periodization versus progressive resistance exercise on upper and lower Body strength in women. **Journal of Strength and Conditioning Research**, 1996; 10:72-6.

KRAEMER, W. J.; PATTON, J. F.; GORDON, S. E.; HARMON, E. A.; DESCHENES, R. U.; REYNOLDS, K.; NEWTON, R. U.; TRIPLETT, N. T.; DZIADOS, J. E. Compatibility of high strength and endurance training on hormonal and skeletal muscle adaptations. **Journal of Applied Physiology**, 1995; 78:976-89.

_____ et al. Physiological changes with periodized resistance training in women tennis players. **Medicine & sciense in sports & exercise**, 2003; 35:157-68.

_____; Ratamess, N. A. Fundamentals of Resistence Training: Progression and Prescription. **Medicine & science in sports & exercise**, 2004; 36:674-88.

_____; Bradley, C. N.; Ratamess, N. A.; Gotshalk, L. A.; Volek, J. S.; Fleck, S. J.; Newton, R. U.; Hakkinen, K. Changes in muscle hypertrophy in women with periodized resistance training. **Medicine & sciense in sports & exercise**, 2004; 36:697-708.

Matveyev, L. P. **Periodization of Sports Training**. Moscow: Fisicultur i Sport, 1966.

O'Bryant, H. S.; Byrd, R.; Stone, M. H. Cycle ergometer performance and maximum leg and hip strength adaptations to two different methods of weight training. **Journal of Applied Sports and Science Research**, 1988; 2:27-30.

Pedemole, J. Update acquisitions about training periodization: Part one. **National strength and conditional association**, 1982.

Plisk, S. S.; Stone, M. H. Periodization Strategies. **National strength and conditional association**, 2003; 25:19-37.

Poliquin, C. Five ways to increase the effectiveness of your strength training program. **National strength and conditional association**, 1988; 10:34-9.

Rhea, M. R.; Phillips, W. T.; Lee, N. B.; Stone, J. W.; Ball, D. S.; Alvar, B. A.; And Thomas, A. B. A comparison of linear and daily undulating periodized programs with equated volume and intensity for local muscular endurance **Journal of Strength and Conditioning Research**, 2003; 17:82-7.

_____; Ball, S. W.; Phillips, W. T. And Burkett, L. N. A comparison of linear and daily undulating periodized programs with equal volume and intensity for strength. **Journal of Strength and Conditioning Research**, 2002; 16:250-5.

_____; Alederman, B. L. A meta-analysis of periodized versus nonperiodized strength and power training programs. **Research Quarterly for Exercise and Sport**, 2004; 75:413-22.

Sayle, H. **Stress without Distress**. New York, 1974.

Schoitz. M. K.; Potteiger, J. A.; Huntsinger, P. G. And Col. The short-term effects of Periodized and constant-intensity training on Body Composition, strength and performance. **Journal of Strength and Conditioning Research**, 1998; 1 2:173-8.

Stone, M. H.; O'Bryant, H. S.; Garhammer, J. A hypotetical model for strength training. **Journal of Sports Medicine and Physical Fitness**. 1981; 21:342-51.

_____. Schilling, B. K. And Johnson, R. L. Periodization: Effects of manipulating volume and intensity. part 1. **National strength and conditional association**, 1999; 21:56-62.

_____; Potteiger, J. A.; Pierce, K. C.; Proulx, C. M.; O'Bryant, H. S.; Johson, R. L.; Stone, M. E. Comparison of the effects of three different weigth-training programs on the one repetition maximum squat. **Journal of Strength and Conditioning Research**, 2000; 14:332-7.

Tan, B. Manipulating Resistance training programs variables to optimize maximum strength in men. **Journal of Strength and Conditioning Research**, 1999; 12:289-304.

Willoughby, D. S. The effects of mesocycle-length weigth training programs involving periodization and partially equated volumes on upper and lower body strength. **Journal of Strength and Conditioning Research**, 1993; 7:2-8.

Capítulo 9
Treinamento concorrente: força e resistência

Adriana Leite Pinto de Gouveia Lemos/Roberto Fares Simão Júnior/
Jefferson da Silva Novaes

Exercícios aeróbicos ou de resistência referem-se às contrações dinâmicas de grupos musculares grandes em tensões relativamente baixas, na presença de oxigênio suficiente para permitir a continuidade do exercício por vários minutos ou mais (Frontera et al., 2001).

O treinamento aeróbico ou cardiorrespiratório propicia a melhora da capacidade da circulação central no fornecimento de oxigênio, assim como o melhor aproveitamento do oxigênio pelos músculos ativados durante a execução do exercício (Wilmore e Costill, 2001). Nieman (1999) salienta que, durante um exercício aeróbico realizado por 30 a 45 minutos, a freqüência cardíaca aumenta aproximadamente três vezes mais que a freqüência de repouso, enquanto a quantidade de ar que entra nos pulmões é vinte vezes maior e o volume de sangue bombeado pelo coração aumenta. Tais alterações súbitas das funções orgânicas provocadas pelo exercício são denominadas respostas agudas ao exercício e desaparecem logo após o seu término, ou seja, para que tais adaptações se tornem crônicas, o exercício precisa ser continuado e sistematizado. A magnitude das alterações crônicas e seus benefícios dependem exclusivamente da quantidade e da intensidade do exercício, bem como da condição física inicial do praticante (Nieman, 1999).

Uma adaptação importante ao treinamento aeróbico ou de resistência é o aumento da potência aeróbica máxima (VO_2máx), que é definido como a taxa mais alta de consumo de oxigênio alcançável durante o exercício máximo. O aumento nos volumes respiratórios acompanha o aumento do VO_2. Como conseqüência, aumentam o volume corrente e a freqüência respiratória, proporcionando ventilação máxima mais alta e maior eficiência respiratória, significando mais oxigênio disponível para os músculos ativos (Frontera et al., 2001).

Outras adaptações fisiológicas importantes do treinamento aeróbico são descritas por Frontera et al. (2001):

- Aumento do conteúdo de mioglobinas;
- Aumento da capacidade de oxidação dos carboidratos e gorduras;
- Aumento das reservas de ATP-CP por meio da fosforilação oxidativa;
- Aumento da capacidade glicolítica;
- Aumento do volume de ejeção sistólica ou débito sistólico pelo aumento da cavidade ventricular;
- Diminuição da gordura corporal, preservando o tecido magro do corpo;
- Redução dos níveis sangüíneos de colesterol e triglicerídeos;
- Redução da pressão arterial em repouso e durante o exercício.

9.1 Treinamento aeróbico contínuo

O treinamento contínuo baseia-se nos exercícios tipicamente aeróbicos, também chamados de exercícios cíclicos, cuja duração é prolongada com intensidade baixa, moderada ou alta (50% a 85% do $VO_2máx$) em ritmo cadenciado, provocando melhora no transporte de oxigênio até o nível celular, desenvolvendo a resistência aeróbica. Tal treinamento geralmente é aplicado abaixo do limiar anaeróbico, evitando a produção excessiva de ácido lático. Propicia um relativo conforto em sua realização, pela instalação do estado de equilíbrio (*steady-state*), tornando-se particularmente adequado para iniciantes em atividades físicas ou para os que almejam reduzir gordura corpórea por meio de considerável gasto energético (Wilmore e Costill, 2001).

Segundo o ACSM (1998), o treinamento contínuo pode variar de 20 a 60 minutos, dependendo dos objetivos. Embora haja evidências de modificações respiratórias nas sessões de curta duração (cinco a dez minutos), estas são significativamente inferiores aos efeitos produzidos pelas sessões de treinamento com maior duração, principalmente para os programas com trabalho de emagrecimento (Monteiro, 1998).

Mantendo-se a freqüência cardíaca a aproximadamente 70% da máxima, o exercício aeróbico pode ser considerado suficientemente intenso para estimular efeitos salutares positivos em indivíduos aptos, não devendo ser, porém, extenuante, pois quando muito prolongado o treinamento pode resultar na síndrome de supertreinamento ou fadiga, afastando o praticante do treinamento por tempo considerável. Bastam sessões com 30 minutos de duração para que os indivíduos adultos aprimorem sua aptidão cardiorrespiratória (Wilmore e Costill, 2001).

9.2 Treinamento intervalado

O treinamento intervalado consiste na aplicação repetida de exercícios e períodos de descanso, de modo alternado. Sua prescrição fundamenta-se em intensidade e tempo de duração dos exercícios, menor volume e maior intensidade, intervalos de recuperação, quantidade de repetições do intervalo exercício-recuperação e freqüência de treinamento por semana (Wilmore e Costill, 2001).

O treinamento conduzido de forma intervalada permite o trabalho com altos percentuais de $VO_2máx$ e maior sustentação do estímulo do que em atividades contínuas semelhantes, apesar de não serem mantidos estados de equilíbrio duradouros (Monteiro, 1998).

É um método muito utilizado com o objetivo de aumentar a capacidade de captação de oxigênio pelos músculos trabalhados, pois, em comparação ao treinamento contínuo, proporciona menor grau de fadiga pela maior atuação da via energética de sistema ATP-CP e, conseqüentemente, menor produção de ácido lático. Isso se deve aos intervalos de descanso, que, após cada exercício interrompido, reabastecem pelo sistema aeróbico as cotas de ATP-CP esgotadas no período dos exercícios, compensando parte do débito de oxigênio e colocando novamente o ATP-CP como fonte geradora de energia (Monteiro, 1998). Em outras palavras, a fadiga produzida pelo trabalho intermitente converte-se em intensidade de trabalho, possibilitando a melhora da capacidade energética dos músculos ativados (Monteiro, 1998).

No trabalho intervalado, o volume sistólico é mais alto não só nos períodos de exercícios, mas principalmente nas fases de repouso. Como há muitos intervalos de repouso, o volume sistólico alcança níveis altos por muitas vezes, ao contrário do que acontece no trabalho contínuo, alcançando apenas uma vez. Assim, as repetidas elevações do volume sistólico no treinamento intervalado fazem aumentar o nível do volume sistólico máximo e, conseqüentemente, aprimoram a capacidade do sistema de oxigênio (Frontera et al., 2001).

Para garantir o aperfeiçoamento do volume sistólico máximo, os exercícios intermitentes devem ser suficientemente prolongados e com intensidade adequada, sendo os intervalos mais curtos, impedindo assim o acúmulo excessivo de ácido lático no sangue (Frontera et al., 2001).

A duração do esforço deve ser inversamente proporcional à sua intensidade, devendo os estímulos mais intensos ser aplicados em curtos intervalos de tempo e vice-versa. No trabalho intermitente, as repetições variam em função do sistema energético trabalhado, repetindo-se em maior número os estímulos anaeróbicos em relação aos estímulos aeróbicos (Monteiro, 1998).

A forma intervalada é um método que não deve ser aplicado isoladamente. Mesclar o treinamento contínuo e o intervalado, ajustando aos níveis de condicionamento individual, é uma boa forma de melhorar a aptidão cardiorrespiratória (Monteiro, 1998).

9.3 Prescrição de exercícios para idosos

Os benefícios do treinamento de força para idosos estão associados à melhora da saúde e progressos nas capacidades funcionais (Fleck e Kraemer, 2006). Já em relação ao treinamento aeróbico, é importante ressaltar que a melhora percentual e os progressos no VO_2máx em pessoas idosas é comparável àquela relatada na população mais jovem (ACSM, 2003).

Uma série de fatores contribui potencialmente para a perda de força e potência com o avanço da idade, entre eles, as mudanças musculoesqueléticas senescentes, o acúmulo de doenças crônicas, hipotrofia por desuso, subnutrição e alterações no sistema nervoso (Fleck e Kraemer, 2006).

Assim, é muito importante que o idoso seja encorajado a praticar ao menos 30 minutos de exercícios físicos de intensidade moderada, preferencialmente todos os dias da semana. A modalidade de exercício deve ser a que não ofereça estresse ortopédico e seja acessível e agradável. Na programação, devem estar envolvidos treinos que envolvam força, resistência cardiorrespiratória e flexibilidade (ACSM, 2003).

Em relação à modalidade de treinamento aeróbico, a caminhada é uma excelente opção, capaz de promover benefícios adicionais, principalmente quando prescrita com maior volume e intensidade moderada a alta. Mas cabe ressaltar que iniciantes inativos devem respeitar a progressão do volume e a intensidade, em virtude da suscetibilidade ao risco de problemas cardiovasculares e musculoesqueléticos (ACSM, 2003).

No que se refere à aptidão muscular dos idosos, o treinamento de força tem um papel fundamental na melhora da qualidade de vida, pois previne a fragilidade muscular e promove maior segurança na mobilidade, grandes progressos na autonomia desse grupo. A freqüência do treino deve ser de pelo menos duas vezes semanais, quando deve ser completada pelo menos uma série de 10 a 15 repetições, em um total de 8 a 10 exercícios que envolvam 10 a 15 repetições (ACSM, 2003).

9.4 Influência do treinamento aeróbico no treinamento subseqüente de força

A discussão sobre a influência do treino aeróbico no desempenho da força subseqüente persiste há duas décadas. As lacunas encontradas na literatura são provenientes do uso de protocolos diferentes em cada estudo (Leveritt et al., 1999; Leveritt et al., 2003).

Muitos estudos não descrevem claramente os protocolos de treino, especialmente em relação à intensidade e ao volume de treinamento. Em adição, os modos de se exercitar, a duração do treinamento e a experiência de treinamento dos participantes têm variado de um estudo para outro, e a maioria destes têm buscado o efeito crônico do treinamento em uma estratégia "periodizada" (Docherty e Sporer, 2000).

Alguns estudos têm usado protocolos de treinamento de força isocinética (Dudley e Djamil, 1985; Abernethye Quigley, 1993; Nelson et al., 1990), enquanto outros têm empregado treinamento de força isoinercial (Hickson, 1980; Craig et al., 1991; Sale et al., 1990; McCarthy et al., 1995).

Outro ponto de divergência que promove resultados distintos é a natureza do treinamento aeróbico empregado: corrida (Craig et al., 1991), ciclismo (Dudley e Djamil, 1985; McCarthy et al., 1995; Nelson et al., 1991; Bentley et al., 2000; Lepers et al., 2000; Lepers et al., 2001; Leveritt et al., 2000), remo (Bell et al., 1991; Bell et al., 1997), arremesso (Abernethy e Quigley, 1993) e uma combinação de corrida e ciclismo (Hickson, 1980). Os diferentes tipos de treinamento adotados nos estudos citados promovem adaptações diferentes, principalmente quando o treinamento aeróbico empregado não envolve o mesmo agrupamento do treino de força subseqüente.

O primeiro estudo sobre o tema foi realizado por Hickson (1980), que demonstrou que o desenvolvimento da força dinâmica pode ser comprometido pelo desempenho concorrente do treino combinado de força e aeróbico. Tal estudo envolveu 25 indivíduos de ambos os sexos, que foram treinados durante dez semanas, divididos em três grupos – um deles realizava o treinamento de força, outro realizava aeróbico e força, enquanto o terceiro grupo realizava o treinamento combinado de ciclismo e corrida. Os resultados indicaram que, quando se adiciona o treinamento aeróbico ao treinamento de força, ocorre uma inibição no desenvolvimento da força. Tal fato foi evidenciado pelo aumento de 40% de 1 RM no agachamento no grupo de força, quando comparado ao grupo combinado, que apresentou aumento de apenas 25% de 1 RM. Nenhuma diferença foi encontrada nos ganhos da capacidade aeróbica. A partir de tais achados, outros estudos foram desenvolvidos com o intuito de observar os fenômenos envolvidos no treinamento concorrente.

A verificação mais consistente encontrada na literatura sobre treinamento concorrente é que aumentos na força e na potência durante o treinamento concorrente são reduzidos quando comparados com o treinamento de força isolado (Hickson, 1980; Kraemer et al., 1995; Hunter et al., 1987; Cromiack e Mulvaney, 1990). A falta de conclusões determinantes para tal discussão se associa a múltiplos fatores que podem influenciar no estímulo do exercício realizado previamente e nas respostas adaptativas do exercício subseqüente. Portanto, é difícil afirmar claramente sob quais condições a inibição da força ocorre, quando existem diferenças significativas nos projetos de estudos que envolvem o treinamento concorrente.

Em um posicionamento mais recente sobre a questão, Fleck e Kraemer (2006) enumeraram as principais conclusões a respeito do tema:

1. A alta intensidade de treinamento aplicada no treino aeróbico pode comprometer a força, especialmente em altas velocidades de ações musculares.
2. A capacidade de potência pode ser afetada tanto pelo desempenho do treinamento de força como pelo desempenho do treinamento aeróbico.
3. A alta intensidade do treino aeróbico pode afetar negativamente e de forma aguda o desempenho anaeróbico.
4. O aumento do consumo de oxigênio de pico não é comprometido por um pro-

grama de treinamento de força de alta intensidade.
5. O treinamento de força não afeta negativamente as capacidades de resistência aeróbica.
6. Os programas de treinamento de força e potência podem beneficiar os desempenhos de resistência aeróbica pela prevenção de lesões, pelo aumento do limiar de lactato e pela redução do tempo de contato com o solo durante a corrida.

Existem poucos dados disponíveis na literatura sobre o treinamento concorrente com mulheres e com indivíduos fisicamente ativos com experiência nas duas formas de treinamento. Ou seja, ainda há carência de informações sobre o tema, principalmente no que se refere à população idosa do gênero feminino (Fleck e Kraemer, 2006).

Sendo assim, o objetivo desta revisão é organizar de forma sistemática e categórica todos os trabalhos que abordam o referido tema, com o intuito de facilitar a percepção das lacunas existentes sobre a influência do treinamento aeróbico na força, além de evidenciar a carência de estudos que envolvam o treinamento concorrente com o grupo de idosos fisicamente ativos.

9.5 O efeito agudo do treinamento aeróbico no desempenho da força

Muitos estudos sobre o treinamento concorrente verificaram que o desenvolvimento da força é inibido durante o treinamento (Fleck e Kraemer, 2006). Tal inibição pode estar associada a uma série de fatores, entre eles a fadiga, que geralmente ocorre no músculo logo após atividades de alta intensidade (Davis e Fitts, 1998).

Craig et al. (1991) propuseram hipóteses agudas e crônicas para explicar por que as respostas de adaptação são prejudicadas durante o treinamento concorrente. A hipótese aguda é levantada por estudos que observaram uma diminuição na capacidade de produção de força do músculo esquelético após atividade aeróbica (Sporer e Wenger, 2003; Lepers et al., 2001; Bell et al., 2000; Bentley et al., 2000; Leveritt e Abernethy, 1999; Bell et al., 1997). Tal hipótese se baseia no pressuposto de que a atividade aeróbica realizada antes da força acarreta uma diminuição na capacidade do músculo em gerar tensão, um dos principais parâmetros responsáveis pela eficácia do treinamento de força (Aoki et al., 2003).

Os mecanismos fisiológicos responsáveis por produzir fadiga residual associada com a hipótese aguda parecem estar associados aos parâmetros de treino utilizados no exercício aeróbico prévio (Leveritt e Abernethy, 1999). Afinal, a natureza e extensão da fadiga muscular dependem claramente do tipo, da duração e da intensidade do exercício, da composição do tipo de fibra do músculo, do nível de forma física do indivíduo e de fatores ambientais. Assim, sugere-se que tal efeito inibitório encontrado de forma constante na literatura possa estar associado às atividades aeróbicas de longa duração (Lepers et al., 2000) e intensidade (Lepers et al., 2001; Bentley et al., 2000; Leveritt e Abernethy, 1999).

O exercício de alta intensidade envolve uma demanda de energia que excede a potência aeróbica máxima e, portanto, requer um nível alto de metabolismo anaeróbico. Conseqüentemente, os níveis de fosfato de alta energia, ATP e fosfocreatina (PC) decrescem, e os níveis de fosfato inorgânico (Pi), ADP, lactato e o íon H^+ aumentam quando a fadiga se desenvolve. Todas essas mudanças são possíveis agentes indutores da fadiga, e cada uma tem sido estudada amplamente (Leveritt e Abernethy, 1999).

Embora tais mecanismos ainda não tenham sido investigados sistematicamente, o efeito da fadiga residual é localizado para o músculo treinado concorrentemente (Leveritt e Abernethy, 1999) e costuma se apresentar como uma diminuição da força ou potência muscular em resposta a um esforço voluntário, levando a uma redução do desempenho (Davis e Fitts, 1998).

Outras possíveis causas periféricas de fadiga aguda podem ser atribuídas a um acúmulo de metabólitos (isto é, fosfato inorgânico, ácido lático, amônia) e um esgotamento de substratos de energia como ATP, fosfato de creatina e glicogênio muscular (Davis e Fitts, 1998), fatores capazes de provocar uma diminuição na capacidade de produzir tensão no treino de força subseqüente.

O que dificulta ainda mais uma conclusão sobre o tema é a variedade de protocolos que têm sido usados para desenvolver a força, pois estes têm variado no volume de treinamento (repetições), tipo de ação muscular, carga de treinamento, número de séries e duração dos programas (Bell et al., 1997; Kraemer et al., 1995; Hickson, 1980; Nelson et al., 1990; Hunter, 1987; Dudley e Djamil, 1985). As variações nos protocolos de treinamento, especialmente em relação à intensidade e ao volume, vão deduzir distintas adaptações neuromusculares. Sendo assim, pode-se considerar que a inibição da capacidade do músculo em produzir tensão pode estar associada à interação de fatores neurais, mecânicos e musculares (Chromiack e Mulvaney, 1990).

Alguns estudos sugerem que o desenvolvimento da força pode estar associado ao agrupamento muscular envolvido no treinamento aeróbico, pois se observou o efeito inibitório do treinamento aeróbico somente nos membros inferiores envolvidos no treinamento, o que não aconteceu com os membros superiores (Craig et al., 1991; Kraemer et al., 1995). Entretanto, Dolezal e Potteiger (1998) observaram um comprometimento do desenvolvimento da força na musculatura dos membros superiores, embora o treinamento concorrente tenha sido realizado com ênfase nos próprios membros superiores. Mas antes que qualquer conclusão possa ser considerada, são necessários mais estudos sobre o efeito que o treinamento concorrente tem no desenvolvimento da força na parte superior do corpo.

As diferenças metodológicas encontradas nos estudos que se referem ao treinamento concorrente devem ser organizadas e avaliadas, levando-se em consideração a modalidade de treinamento aeróbico utilizado e o histórico de treinamento dos indivíduos investigados.

Nos quadros seguintes, são apresentados os estudos aqui referenciados, organizados em função da verificação ou não da influência do treinamento aeróbico no desempenho da força.

Quadro 9.1 - Influência do treinamento aeróbico no treinamento de força subseqüente em adultos treinados

Autor	Treinamento	Resultados
Hickson (1980)	3 grupos: 25 indivíduos de ambos os sexos. (F) força / MI., 3 séries de 5 reps., cargas 80% de 1 RM. (A) aeróbico = ciclismo e corrida de alta intensidade. (AF) = aeróbico e força. 10 semanas de treinamento/5 x semana	Inibição da força no treino combinado. Verifica-se aumento de 44% de 1 RM no grupo de força e 25% no combinado. Nas primeiras 7 semanas, não houve diferença entre os grupos, só nas últimas semanas.
Hunter et al. (1987)	2 semanas/4 x semana (F): 3 séries 7 – 10 (A): 75% FC por 20-40 min (AF): dois treinos no mesmo dia	O grupo (AF) teve um aumento no alcance do salto vertical (Jump test). (F) e (A) obtiveram mesmos índices no teste de 1 RM no agachamento e no supino.
Dudley e Djamil (1985)	7 semanas/3 x semana. Grupo F: 2 séries de extensões do joelho (isocinético). Grupo A: bicicleta ergométrica. Intervalo. Turnos de 5x5 minutos/ 40%-60%VO_2máx. Grupo C: dias alternados F e A.	A análise dos dados sugere que a melhora observada no grupo F representa o dobro dos efeitos observados no grupo C.
Henessy & Watson (1994)	8 semanas/5 x semana ★ jogadores de rugby. (F): 70%-100% 1 RM - periodizado. (A): corrida 70% VO_2máx. (AF): dois treinos no mesmo dia 2 x semana (ordem não relatada).	Pequeno comprometimento da parte inferior do corpo. (F) melhorou 20 minutos no tempo de sprint e salto (Jump test). (AF) não houve aumento de tais medidas.
Kraemer et al. (1995)	12 semanas/diferentes rotinas de treino. (F): 3 x 10 RM. 5 x 5 RM. teste de 1 RM. (A) corrida 80%-100% VO_2máx. (teste de Wingate).	(AF) 1 RM foi inibido (AF) e (A) aumento no VO_2máx. (F) aumento de desempenho no Wingate.
Leveritt e Abernethy (1999)	Efeito agudo após aeróbico de alta intensidade. (F) Força: 3 séries no agachamento a 80% de 1 RM (isoinercial). (isocinético) 5 reps. de extensão do joelho com 5 velocidades de contração. (A) bicicleta ergométrica a 40 %-100% do VO_2 de pico.	Reduções significantes no número de repetições no agachamento. Reduções significantes na extensão isocinética.
Lepers et al. (2000)	Atletas de ciclismo 1. 30 min. Cicloergômetro a 80% da potência aeróbica máxima. (F) Pico de torque dos extensores do joelho. Concêntrico (12° e 240°) e isométrico a 60°.	Diminuição de 5% a 8% do pico de torque no concêntrico e de 9% a 13% no isométrico.

continua

continuação

Autor	Treinamento	Resultado
Leveritt et al. (2003)	6 semanas/3 x semana testes de 1 RM em isocinético, isométrico e isoinercial; VO$_2$máx., e Wingate. (F) Força: 8/6/4 reps. - agachamento 10/8/6 reps. - outros Pesos livres: agachamento, extensora supino, abdominais (isoinercial). (A) aeróbico – bicicleta ergométrica. 40%-100% VO$_2$máx. (AF) dois treinos	Os resultados do estudo sugerem que o efeito do treinamento aeróbico na força depende da variável observada. O tipo de treinamento e a interação entre ambos os tipos de treino podem minimizar o efeito produzido na força.
Häkkinen et al. (2003)	21 semanas - 17 indivíduos de ambos os sexos (F) Força (AF) Aeróbico + Força 2 x /semana Foram mensurados EMG, força isométrica máxima, velocidade de desenvolvimento da força. Cadeira extensora/1 RM	O treinamento combinado, mesmo em baixa freqüência, provoca interferência no desenvolvimento da força explosiva, mediada em parte por limitações na ativação neural do músculo treinado.
Sporer e Wenger (2003)	16 Homens – 2 grupos Cicloergômetro Aeróbico de alta intensidade – intervalado Aeróbico submáximo – contínuo Após o treino aeróbico, todos executavam 4 séries de supino e *leg press* – 75% de 1 RM, respeitando os períodos de recuperação de 4, 8 e 24 horas.	Após 4 e 8 horas, foi observada uma pequena diminuição do número de reps. no *leg press*. Nenhuma diferença foi observada em função do tipo de treinamento aeróbico. O efeito deletério só foi observado no agrupamento muscular envolvido no treinamento aeróbico.
Aoki et al. (2003)	Teste VO$_2$ pico + teste de 1 RM Suplementação de carboidrato (duplo cego). (F) Força: leg press 70% de 1 RM 2 séries de reps. máximas. (A) esteira rolante – 45 minutos 70% VO$_2$ pico	Uma sessão de *endurance* de intensidade moderada pode comprometer o desempenho do treino de força sobre o número de repetições. Hipótese aguda.

Nota: (A) aeróbico, (F) Força, (AF) aeróbico + força.

Observa-se que os modelos propostos para os estudos que envolvem o treinamento simultâneo de força e potência aeróbica têm se focalizado primariamente na manipulação da intensidade do treinamento e na variação de estímulos, demonstrando assim alguma interferência nos ganhos provenientes do treino. Mas cabe considerar que, no estudo de Hickson (1980), não houve periodização para os grupos de força e aeróbico, e foi utilizado um alto volume de treino, o que pode ter causado um sobretreinamento no grupo que realizou simultaneamente ambas as formas de treino.

Assim, uma das hipóteses sempre cogitada tem se referido ao excesso de treinamento, pois quando há aumento na intensidade de treinamento (resistência e VO$_2$máx no contexto de força e potência aeróbica, respectivamente), o volume (séries e repetições) naturalmente irá decrescer.

Dudley e Djamil (1985) supõem que o excesso de treinamento pode não ser responsável por diminuições no desenvolvimento da força associado com todos os estudos sobre o treinamento concorrente. O volume do treinamento de resistência nesse estudo foi de cinco sessões de 5 minutos em três dias por semana. O volume do treinamento de força foi de apenas duas sessões de 30 segundos em três dias alternados por semana. Sendo assim, é altamente improvável que o volume de treinamento envolvido nesse estudo seja excessivo o bastante para causar sobrecarga de treinamento no grupo do treinamento concorrente.

Outra observação interessante é que todos os estudos que incorporaram a corrida como modalidade do treinamento aeróbico têm demonstrado uma inibição no desenvolvimento da força (Hickson, 1980; Craig et al., 1991; Kraemer et al., 1995).

Quadro 9.2 - Estudos que não verificaram influência do treinamento aeróbico no treinamento de força subseqüente

Autor	Treinamento	Resultados
Sale et al. (1990)	22 semanas, 3 x semana 2 grupos: (F) e (AF) 6 séries de 15-20 reps. - *Leg press* 15 turnos de 3 min. 90%-100% VO_2máx. no ciclo ergômetro.	Não houve interferência no desenvolvimento da força.

Nelson et al. (1990)	20 semanas
	(F) 4 vezes/semana:
	   3 séries de 6 reps.
	   extensão e flexão de
	   joelhos em isocinético.
	
	(A) 4 vezes/semana, ciclismo.
	   Treinamento contínuo,
	   75%-85% FCmáx.
	   30-60 min
	(AF) treinamento conciliado
		(F) e (AF) obtiveram ganhos nos índices de VO_2máx. após a segunda metade do programa de treinamento.
		Não houve interferência na força.

Bell et al. (1991)	12 semanas, 3 x semana
	(F) circuito / equip. hidráulico.
	(AF) ergômetro de mão contínuo
	   40/50 min a 85%-90% FCmáx
	   + circuito (F)
		O treino do ergômetro de mão não interferiu na velocidade de execução dos exercícios de força.

Volpe et al. (1993)	9 semanas/3 x semana Teste de 1 RM aplicado de duas em duas semanas durante os treinos e após os treinos. ★ Mulheres Destreinadas (FA) Força + aeróbico *Leg press* e extensora (8-12 reps.)+ corrida na esteira 25 min.	Não houve interferência do treino aeróbico sobre os ganhos de força.

continua

continuação

Autor	Treinamento	Resultados
Abernethy & Quigley (1993)	7 semanas/3 dias por semana F: Extensão dos cotovelos *1 set* x 30 seg. (isocinético) A: Arremesso com 5 turnos de 5 min; 40%-100% VO_2 máx. C: Força e aeróbico em dias separados.	Sem interferências significativas no desenvolvimento da força.
McCarthy et al. (1995)	10 sem. de treinamento/3 x sem. (AF) Força e aeróbico mesmo dia em forma rotativa < 20 min entre modalidades. (F) 3 séries de 6 reps., 6 RM. (A) bicicleta ergom. contínua, 50 min, 70% FCmáx.	Aumento no 1 RM do agachamento e do supino, e no salto vertical (*jump test*), nos grupos AF e F. Aumento no VO_2 máx. nos grupos A e AF. A falta de interferência foi atribuída à freqüência reduzida do treino AF.
Bell et al. (1997)	16 semanas/3x semana. (F) força e (AF) aeróbico e força testes com intervalos de 4 sem. (F) 2-6 séries de 2-10 reps. 65% a 85% de 1 RM – *leg press* (A) ergômetro de mão contínuo e intervalado. (AF) dois treinos	Aumento no grupo masculino no *leg press* em relação ao feminino. (AF) e (F) Homens c/ aumento no cortisol após 3 semanas no grupo. Após as 8 semanas seguintes, o nível do cortisol do grupo F retornou ao nível inicial. Gêneros diferentes.
Gravelle e Blessing (2000)	11 semanas/3 x semana (F) força: 2-4 *sets*; 7 – 10 reps. (AF) remo ergômetro 25-45 min. 70% VO_2 máx. + força (FA) Força + remo ergômetro 25-45 min.; 70% VO_2 máx. Testes de 1 RM e VO_2 máx.	Aumento dos níveis de 1 RM nos grupos (F) = (AF) = (FA) Aumento do VO_2 máx em (F) = (FA) > AF.

Nota: (A) aeróbico, (F) Força, (AF) aeróbico + força.

No estudo de McCarthy et al. (1995), percebe-se uma forma de prescrição próxima da realidade, envolvendo três dias semanais durante 10 semanas. O grupo que treinou força realizava quatro séries de cinco a sete repetições para oito exercícios, e o grupo que envolvia o componente aeróbico consistia em 50 minutos de bicicleta ergométrica de forma contínua, a 70% da freqüência cardíaca de reserva. Outro grupo realizou o treino de forma combinada, e os resultados demonstraram a compatibilidade de ambas as formas de treinamento. Tais resultados podem estar associados à freqüência convencional adotada nos treinos e também ao nível de intensidade empregado.

Com base no conteúdo desta revisão, pode-se evidenciar que o treinamento concorrente de força e resistência inibe o desenvolvimento da força isoinercial quando comparado com o treinamento de força isolado. O mesmo se observa em investigações do treinamento concorrente que utilizaram equipamentos isocinéticos e apresentaram interferência no desenvolvimento da força na parte inferior do corpo a velocidades altas, mas não baixas de contração muscular (Leveritt et al., 1999).

Quadro 9.3 - Estudos que investigaram a influência do treinamento aeróbico no treinamento de força subseqüente em idosos

Autor	Treinamento	Resultados
Wood et al. (2000)	67 homens idosos (60 a 84 anos) 12 semanas/3 x semana (F) força 8 x 12 reps. Seqüência não revelada. (A) cicloergômetro ou caminhada, 60%-70% FC estimada. (AF) dois treinos (C) controle	Melhora no treinamento cardiovascular e na *performance* de 5 reps. máx. Decréscimo FC repouso Decréscimo DP Otimização do treinamento funcional.
Takeshima et al. (2004)	12 semanas/3 x semana Cicloergômetro 10 min aquecimento + 30 minutos a 70% VO_2 pico + programa de exercícios de força para MS e MI, em forma de circuito (equipamento hidráulico).	Os dois treinamentos integrados promovem a melhora do condicionamento cardiopulmonar. Otimização do treinamento funcional.
Izquierdo et al. (2004)	16 semanas/2 x semana 31 homens idosos (65 a 74 anos) (F) *leg press*, cadeira extensora, supino, voador, puxada no *pulley*, remada baixa, desenvolvimento, cadeira adutora e abdutora, em máquinas Tecknogym. (A) bicicleta ergométrica realizada de forma constante a 60 RPM por 30 a 40 minutos. (AF) mesmos protocolos utilizados acima, mas realizados 1 a cada dia.	Comparação dos efeitos do treinamento na massa muscular, na força e na potência dos músculos extensores do braço e da perna. Os resultados demonstram que o treino combinado promove ganhos similares em massa muscular, força máxima e potência aos obtidos com treino de força. Mas sugerem que, para ganho de potência, seria necessário maior volume de treino.

Nota: (A) aeróbico, (F) Força, (AF) aeróbico + força.

Nos quadros anteriores, observa-se a diversidade de protocolos de intervenção aplicados nos estudos que envolvem o treinamento concorrente. Tal conteúdo permite perceber a carência de informações sobre a influência aguda do treino aeróbico no desempenho da força em idosos não atletas.

Tal lacuna se evidencia na revisão de literatura que apontou apenas três estudos envolvendo indivíduos idosos (Wood et al., 2000; Takeshima et al., 2004; Izquierdo et al., 2004), e em ambos foram aplicados treinamentos de aproximadamente 12 semanas.

No estudo de Wood et al. (2000), foram selecionados 67 indivíduos que passaram pelos seguintes procedimentos de testes: 1) testes de forma física funcional; 2) teste de tolerância ao exercício aeróbico submáximo e 3) teste de força de cinco repetições máximas usando sete máquinas de resistência das marcas Med-X (Med-X Corp., Ocala, Flórida). Após esses testes, os participantes foram designados aleatoriamente aos grupos: 1) treinamento aeróbico; 2) treinamento de força; 3) combinado de força e aeróbico; 4) grupo controle. Subseqüentemente, os participantes treinaram três vezes por semana por um período de 12 semanas, após os quais os testes foram repetidos. A seqüência da série de força não foi revelada.

Izquierdo et al. (2004) compararam o efeito de 16 semanas de treinamento realizado em 2 dias semanais. Um dos grupos realizou o treino aeróbico, um outro grupo treinou força e o terceiro treinou força em um dia e no outro dia realizou o treino aeróbico em bicicleta ergométrica. O grupo que treinou força utilizou exercícios de resistência dinâmica, nos quais estavam incluídos *leg press*, cadeira extensora, supino, voador, puxada no *pulley*, remada baixa, desenvolvimento, cadeira adutora e abdutora. Todos os exercícios foram realizados em máquinas da Tecknogym.

Em nenhum dos três artigos foi considerado o efeito agudo, nem mesmo os diferentes objetivos que levam os idosos à adesão da prática de atividade física. O que foi observado foi o efeito crônico de um treinamento combinado aplicado com um objetivo comum a todos, que seria a melhora da qualidade de vida.

Cabe ressaltar que o modelo de prescrição adotado no estudo de Izquierdo et al. (2004) não é adequado para verificarmos o efeito de um treino sobre o outro, pois a realização de uma das formas de treinamento em um dia e a outra dois dias depois não pode ser comparada às prescrições tradicionais feitas para tal público. Portanto, é interessante observar que, com tal modelo de treino combinado, pôde-se alcançar um aumento da força máxima e da potência muscular. Mas o próprio autor evidencia que, para maior desenvolvimento de potência muscular, seria importante maior volume de treino; e ainda ressalta que essa forma de prescrição pode ser indicada para adaptação dos idosos ao treino, que envolve os dois tipos de treinamento.

Fórmulas únicas e modelos padrões têm se mostrado inadequados para manter esse público nas academias e clubes, por isso é bastante relevante verificar se a experiência da atividade física tem um significado positivo e se o programa proposto se adapta à realidade pessoal do praticante e suas necessidades (Okuma, 1998).

Sendo assim, o ideal será procurar balizar os estímulos do treinamento com ênfase nas expectativas do idoso (Okuma, 1998), nos propósitos de manutenção e desenvolvimento da força muscular e do condicionamento cardiopulmonar, no decorrer do processo de envelhecimento (ACSM, 2003). Afinal, a interferência do treinamento combinado no desenvolvimento da força pode não ser interessante para idosos, para os quais o desenvolvimento da força é de máxima importância.

Durante toda a presente revisão, feita com base na literatura concernente ao tema proposto, observa-se que, entre as diversas formas de intervenção encontradas, não há nenhuma que se assemelhe aos parâmetros de prescrição adotados para idosos fisicamente ativos, praticantes de academia.

Referências

Abernethy, P. J.; Quigley, B. M. Concurrent strength and endurance training of the elbow extensors. **Journal of Strength and Conditioning Research**, 1993; 7: 234-240.

American College Of Sports Medicine. Position stand on the recommended quantity and quality of exercise for developing and maintaining cardiorespiratory and muscular fitness, and flexibility in adults. **Medicine Science Sports Exercise**, 1998; 30:975-91.

_____. **Diretrizes do ACSM para os testes de esforço e sua prescrição**. Rio de Janeiro: Guanabara Koogan, 2003.

Aoki, M. S. et al. Suplementação de carboidrato não reverte o efeito deletério do exercício de endurance sobre o subseqüente desempenho de força. **Revista Brasileira de Medicina do Esporte**, 2003; 9:282-7.

BELL, G. J.; PETERSEN, S. R.; WESSEL, J.; BAGNALL, K.; QUINNEY, H. A. Physiological adaptations to concurrent endurance training and low velocity resistance training. **International Journal of Sports Medicine**, 1991; 12: 384-90.

_____; SYROTUIK, D.; SOCHA, T.; MACLEAN, I.; QUINNEY, H. A. Effects of strength training or concurrent strength and endurance training on strength, testosterone, and cortisol. **Journal of Strength and Conditioning Research**, 1997; 11:57-64.

_____ et al. Effect of concurrent strength and endurance training on skeletal muscle properties and hormone concentrations in humans. **European Journal Apply Physiology**, 2000; 17:393-401.

BENTLEY, D. J. et al. Muscle activation of the knee extensors following high intensity endurance exercise in cyclists. **European Journal Apply Physiology**, 2000; 81:297-302.

CHROMIACK, J. A.; MULVANEY, D. R. A. Review: The effects of combined strength and endurance training on strength development. **Journal Apply Sports Science Research**, 1990; 4:55-60.

CRAIG, B. W.; LUCAS, J.; POHLMAN, R. Effects of Running weightlifting and a combination of both on growth hormone release. **Journal Apply Sport Science**, 1991; 5:198-203.

DAVIS, M.; FITTS, R. H. **Mechanism of muscular fatigue.** Maryland: Willians & Wilkins, 1998.

DOCHERTY, D.; SPORER, B. A. Proposed model for examining the interference phenomenon between concurrent aerobic and strength training. **Sports Medicine**, 2000; 6:385-94.

DOLEZAL, B. A.; POTTEIGER, J. A. Concurrent resistance and endurance training influence basal metabolic rate in non dieting individuals. **Journal of Applied Physiology**, 1998; 85:695-700.

DUDLEY, G. A.; DJAMIL, R. Incompatibility of endurance and strength training modes of exercises. **Journal Apply Physiology**, 1985; 59:1.446–51.

FLECK, S. J.; KRAEMER, W. J. **Fundamentos do treinamento de força muscular.** Porto Alegre: ArtMed, 2006.

FRONTERA, W. R. et al. **Exercício físico e reabilitação**. Porto Alegre: ArtMed, 2001.

GRAVELLE, B. L.; BLESSING, D. L. Physiological adaptation in women concurrently training for strenght and endurance. **Journal of Strength and Conditioning Research**, 2000; 14:5-13.

HAKKINEN, K. et al. Neuromuscular adaptations during concurrent strength and endurance training versus strength training. **European Journal Apply Physiology**, 2003; 89:42-52.

HENNESSY, L. C.; WATSON, A. W. S. The interference effects of training for strength and endurance simultaneously. **Journal of Strength and Conditioning Research**, 1994; 8:12-9.

HICKSON, R. C. Interference of strength development by simultaneously training for strength and endurance. **European Journal Apply Physiology**, 1980; 45:255-63.

HUNTER, G. R.; SEELHORST, D.; SNYDER, S. Comparison of metabolic and heart rate responses to super slow vs. traditional resistance training. **Journal of Strength and Conditioning Research**, 2003; 17:76-81.

IZQUIERDO, M. et al. Once Weekly combined resistance and cardiovascular training in healthy older men. **Medicine Science Sports Exercise**, 2004; 36:435-43.

KRAEMER, W. J.; PATTON, J.; GORDON, S. E.; HARMAN, E. A.; DESCHENES, M. R.; REYNOLDS, K. et al. Compatibility of high–intensity strength and endurance training on hormonal and skeletal muscle adaptations. **Journal Apply Physiology**, 1995; 78:976-89.

LEPERS, R.; HAUSSWIRTH, C.; MAFFILETTI, N.; BRISSWALTER, J.; HOECKE, J. V. Evidence of neuromuscular fatigue after prolonged cycling exercise. **Medicine Science Sports Exercise**, 2000; 32:1.880-16.

_____. et al. Effect of cycling cadence and neural properties of knee extensors. **Medicine Science Sports Exercise**, 2001; 33:1.882-8.

LEVERITT, M.; ABERNETHY, P. Acute effects of high-intensity endurance exercise on subsequent resistance activity. **Journal of Strength and Conditioning Research**, 1999a; 131:47-51.

_____; BARRY, B. K.; LOGAN, P. A. Concurrent strength and endurance: a review. **Sports Medicine**, 1999b; 28:413-27.

_____; MACLAUGHLIN, H.; ABERNETHY, P. J. Changes in leg strength 8 and 32 hours after endurance exercise. **Journal Sports Science**, 2000; 18:865-79.

_____ et al. Concurrent strength and endurance training: The influence of dependent variable selection. **Journal of Strength and Conditioning Research**, 2003; 17:503-8.

McCarthy, J. P.; Agre, J.; Graf, B. Compatibility of adaptative responses with combining strength and endurance training. **Medicine Science Sports Exercise**, 1995; 27:429-36.

Monteiro, W. D. **Personal training -** Manual para avaliação e prescrição de condicionamento físico. Rio de Janeiro: Sprint, 1998.

Nelson, A. G. Consequences of combining strength and endurance Training regimes. **Physical Therapy**. 1990; 70:287-94.

Nieman, D. C. **Exercício e saúde**. São Paulo: Manole, 1999.

Okuma, S. S. **Investigando o significado da atividade física para o idoso:** o idoso e a atividade física. Campinas: Papirus, 1998.

Sale, D. G. Influence of exercise and training on motor unit activation. **Exercise Sport Science Review**, 1987; 15:100-5.

Sporer, B. C.; Wenger, H. A. Effects of aerobic exercise on strength performance following various periods of recovery. **Journal of Strength and Conditioning Research**, 2003; 7:638-44.

Takeshima, N.; Rogers, M. E.; Islam, M. M.; Yamauchi, T.; Watanabe E; Okada A. Effect of concurrent aerobic and resistance circuit exercise training on fitness in older adults. **European Apply Physiology**, 2004; 93: 173-82.

Volpe, S. L. et al. The effect of endurance running on training adaptations in women participating in weight lifting program. **Journal of Strength and Conditioning Research**, 1993; 7:101-7.

Wilmore, J. H.; Costill, D. L. **Fisiologia do esporte e do exercício**. São Paulo: Manole, 2001.

Wood, R. H.; Reyes, R.; Welsch, M. A.; Favaloro-Sabatier, J.; Sabatier, M.; Mathew, L. C.; Johnson, L. G.; Hooper, P. F. Concurrent cardiovascular and resistance training in healthy older adults. **Medicine Science Sports Exercise**, 2001;1.751-8.

Capítulo 10
Percepção subjetiva de esforço e exercícios resistidos

Andre Calil e Silva/Jorge Roberto Perrout de Lima/Belmiro Freitas de Salles/
Humberto Lameira Miranda/Jefferson da Silva Novaes

O conceito de esforço percebido emanou das primeiras formulações e estudos-piloto realizados por Borg e Dahlström, no final da década de 1950, com o objetivo de medir o esforço percebido em geral, a fadiga localizada e a falta de ar. Tal esforço está intimamente ligado à intensidade do exercício, pois é resultado da integração de sinais aferentes provenientes dos sistemas musculoesquelético, cardiovascular e pulmonar. Experiências como esforço, falta de ar, fadiga, dores nos músculos trabalhados e sensações de calor auxiliam no entendimento do conceito, obtido por meio de experiências pessoais, do senso comum e de estudos empíricos (Borg, 1982; 2000). A taxação do esforço percebido é um indicador válido e confiável para monitorar a tolerância de um indivíduo ao exercício. Usada com freqüência durante a realização de testes de esforço gradativo, correlaciona-se altamente com a freqüência cardíaca e a intensidade do exercício (ACSM, 2003).

Com o objetivo de estabelecer relações entre a percepção de esforço (PE) e os dados objetivos de carga externa, ou de estresse fisiológico, as escalas de esforço percebido foram criadas (Nakamura et al., 2005), pois, mesmo existindo uma definição para esforço percebido, é necessário mensurá-lo para que haja uma medida direta dele. Segundo Borg (2000), a PE torna-se mensurável quando ligada a um instrumento de mensuração, como as Escalas de Percepção de Esforço RPE ou CR-10 de Borg. Chen et al. (2002) afirmam, em uma metanálise sobre a Escala RPE de Borg, que esse é o instrumento mais comumente usado para medir a PE ou a intensidade do exercício. Além dessa, existem outras escalas que procuram mensurar o esforço percebido investigando sua relação com variáveis fisiológicas objetivas do exercício, como freqüência cardíaca (FC), $VO_2máx$, limiares ventilatórios e de lactato (Nakamura et al., 2005; Chen et al., 2005; Robertson et al., 2000, Robertson et al., 2001; Silva et al., 2005; Costa, et al., 2004; Buckley et al., 2000; Willians et al., 1994).

10.1 Escala de Borg e treinamento de força

Uma forma bastante utilizada para indicar a fadiga é a percepção subjetiva de esforço, conforme quantificada pela Escala de Borg (Gearhart et al., 2002; Lagally et al., 2004). A escala de Borg foi designada para padronizar a percepção subjetiva de esforço (Borg, 1982; Pfeiffer, 2004), e acredita-se que tem sido um dos melhores indicadores para medir o estresse físico (Pfeiffer, 2004). Porém, a percepção subjetiva de esforço (PSE) é comumente utilizada em atividades aeróbicas contínuas, mas alguns estudos já mostram que ela pode também ser utilizada para mensurar a intensidade em exercícios de força, principalmente em relação a um estresse muscular, ou seja, à fadiga periférica (Day et al., 2004; Lagally et al., 2002a; Lagally et al., 2004; Monteiro et al., 2005; Simão et al., 2002; Suminski et al., 1997; Sweet et al., 2004).

Sabe-se que o número de séries, o número de repetições, a velocidade de execução e a carga utilizada poderão ocasionar diferentes respostas quanto à intensidade do exercício. Supõe-se que pessoas adaptadas ao treinamento relatariam uma PSE elevada pela carga absoluta relativamente maior, enquanto indivíduos destreinados poderiam classificá-la como alta em virtude da falta de condicionamento específico para o exercício.

Alguns estudos já têm demonstrado relações entre a PSE e o exercício resistido (Gearhart et al., 2002; Lagally et al., 2002b; Lagally et al., 2004; Monteiro et al., 2005; Simão et al., 2005). Em estudo apresentado por Suminski (1997), foi usada a escala de percepção subjetiva de esforço para examinar a percepção do esforço no treinamento resistido. Participaram do estudo oito homens, com média de idade de 22 anos, que executaram um programa de treinamento em dois dias diferentes em duas intensidades distintas – 70% de 1 RM e 50% de 1 RM. O aumento na intensidade de 50% para 70% de 1 RM concedeu um aumento significativo do acúmulo de lactato e da percepção subjetiva de esforço. Isso confirmou a possibilidade de uso dessa escala em exercícios resistidos.

Comparando a PSE em diferentes intensidades, Gearhart et al. (2002) analisaram dez homens e dez mulheres em duas sessões de treinamento, que consistia em uma seqüência de sete exercícios. Em uma sessão, os participantes executavam cinco repetições a 90% de 1 RM e, na outra, 15 repetições à 30% de 1 RM. Os indivíduos eram indagados quanto à PSE ao final de cada série. Assim, como no estudo anterior, poucas repetições com cargas maiores (cinco repetições a 90% de 1 RM) foram relacionadas a uma maior PSE do que com um maior número de repetições em uma intensidade menor (15 repetições a 30% de 1 RM).

Já Lagally et al. (2004) verificaram a PSE em 14 mulheres no supino reto, com média de idade de 21 anos, em intensidades de 60% e 80% de uma repetição máxima (1 RM). As mulheres foram divididas em dois grupos: levantadoras de peso e mulheres que treinavam sem fins competitivos. Para verificar se o grau de esforço relatado após a execução do exercício condizia com a intensidade, utilizou-se a eletromiografia integrada. O estudo mostrou que, a 80% de 1 RM (carga maior), a PSE foi maior do que a 60% de 1 RM (carga menor) em ambos os grupos. Diferenças significativas não foram encontradas entre os dois grupos estudados na intensidade de esforço percebido, concluindo-se que essa escala pode ser usada em indivíduos treinados ou atletas.

Em estudo mais recente, Day et al. (2004) compararam a PSE em nove homens e dez mulheres em três diferentes intensidades de esforço: A) 4-5 repetições a 90% de 1 RM; B) 10 repetições a 70% de 1 RM; C) 15 repetições a 50% de 1 RM, em uma seqüência de cinco exercícios (agachamento, supino reto, extensão de pescoço, flexão de cotovelos e extensão de cotovelos), em que a PSE foi avaliada no final de cada série. Corroborando os estudos anteriores, verificou-se que os exercícios mais intensos, porém com menos repetições, foram os que obtiveram maiores níveis de PSE. Então, a PSE se mostrou A > B > C.

Em relação à PSE em diferentes seqüências de exercícios, analisada somente ao final do programa de treinamento, Simão et al. (2005) investigaram 18 indivíduos (14 homens) treinados. Os indivíduos executaram, em dois dias, duas seqüências de cinco exercícios, em que a segunda seqüência (os agrupamentos menores eram seguidos dos maiores) tinha a ordem de exercícios invertida em relação à primeira (os agrupamentos maiores eram seguidos dos menores). Eram realizadas três séries de dez repetições máximas em cada exercício, e um tempo de intervalo de dois minutos foi fixado. Não foram encontradas diferenças estatísticas entre a PSE ao final das duas seqüências de treinamento. Uma limitação que esse estudo apresentou foi o fato da percepção subjetiva de esforço ter sido avaliada apenas no final do programa de treinamento, o que pode confundir o indivíduo, em decorrência de uma maior fadiga central. Em outro estudo (Simão et al., 2002), 23 mulheres treinadas executaram duas seqüências de seis exercícios, em que a seqüência A começava por agrupamentos de membros superiores e terminava com os agrupamentos de membros inferiores, e na seqüência B a ordem era invertida. Os indivíduos executaram, em dois dias, três séries com dois minutos de intervalo e executadas repetições até a exaustão com 80% de 1 RM nas seqüências A e B. A PSE foi significativamente maior na seqüência A quando comparada à seqüência B. Possivelmente, o fato de os agrupamentos musculares de membro inferior serem musculaturas mais volumosas do que as de membro superior e estarem ao final da seqüência A pode ter influenciado para uma percepção subjetiva de esforço mais intensa.

Monteiro et al. (2005) investigaram, em 12 mulheres treinadas e com média de idade de 22 anos, a influência de duas diferentes ordens de três exercícios resistidos para membros superiores na PSE. Na seqüência A, a ordem dos exercícios era supino horizontal, desenvolvimento em pé e tríceps no *pulley*. Na seqüência B, essa ordem foi invertida. Nos dois primeiros dias, foram feitos teste e reteste para 10 RM nos exercícios. Em duas sessões de treinamento, foram feitas três séries de 10 repetições máximas, com dois minutos de intervalo entre as séries. Não foram encontradas diferenças significativas na PSE entre as séries. Novamente, o fato de as avaliações não terem sido feitas ao final de cada série pode ter comprometido as respostas da PSE.

10.2 Escala de Omni e treinamento de força

Robertson et al. (2000) apresentaram um tipo de escala para avaliação da PSE diferente de outras já conhecidas. A Escala Omni de Percepção de Esforço possui 11 categorias, que vão de 0 a 10 e contêm seis descritores verbais (âncoras verbais). Porém, sua diferença está na existência de quatro figuras descritivas para auxiliarem a interpretação do esforço (Fig. 10.1). A "sensação de esforço" sugerida por cada descritor visual é consoante com o seu correspondente verbal.

Segundo os autores, a investigação foi motivada pelo crescente interesse clínico e experimental em mensurar a PE de crianças e adolescentes. Crianças têm dificuldade de interpretação exata dos descritores verbais das escalas que são utilizadas em adultos, pois essas escalas não possuem uma semântica consoante com o vocabulário infantil. Assim, criou-se uma escala de PE voltada para esse grupo (Robertson et al., 2000). Uma das preocupações no desenvolvimento da escala foi o fato de que um formato único poderia ser usado por crianças de ambos os sexos e de origens multirraciais; por isso o nome Omni, contração contemporânea da palavra *omnibus*, utilizado para fornecer à escala uma propriedade abrangente (Robertson et al., 2001).

A partir da validação da primeira Escala Omni (Robertson et al., 2000), outras foram criadas e validadas, porém apenas Robertson et al. (2000) e Costa et al. (2002) validaram escalas que possuem descritores verbais e visuais específicos para a atividade que se propõem a medir. Além disso, as expressões das âncoras são voltadas não só para a atividade específica (ciclismo, caminhada/corrida, exercício contra resistência), mas também para a população-alvo. Desse modo, um total de sete escalas foram desenvolvidas e validadas entre os anos de 2000 e 2005: Escala Omni de Percepção de Esforço para crianças em cicloergômetro (Robertson et al., 2000); crianças caminhando/correndo (Utter et al., 2002); adultos praticando exercício contra resistência (Robertson et al., 2003); adultos caminhando/correndo (Utter et al., 2004); adultos em cicloergômetro (Robertson et al., 2004); crianças praticando exercício contra resistência (Robertson et al., 2005) e crianças em movimento de subir escada (Robertson et al., 2005).

Utilizou-se, para a elaboração do texto, a divisão das escalas em dois grupos. O primeiro, com as escalas voltadas para mensurar o esforço de exercícios aeróbicos, e o segundo, para exercícios contra resistência. Uma segunda divisão foi feita dentro desses dois grupos, baseada na especificidade do ergômetro utilizado (cicloergômetro, esteira, *step*-ergômetro) e na faixa etária amostral.

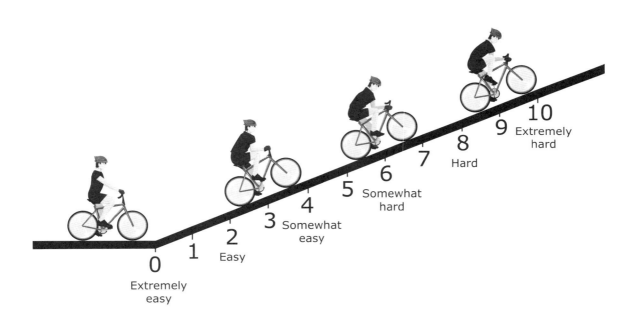

FIGURA 10.1 - Escala Omni de Percepção de Esforço para crianças em cicloergômetro.
FONTE: Robertson et al. (2000).

10.3 Escala Omni para exercício contra resistência em adultos

A primeira Escala Omni criada para avaliar a PE durante exercícios contra resistência foi validada por Robertson et al. (2003). Inspirada na estrutura da Omni-RES, essa escala utiliza imagens de um indivíduo elevando uma barra com pesos, que ficam mais intensos à medida que as imagens se distribuem ao longo da escala. Há uma diferença também na linguagem, que, além de estar voltada para a população adulta, apresenta os descritores verbais inéditos em relação a todas as outras escalas: eles são voltados especificamente para o tipo de atividade (Figura 10.2). Porém, as correspondências entre os descritores verbais e visuais continuam com a mesma distribuição das outras escalas.

Robertson et al. (2003) examinaram a validade concorrente da Escala Omni de Percepção de Esforço para exercício contra resistência em adultos (Omni-RES) durante exercícios isotônicos para membros superiores e inferiores, executados por jovens adultos do sexo masculino e feminino. O estudo examinou a sensibilidade da Omni-RES para medir a PE diferenciada, oriunda dos grupos musculares ativos, e a PE total quando o total de peso levantado (volume) aumentasse entre os *sets*. A hipótese era que, para ambos os sexos, a PE para o músculo ativo e a PE total demonstrariam uma correlação positiva com o volume total de peso levantado e lactato, estabelecendo a validação concorrente da escala. Além disso, a PE para o músculo trabalhado seria mais intensa do que a PE total durante cada *set* dos exercícios para os dois grupos.

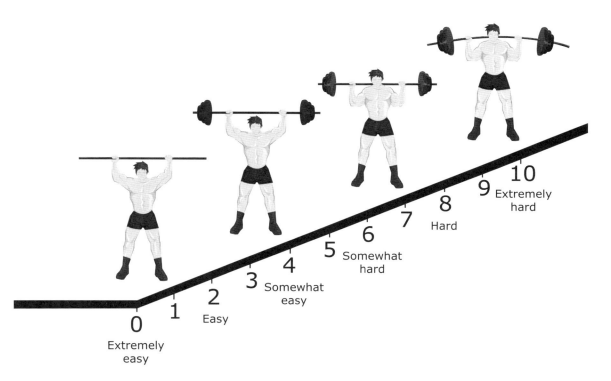

Figura 10.2 - Escala Omni de Percepção de Esforço para exercício contra resistência em adultos.
Fonte: Robertson et al. (2005)

Quarenta adultos de 18 a 30 anos foram divididos em dois grupos de 20 homens e 20 mulheres. Os músculos trabalhados foram bíceps, para membro superior, e quadríceps, para membro inferior. A investigação foi composta por uma orientação e três testes experimentais. Um *set* para o bíceps braquial e para o quadríceps foi executado em cada teste experimental. O lactato sangüíneo foi coletado, após o exercício para o bíceps braquial em 50% da amostra (n = 10 homens e n = 10 mulheres), para ser utilizado como variável na validação concorrente, juntamente com a carga (peso total) utilizada. Os participantes executaram três *sets* de 4, 8 e 12 repetições, a 65% de uma repetição máxima (1 RM). A PE para os músculos ativos foi registrada no final da fase concêntrica da repetição feita no meio e no final do *set*. Já a PE total foi registrada imediatamente após o registro da PE para o músculo trabalhado no final de cada *set*.

O resultado da função, que expressou a PE como função do aumento do volume de peso levantado, obteve para o grupo feminino um coeficiente de regressão linear positiva ($p < 0,01$) entre o volume total de peso levantado e a PE para o músculo ativo no meio do *set* de $r = 0,89$ para o bíceps braquial e $r = 0,81$ para o quadríceps. Para a PE, no final da série, obteve-se um $r = 0,89$ para o bíceps braquial e $r = 0,79$ para o quadríceps. Já para a PE total, foi encontrado um $r = 0,87$ para o bíceps braquial e $r = 0,86$ para o quadríceps. No grupo masculino, resultados semelhantes foram encontrados. O coeficiente linear positivo ($p < 0,01$) entre o volume total de peso levantado e a PE do músculo trabalhado no meio da série para o bíceps braquial foi de $r = 0,88$ e para o quadríceps de $r = 0,85$. A PE, no final da série, para o bíceps braquial foi de $r = 0,91$ e para o quadríceps, de $r = 0,87$. A PE total para o bíceps braquial foi de $r = 0,89$ e $r = 0,87$ para o quadríceps. Para os dois grupos, a PE resultou em 3.6 para 8.2 (bíceps braquial) e 5.1 para 9.6 (quadríceps), enquanto a PE total 2.4 para 6.7 e 4.2 para 7.6 respectivamente.

Uma regressão linear positiva ($r = 0,79$ a $0,91$, $p < 0,01$) foi detectada entre o volume total e a PE para o músculo ativo (meio e final do *set*) e PE total para bíceps e quadríceps nos dois grupos. Esse tipo de relação foi detectado também entre o lactato e a PE para o bíceps (final do *set*) ($r = 0,87$, $p < 0,01$). Não houve diferença na PE medida durante os exercícios entre os grupos. A PE para o músculo trabalhado (final do *set*) foi maior do que a PE total nos três *sets*, tanto para bíceps quanto para quadríceps.

Esses resultados forneceram uma validação concorrente da Omni – RES para mensurar a percepção de esforço total e do músculo em atividade de jovens praticantes de treinamento recreacional com pesos, para membros superiores e inferiores, de ambos os sexos.

Boer et al. (2003) testaram se a PE, a FC e a concentração de lactato [la] são influenciadas quando uma sessão de treino é realizada na mesma intensidade absoluta, mas em diferentes intensidades relativas. Vinte e um homens ($21 \pm 2,1$ anos) completaram três sessões de exercícios contra resistência com intensidades de 40%, 60% e 80% de 1 RM. Obtiveram-se respostas para Omni-RES de $3,7 \pm 0,11$ para 40 %; $5,3 \pm 0,11$ para 60%; e $7,2 \pm 0,11$ para 80% de 1 RM. Respectivamente, para FC obteve-se $115 \pm 1,47$; $127 \pm 1,47$; e $142 \pm 1,47$ bpm. E para a concentração de lactato: $6,2 \pm 1,11$ mmol/dl; $7,9 \pm 1,11$ mmol/dl; e $8,9 \pm 1,11$ mmol/dl, para 40%, 60% e 80% de 1 RM. Os autores concluem que a Omni-RES é uma escala válida e que a PE, a FC e a concentração de lactato [la] dela derivadas aumentam como uma função da intensidade.

Os resultados dessas pesquisas indicam um bom nível de aplicabilidade dessa escala no treinamento contra resistência. Ela demonstra uma forte relação com as variáveis ligadas ao treinamento (FC, PE e LA). Porém, mais estudos com diferentes grupos musculares e intensidades são necessários para testar a fidedignidade e a reprodutibilidade do instrumento. Recomenda-se uma investigação entre os testes de predição da carga de trabalho e a PE derivada dessa escala. Se positiva a relação entre essas duas variáveis, a prescrição pode ser feita por meio da PE derivada da Omni-RES.

Quanto à validação por construto, Lagally et al. (2006) examinaram a escala Omni-RES em correlação a escala Borg 15-category RPE. Quarenta indivíduos (vinte homens e vinte mulheres) executaram uma repetição do exercício de extensão de joelho a 40%, 50%, 60%, 70%, 80% e 90% de 1 RM. As avaliações globais de esforço percebido (PE) e do músculo em atividade foram coletadas por meio da escala Borg 15-category RPE e da Omni-RES, imediatamente depois de cada repetição. A validação por construto foi estabelecida pela correlação entre a PE da Omni-RES com a PE da escala Borg, usando análise de regressão.

Os resultados indicaram uma relação positiva e linear entre PE do Omni-RES e PE da escala Borg para homens e mulheres. Os coeficientes de correlação variaram de r = 0,94 para 0,97. O alto nível de correlação indica que o Omni-RES mede as mesmas propriedades de esforço que a escala Borg durante o exercício de resistência e sugerem que as duas escalas são válidas para monitorar e prescrever a intensidade de exercício de resistência. A falta de diferenciação de sexo indica que qualquer uma das duas escalas pode ser aplicada da mesma forma para homens e mulheres, sendo sugerido que uma única escala seja selecionada e usada constantemente ao longo do programa de treinamento.

Mais recentemente, Duncan et al. (2006) fizeram um estudo com o objetivo de examinar a relação entre o esforço percebido e a atividade eletromiográfica (EMG) durante o exercício Extensão de joelhos por meio da escala Omni-RES. Vinte indivíduos (10 homens e 10 mulheres, 22,2 ± 31,1 anos) executaram uma repetição do exercício de extensão de joelho a 30%, 60% e 90% de 1 RM. Foram avaliadas a atividade eletromiográfica (EMG) e as respostas de Omni-RES para o quadríceps e também de forma global, imediatamente após cada intensidade utilizada. Os resultados obtidos demonstraram que a Omni-RES para o quadríceps se apresentou mais alta que a Omni-RES global em todas as repetições, tendo as duas aumentado proporcionalmente à intensidade. A atividade EMG aumentou com a intensidade de exercício em todo agrupamento muscular (p <0.01), sendo também essa atividade significativamente relacionada à Omni-RES no quadríceps e global (todo p <0.01).

10.4 Escala Omni para exercício contra resistência em crianças

A outra Escala Omni voltada para exercícios contra resistência foi validada por Robertson et al. (2005). A diferença básica entre a Omni-RES e a Omni-Res-Criança está nos descritores visuais, visto que os descritores verbais são idênticos. Além de retratarem crianças executando um exercício com peso, este é feito de forma unilateral (Fig. 10.3). O mesmo paradigma utilizado por Robertson et al. (2003) já descrito foi aplicado para estabelecer a validação concorrente dessa escala. Foi esperado que a Omni-Res-Criança fosse válida para amostras separadas de crianças do sexo masculino e feminino. A investigação preocupou-se, também, em examinar a sensibilidade da escala estudada para diferenciar a PE derivada do grupo muscular ativo e da PE total, enquanto o volume total de peso levantado aumenta por meio de uma seqüência de *sets* de exercícios isotônicos para membros superiores e inferiores. Entre as hipóteses testadas, esperou-se que, para os dois grupos, a PE do músculo ativo e a PE total demonstrassem uma correlação positiva com o volume total de peso levantado. Assim, a validação concorrente estaria assegurada. Na segunda hipótese, esperou-se que a PE do músculo ativo fosse mais intensa do que a PE total durante cada *set* de exercício para os dois grupos.

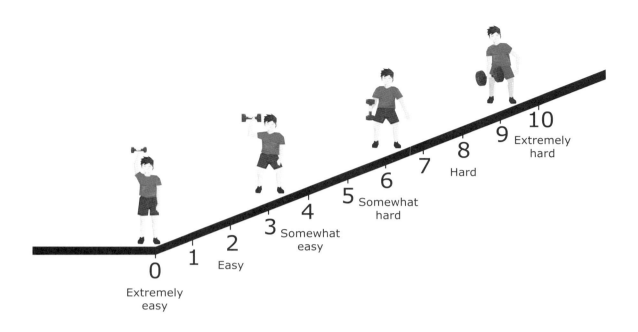

FIGURA 10.3 - Escala Omni de Percepção de Esforço para exercício contra resistência em crianças.
FONTE: Robertson et al. (2005)

Participaram do estudo 25 crianças do sexo feminino e 25 do sexo masculino. Tendo o modelo experimental se baseado no estudo de Robertson et al. (2003), foi realizado um teste de orientação seguido de três experimentais. Em cada teste, um único *set* foi realizado para os agrupamentos musculares trabalhados. Uma metade de cada grupo realizou primeiro o *set* para o bíceps e depois para o quadríceps, enquanto a ordem inversa foi seguida pela outra metade. O número de repetições em cada *set* para cada teste foi de 6, 10 e 14, e a carga utilizada foi de 50% de 1 RM. É importante destacar que os exercícios foram realizados unilateralmente. Por isso, no teste de orientação houve um momento para determinação do membro dominante para a execução do exercício. A PE para o músculo ativo foi estimada durante a fase concêntrica na repetição final de cada *set*. Já a PE total foi estimada imediatamente após a PE para o músculo ativo durante o final da repetição.

Para os resultados da validação concorrente, a análise de regressão linear revelou, para o grupo feminino, coeficiente de regressão linear positivo ($p < 0,01$) entre o volume total de peso levantado e a PE para o músculo ativo de $r = 0,88$ (bíceps) e $r = 0,72$ (quadríceps). Para a PE total, encontrou-se um $r = 0,87$ (bíceps) e $r = 0,80$ (quadríceps). No grupo masculino, os resultados foram semelhantes. Para a PE do grupo muscular ativo, encontrou-se um $r = 0,81$ (bíceps) e $r = 0,75$ (quadríceps), enquanto para a PE total o $r = 0,80$ (bíceps) e $r = 0,88$ (quadríceps) ($p < 0,01$). A PE não diferiu entre os grupos em nenhuma medida de cada *set* para os exercícios de bíceps e quadríceps. A PE para o músculo trabalhado foi maior do que a PE total em todos os *sets* de exercício para os dois grupos musculares ($p < 0,01$).

Na conclusão, os autores afirmam que os resultados fornecem a validação concorrente da Escala Omni de Percepção de Esforço para exercícios contra resistência em adulto para medir a PE total e do músculo ativo em crianças de 10 a 14 anos do sexo masculino e feminino durante um exercício isotônico contra resistência. Assim, como na escala anterior, estudos com diferentes grupos musculares seriam necessários para aumentar a generalização da escala. Além disso, sugere-se investigar a execução bilateral.

10.5 Conclusão

Esta revisão relatou os estudos voltados para as validações das Escalas Omni de Percepção de Esforço em exercícios contra resistência. As metodologias utilizadas, validação por construto e concorrente, demonstraram a forte relação entre as respostas obtidas para as Escalas Omni e as variáveis fisiológicas ligadas ao exercício, como FC, VO_2 e limiar anaeróbico. Além disso, ficou evidente a significativa correlação entre as respostas das Escalas Omni e a Escala de Borg. Talvez fosse de amplo interesse científico validar as escalas reportadas em diferentes países. Para isso, seria necessária uma tradução das âncoras verbais para a língua de origem do país em que fossem aplicadas as escalas. A partir daí, poder-se-ia estimar a real aplicação das escalas Omni em diversas etnias e culturas.

Referências

AMERICAN COLLEGE OF SPORTS MEDICINE. **Diretrizes do ACSM para os testes de esforço e sua prescrição** (6. ed.). Rio de Janeiro: Guanabara Koogan, 2003.

BOER, N. F.; ROBERTSON, R. J.; WILSON, M. T. Omni Scale Perceived Exertion, heart rate and lactate responses to three intensities of resistance exercise. **Medicine Science in Sports Exercise**, 2003; 5: Supplement 1, p. S294.

BORG, G. Psychophysical bases of perceived exertion. **Medicine Science Sports Exercise**, 1982; 14:377-81.

_____. **Escalas de Borg para a Dor e o Esforço Percebido.** São Paulo: Manole, 2000.

BUCKLEY, J. P.; ESTON, R. G.; SIM, J. Ratings of perceived exertion in braille: validity and reliability in production mode. **British Journal of Sports Medicine**, 2000; 34, 297–302.

CHEN, M. J.; FAN, X.; MOE, S. T. Criterion-related validity of the Borg ratings of perceived exertion scale in healthy individuals: a meta-analysis. **Journal of Sports Sciences**, 2002; 20:873-99.

COSTA, M. G.; DANTAS, E. H. M.; MARQUES, M. B.; NOVAES, J. S. Percepção subjetiva de esforço – Classificação do esforço percebido: proposta de utilização da escala de faces. **Fitness & Performance Journal**, 2004; 6:305-14.

DAY, M. L.; MCGUIGAN, M. R.; BRICE, G.; FOSTER, C. Monitoring exercise intensity during resistance training using the session RPE scale. **Journal of Strength and Conditioning Research**, 2004; 18:353-8.

DUNCAN, M. J.; AL-NAKEEB, Y.; SCURR, J. Perceived exertion is related to muscle activity during leg extension exercise. **Sports Medicine**, 2006; 14:179-89.

GEARHART, R. E.; GOSS, F. L.; LAGALLY, K. M.; JAKICIC, J. M.; GALLAGHER, J.; GALLAGER, K. I.; ROBERTSON, R. J. Ratings of perceived exertion in active muscle during high-intensity and low-intensity resistance exercise. **Journal of Strength and Conditioning Research,** 2002; 16:87-91.

LAGALLY, K. M.; ROBERTSON, R. J.; GALLAGHER, K. J.; GEARHART, R.; GOSS, F. L. Ratings of perceived exertion during low and high-intensity resistence exercise by young adults. **Perceptual and Motor Skills**, 2002a; 94:723-731.

_____; Jakicic, J. M.; Lephart, S. M.; Mccaw, S. T.; Goodpaster, B. Perceived exertion, electromyography, and blood lactate during acute bouts of resistance exercise. **Medicine Science Sports Exercise**, 2002b; 34:552-9.

_____; Mccaw, S. T.; Young, G. T.; Medema, H. C.; Thomas, D. Q. Ratings of perceived exertion and muscle activity during the bench press exercise in recreational and novice lifters. **Journal of Strength and Conditioning Research**, 2004; 18:359-64.

_____; Robertson, R. J. Construct validity of the OMNI resistance exercise scale. **Journal of Strength and Conditioning Research**, 2006; 20:252-6.

Monteiro, W.; Simão, R.; Farinatti, P. T. V. Manipulação na ordem dos exercícios e sua influência sobre número de repetições e percepção subjetiva de esforço em mulheres treinadas. **Revista Brasileira de Medicina do Esporte**, 2005; 11:146-50.

Nakamura, F. Y.; Gancedo, M. R.; Silva, L. A.; Lima, J. R. P.; Kokubun, E. Utilização do esforço percebido na determinação da velocidade crítica em corrida aquática. **Revista Brasileira de Medicina do Esporte**, 2005; 11(1).

Pfeiffer, K. A.; Pivarnik, J. M.; Womack, C. J.; Reeves, M. J.; Malina, R. M. Reability and validity of the Borg and OMNI rating of perceived exertion scales in adolelescent girls. **Medicine Science Sports Exercise**, 2004; 34:2.057-61.

Robertson, J. R.; Goss, F. L.; Boer, N. F.; Peoples, J. A.; Foreman, A. J.; Dabayebeh, I. M.; Millich, N. B.; Balasekaran, G.; Riechman, S. E.; Gallagher, J. D.; Thompkins, T. Children's OMNI Scale of Perceived Exertion: mixed gender and race validation. **Medicine Science in Sports Exercise**, 2000; 3:452-8.

_____; Gallagher, J. D.; Thompikins, T.; Bufalino, K.; Balasekaran, J.; Meckes, C.; Pintar, J.; Williams, A. OMNI scale perceived exertion at ventilatory breakpoint in children: response normalized. **Medicine Science in Sports Exercise**, 2001; 11:946-1.952.

_____; Rutkowski, J.; Lenz, B.; Dixon, C.; Timer, J. et al. Concurrent Validation of the OMNI Perceived Exertion Scale for Resistence Exercise. **Medicine Science in Sports Exercise**, 2003; 35(2):333-41.

_____; Dubé, J.; Rutkowski, J.; Dupan, M.; Brennan, C.; Andreacci, J. Validation of the Adult OMNI Scale of Perceived Exertion for Cycle Ergometer Exercise. **Medicine Science in Sports Exercise**, 2004; 1:102-8.

_____; Andreacci, J., Dubé, J; Rutkowski, J.; Snee, B. M.; Kowallis, R. A.; Crawford, K.; Aaron, D. J.; Metz, K. F. Validation of the Children's OMNI RPE Scale for Stepping Exercise. **Medicine Science in Sports Exercise**, 2005; 2:290-8.

_____; Aaron, D. J.; Tessmer, K. A.; Gairola, A.; Ghigiarelli, J. J. et al. Observation of perceived exertion in children using the OMNI pictorial scale. **Medicine and Science in Sports and exercise**, v. 38, p. 156-8, 2006.

Silva, A. C.; Dias, M. R. C.; Franco, V. H. P.; Lima, J. R. P.; Novaes, J. S. Estimativa do Limiar de Conconi por meio da Escala de Borg em cicloergômetro. **Fitness & Performance Journal**, 2005; 4:215-9.

Simão, R.; Polito, M. D.; Viveiros, L. E.; Farinatti, P. T. V. Influência da manipulação na ordem dos exercícios de força em mulheres treinadas sobre o número de repetições e percepção de esforço. **Revista Brasileira de Atividade Física e Saúde**, 2002; 7:53-61.

_____; Farinatti, P. T. V.; Polito, M. D.; Maior, A. S.; Fleck, S. J. Influence of exercise order on the number of repetitions performed and perceived exertion during resistive exercises. **Journal of Strength and Conditioning Research**, 2005; 11: 152-6.

Suminski, R. R.; Robertson, R. J.; Arslanian, S.; Kang, J.; Utter, A.; Da Silva, S. G; Goss, F. L; Metz, K. F. Perception of effort during resistance exercise. **Journal of Strength and Conditioning Research**, 1997; 11: 261-5.

Sweet, T. W.; Foster, C.; Mcguigan, M. R.; Brice, G. Quantitation of resistance training using the session rating of perceived exertion method. **Journal of Strength and Conditioning Research**, 2004; 18: 796-802.

Utter, A. C.; Robert, J. R.; David, C. N.; Kang, J. Children's OMNI Scale of Perceived Exertion: walking/running evaluation. **Medicine Science in Sports Exercise**, 2002; 34(1):139-44.

_____; GREEN, J. M.; SUMINSKI, R. R.; MCANULTY, S. R.; NIEMAN, D. C. Validation of the Adult OMNI Scale of Perceived Exertion for Walking/Running Exercise. **Medicine Science in Sports Exercise**, 2004; 10:1.776-80.

WILLIAMS, J. G.; ESTON, R.; FURGLONG, B. CERT: a perceived exertion scale for young children. **Perceptual and Motor Skills**, 1994; 79:1.451-8.

Capítulo 11
Pressão arterial e exercícios resistidos

Ingrid Barbara Ferreira Dias/Elisa Maria Rodrigues dos Santos/
Rodrigo Pereira da Silva/Jefferson da Silva Novaes

A prática de exercícios físicos tem demonstrado promover efeitos benéficos, sobretudo na pressão arterial (PA) de indivíduos de todas as idades (Simão et al., 2005). Ela aumenta o fluxo sangüíneo para os músculos esqueléticos e cardíacos por meio da angiogênese, além de promover discretas reduções dos níveis tensionais, principalmente em indivíduos hipertensos (Monteiro e Filho, 2004). Um estudo longitudinal (Paffenbarger et al., 1983) que utilizou 15 mil voluntários, em um segmento de seis a 10 anos, constatou que os indivíduos que praticavam exercício físico regular apresentavam risco 35% menor de desenvolver hipertensão arterial quando comparado com voluntários sedentários. Pescatello et al. (2004) verificaram que o risco de desenvolver hipertensão arterial é de 60% a 70% maior em indivíduos sedentários. Sendo assim, a redução da PA, tanto em normotensos quanto em hipertensos, é um fator importante para reduzir o risco de doenças do coração; e a sucessão continuada desse comportamento hipotensivo após o exercício pode repercutir de maneira crônica sobre a pressão arterial de repouso (Mediano et al., 2005).

Os benefícios da prática de atividade física sobre a PA fazem dela uma ferramenta importante no tratamento não farmacológico de indivíduos afetados pela doença arterial hipertensiva, assim como na manutenção dos valores normais da PA em indivíduos normotensos (Haliwill, 2001). Até mesmo modestas reduções da pressão arterial diminuem o risco de desenvolvimento de doenças cardiovasculares (Byrne e Wilmore, 2000).

Uma metanálise de 54 estudos longitudinais randomizados controlados examinou o efeito dos exercícios aeróbicos sobre a pressão arterial e demonstrou que essa modalidade de exercício reduz, em média, 3,8 mmHg e 2,6 mmHg a pressão arterial sistólica (PAS) e a pressão arterial diastólica (PAD), respectivamente (Parisi, 1992). No entanto, apenas em 1990 o American College of Sports Medicine (ACSM) reconheceu os exercícios resistidos (ER) como um componente significativo no programa de exercícios para adultos saudáveis de todas as idades (ACSM, 1990), e mesmo pessoas que necessitam de cuidados quanto à segurança cardiovascular podem realizá-lo (Pollock et al., 2000). Entretanto, os benefícios relacionados à pressão arterial nesse tipo de atividade ainda são controversos e precisam ser mais bem esclarecidos.

11.1 A pressão arterial durante os exercícios resistidos

Durante os exercícios resistidos, a pressão arterial tende a se elevar rapidamente, podendo atingir valores significativos (Polito et al., 2003). Essa elevação ocorre em virtude de um aumento do débito cardíaco, proveniente do aumento da atividade simpática, da redução do tônus parassimpático e de uma vasoconstrição dos vasos sangüíneo s (MacDonald, J. R., 2002). MacDougall et al. (1985) verificaram a pressão arterial de forma invasiva (direta) e observaram variações da pressão arterial de 320 mmHg (sistólica) a 250 mmHg (diastólica) na execução do exercício *leg press* realizado bilateralmente a 95% de 1 RM, com um indivíduo alcançando valores sistólicos e diastólicos de 480 mmHg/350 mmHg, respectivamente.

A intensidade do exercício, o número de repetições e a massa muscular envolvida influenciam diretamente na magnitude das respostas pressóricas durante o exercício (Haslan et al., 1988; MacDougall et al., 1992). Os maiores valores da pressão arterial são observados em treinamento que objetiva força e hipertrofia, ou seja, nos exercícios em que são realizadas entre 8 e 12 repetições a 70% a 80% da contração voluntária máxima (Fleck e Dean, 1987) e durante a fase concêntrica da realização do exercício (MacDougall et al., 1985), atingindo valores mais elevados nas últimas repetições de cada série (Wiecek et al., 1990). Além disso, a pressão mecânica da musculatura em contração sobre os vasos sangüíneo s quando o exercício resistido tem intensidade elevada também contribui para o aumento da PA durante a realização do exercício (MacDougall et al., 1992).

A elevação das pressões intratorácicas ou intra-abdominais podem gerar impactos sobre a produção cardíaca, aumentando, conseqüentemente, a pressão arterial durante a realização dos exercícios resistidos. A realização da Manobra de Valsalva eleva a pressão intratorácica e aumenta a pressão arterial de modo mais abrupto do que o desempenho do exercício sem a realização dessa manobra (Simão et al., 2003). Todavia, a pressão intratorácica, quando aumentada, protege os vasos sangüíneos cerebrais (MacDougall et al., 1985), igualando a pressão intracraniana com a pressão intratorácica (Simão et al., 2003).

11.2 A pressão arterial após os exercícios resistidos

Os valores da pressão arterial sistólica e da pressão arterial diastólica tendem a reduzir abruptamente, em poucos segundos após o término de exercícios resistidos (Hardy e Tucker, 1999), porém, os efeitos do treinamento de força na pressão arterial pós-exercício ainda não foram totalmente esclarecidos. Alguns estudos demonstram reduções da pressão arterial após o exercício resistido (Polito et al., 2003; Hardy e Tucker, 1999; Simão et al., 2005), porém, outros não mostram alterações (Roltsch et al., 2001; Santos e Simão, 2005) ou reportam aumento (O'Connor et al., 1993). Roltsch et al. (2001), por exemplo, não verificaram diferenças significativas nos valores da pressão arterial após exercícios resistidos em mulheres e homens normotensos, sedentários e treinados. Esses autores utilizaram a mapeamento ambulatorial da pressão arterial (MAPA) durante 24 horas após o exercício resistido. Isso sugere que provavelmente os exercícios resistidos não provoquem reduções importantes na pressão arterial durante um período prolongado.

Um outro experimento não verificou redução significativa da pressão arterial pós-esforço. Santos e Simão (2005) realizaram uma seqüência de exercícios resistidos em nove voluntários jovens e normotensos, com experiência prévia em exercícios resistidos há, no mínimo, 12 meses. Foram realizadas três séries de 10 RM em quatro exercícios (puxada pela frente no *pulley*, *leg press* horizontal, rosca bíceps e mesa flexora), com 2 minutos de intervalo. A pressão arterial foi aferida no início e no término da seqüência, durante 60 minutos, utilizando um esfigmomanômetro da marca Tycos. Não foram verificadas reduções significativas na pressão arterial sistólica e na pressão arterial diastólica pós-esforço, quando comparados aos valores obtidos em repouso. Porém, observou-se uma tendência ao efeito hipotensivo da pressão arterial sistólica, quando comparado às medidas pós-exercício entre si. Os autores sugerem que um treinamento de força com um pequeno volume não promoveria reduções significativas na pressão arterial pós-esforço e que sessões mais intensas provocariam um efeito hipotensivo e influenciariam na sua duração após o término da atividade. Em contrapartida, O'Connor et al. (1993) relataram um aumento da pressão arterial sistólica até 15 minutos após uma seqüência de exercícios resistidos realizado por mulheres, a 80% da carga de 1 RM.

Alguns estudos (Polito et al., 2003; Hardy e Tucker, 1999; Simão et al., 2005), porém, verificaram um efeito hipotensivo decorrente dos exercícios resistidos em indivíduos normotensos. Polito et al. (2003) investigaram qual o efeito de duas seqüências de exercícios resistidos realizados em diferentes intensidades, porém com o mesmo volume de treinamento, sobre as respostas da pressão arterial. Concluíram que os exercícios resistidos exercem efeito hipotensivo, principalmente sobre a pressão arterial sistólica, e que a magnitude das cargas revelou uma tendência para manter o período de redução da pressão arterial sistólica. Hardy e Tucker (1999) encontraram reduções na pressão arterial sistólica e na pressão arterial diastólica de sedentários e hipertensos, por 1 hora após uma sessão de exercícios resistidos. O estudo proposto por Simão et al. (2005) investigou dois grupos que foram divididos aleatoriamente em G1 e G2. A seqüência de G1 foi composta por quatro exercícios para membros superiores e um exercício para membros inferiores (cinco exercícios). Na seqüência de G2, foi acrescentado mais um exercício para membros inferiores (seis exercícios). Ambos os grupos realizaram três séries de 6 RM em cada exercício, no segundo dia de teste, com intervalo de 2 minutos entre séries e exercícios. No último dia, foram realizadas 12 repetições em cada exercício, com a metade da carga testada para 6 RM, e G1 realizou os exercícios em forma de circuito, enquanto G2 os realizou do mesmo modo que no dia anterior. O G1 apresentou reduções significativas por até 50 minutos, tanto para o treinamento em circuito como para o realizado com 6 RM. Já no G2, reduções significativas ocorreram em todas as medidas no treinamento de 6 RM, porém, o treinamento com 12 repetições ocasionou reduções até a 4ª medida. A pressão arterial diastólica, assim como no estudo de Polito et al. (2003), não sofreu reduções significativas em nenhuma seqüência do treinamento adotado. Bermudes et al. (2003) investigaram a influência de duas sessões únicas de ER (circuito com pesos) nas alterações da PAS, PAD e FC. A intensidade dos ER foi de 40% da força máxima individual. Nenhuma diferença média dos valores de 24 horas foi encontrada para as respostas hemodinâmicas após a sessão do ER em comparação ao grupo controle. Para obtenção dos valores médios de 24 horas, foram realizadas seis aferições da PA em momentos diferentes. Sugere-se, então, que esse tipo de ER é seguro não somente nas respostas hemodinâmicas no momento de sua execução, mas também 24 horas após.

As pressões arteriais sistólica e diastólica reduziram mais que 20 mmHg comparadas com os valores pré-exercício, após três séries de quatro exercícios realizados em circuito, a 70% da carga de 1 RM (Hill et al., 1989). Porém, essa queda exagerada foi curta, pois os valores médios e diastólicos aumentaram para valores próximos aos de repouso, dentro de 1 minuto após o término do exercício, e permaneceram inalterados por todo o resto do período de recuperação.

A magnitude do efeito hipotensor pode estar associada às condições de saúde do indivíduo, ou seja, hipertensos e normotensos tendem a ter respostas da pressão arterial diferenciadas (Senetiko et al., 2002). A magnitude das reduções pressóricas tende a ser maior em indivíduos hipertensos após a atividade aeróbica (Araújo, 2001). Provavelmente, essa mesma relação se mantém nos exercícios resistidos. Espera-se que a redução da pressão arterial em indivíduos saudáveis ocorra de modo similar em hipertensos. Durante uma sessão de treinamento de força em que os indivíduos realizaram aleatoriamente uma ou três séries, foram observadas reduções dos níveis pressóricos por até 60 minutos pós-exercício, em indivíduos hipertensos controlados por medicação (Mediano et al., 2005). Nesse estudo, os valores da pressão arterial sistólica nos indivíduos que realizaram três séries reduziram significativamente durante os 60 minutos de aferição. Porém, nos indivíduos que realizaram apenas uma série, não foi observado um comportamento padrão de redução tanto da pressão arterial sistólica quanto da pressão arterial diastólica. Isso sugere que um maior volume de treinamento seja necessário para que ocorra uma redução nos valores pressóricos, corroborando o estudo de Santos e Simão (2005). Fischer (2001) estudou mulheres hipertensas e normotensas após a execução de 15 repetições a 50% de 1 RM em cinco exercícios realizados em circuito. Foram registradas reduções significativas somente na pressão arterial sistólica durante 60 minutos pós-esforço. Os dados revelaram uma incidência maior de redução da pressão arterial pós-esforço em hipertensos (71%) do que em normotensos (33%). Indivíduos hipertensos e controlados não apresentaram diferenças significativas nos valores da pressão arterial em relação ao repouso após uma sessão de exercício aeróbico, de força e de flexibilidade (Martins et al., 2006). Houve, porém, uma queda progressiva na pressão arterial sistólica, na pressão arterial diastólica e na pressão arterial média no período pós-exercício no grupo experimental, enquanto o grupo controle assumiu um caráter oscilatório ao longo da monitorização, quando o comportamento da pressão arterial foi observado pelo percentual de alteração em relação ao valor inicial. O pico de hipotensão arterial aconteceu 10 horas após a sessão de exercício, havendo um aumento na última medida (Martins et al., 2006).

11.3 Respostas da pressão arterial provocadas pelo exercício resistido em idosos

Anteriormente, foi citado que o exercício resistido traz inúmeros benefícios para a população idosa. No entanto, não podemos pensar apenas nas adaptações crônicas impostas por esse tipo de exercício. O conhecimento das respostas fisiológicas agudas provocadas pelo exercício resistido é importante, principalmente para a segurança do exercício resistido na população idosa. Tal afirmativa ganha respaldo nos achados de Laitinen et al. (2004), quando ficou evidenciado que as respostas fisiológicas agudas do sistema cardiovascular são maiores com o avanço da idade. Esse estudo foi desenvolvido com 109 participantes de 23 a 77 anos. Essa preocupação com a segurança da prescrição do exercício resistido para a população idosa tem incentivado vários pesquisadores a desenvolver estudos para uma melhor compreensão desse fenômeno.

Bermon et al. (2000) realizaram um estudo com homens e mulheres idosos, avaliando as respostas agudas de freqüência cardíaca e o duplo-produto, e o nível de troponina I cardíaca (cTnI) em exercícios de levantamento de pesos. Os exercícios consistiam em duas séries de 12

RM e quatro séries de 5 RM, para membro inferior e superior (*leg press*, cadeira extensora e supino vertical). O *leg press* induziu a maiores aumentos de pressão arterial sistólica, pressão arterial diastólica e freqüência cardíaca do que o supino vertical. Similarmente, mas em menor grau, a cadeira extensora induziu a maiores aumentos na pressão arterial diastólica e na freqüência cardíaca do que o supino vertical. Para os valores de cTnI, nenhum participante apresentou concentração pós-exercício maior do que o limite superior referencial de 100 ngL^{-1}, tido como segurança cardíaca. Esses resultados mostram que o exercício resistido é seguro para pessoas idosas, mesmo ocorrendo aumento significativo das variáveis hemodinâmicas do repouso para o exercício.

Martel et al. (1999) submeteram um grupo de idosos de ambos os sexos a um programa de treinamento de força de alta intensidade, com o objetivo de determinar os efeitos na pressão arterial. O período de treinamento foi de seis meses, três vezes por semana, com um total de sete exercícios. Ambos os grupos apresentaram redução na pressão arterial sistólica e diastólica após as sessões de treino e após o período de seis meses de treinamento. Parker et al. (1996) evidenciaram que um programa de treinamento com pesos provoca redução nas respostas agudas de freqüência cardíaca, pressão arterial sistólica e duplo-produto em idosas. Esses estudos corroboram os achados de Wood et al. (2001), que também encontraram reduções nas respostas agudas hemodinâmicas após treinamento com pesos.

No estudo de Carvalho et al. (2003), foram comparadas as respostas agudas de freqüência cardíaca, pressão arterial diastólica e pressão arterial sistólica entre dois programas de treinamento com pesos em idosos. Em um programa, foram realizados exercícios aeróbicos, exercícios de força, coordenação e equilíbrio. O outro programa consistiu em treinamento específico de duas séries de 10 a 12 repetições a 70% de 1 RM em seis exercícios (membros superiores e inferiores). Os dois programas foram realizados duas vezes por semana. Não foram apontadas diferenças significativas entre os dois programas de treinamento nas respostas agudas de freqüência cardíaca, pressão arterial diastólica e pressão arterial sistólica. O que foi evidenciado é que os exercícios de membros inferiores apresentaram valores médios maiores nas variáveis investigadas em comparação aos exercícios de membros superiores.

Em um estudo com homens idosos, Benn et al. (1996) demonstraram, por meio de medida direta da pressão arterial, que exercícios resistidos com intensidades de 70% e 80% de 1 RM induzem menores respostas circulatórias de freqüência cardíaca, pressão arterial e duplo-produto do que o exercício aeróbico de caminhada. Além disso, as elevações dessas respostas hemodinâmicas mantiveram-se dentro de valores tidos como seguros para riscos cardiovasculares.

Em um estudo analisando as respostas de freqüência cardíaca, pressão arterial média e índice de percepção de esforço, Smolander et al. (1998) submeteram um grupo de idosos à realização de exercícios resistidos isométrico de membros inferiores e membros superiores. Para tal, realizou-se o exercício de extensão de joelho com uma perna e o exercício de preensão manual (*handgrip*), respectivamente. Os dois exercícios foram realizados a 20%, 40% e 60% da contração voluntária máxima. Os indivíduos foram informados a sustentar a contração com a maior duração possível. O índice de percepção de esforço não apresentou diferença nas três intensidades nos dois exercícios. A freqüência cardíaca e a pressão arterial média aumentavam à medida que a duração da contração muscular também aumentava nas três intensidades, com o exercício de perna apresentando maiores valores do que o exercício no *handgrip*.

Karlsdottir et al. (2002) compararam as respostas agudas de freqüência cardíaca, pressão arterial diastólica, pressão arterial sistólica e pressão arterial média de 12 indivíduos idosos com doença arterial coronariana e 12 com falha cardíaca congestiva com as de 12 indivíduos jovens saudáveis. Para tal, foi realizada uma série de 10 repetições nos exercícios de *leg press*, ombro e bíceps. Não foi encontrada diferença significativa nas respostas agudas entre os três grupos estudados nos três exercícios realizados. Isso vem evidenciar a segurança dos exercícios resistidos em populações especiais.

Até mesmo pessoas idosas com falha cardíaca congestiva apresentam os valores das respostas agudas de freqüência cardíaca, pressão arterial e duplo-produto sem qualquer risco cardiovascular imposto pelos exercícios resistidos (Barnard, 2000).

11.4 Mecanismos de redução da pressão arterial

Os mecanismos concernentes ao efeito hipotensivo pós-exercício ainda não foram totalmente elucidados, embora tenham sido atribuídos principalmente a uma diminuição da resistência periférica (MacDonald, 2002). Os índices de resistência sistêmica e regional geralmente estão abaixo dos valores pré-exercício durante o período hipotensivo (MacDonald, 2002). Senetiko et al. (2002) mencionam que os mecanismos do sistema nervoso simpático, a liberação de óxido nítrico e o efeito dos barorreceptores são aspectos que podem explicar a redução da pressão arterial de repouso, embora haja outros mecanismos desconhecidos que também estão implicados.

A utilização da microneurografia permite que a atividade neural simpática seja medida diretamente (MacDonald, 2002). Carter et al. (2003) tentaram relacionar a redução da pressão arterial após um treinamento de exercícios resistidos com uma redução paralela da atividade neural simpática. Os resultados indicaram que exercícios resistidos para todo o corpo podem reduzir o risco de desenvolvimento de doenças cardíacas por meio da diminuição dos valores pressóricos pós-esforço, porém, a redução da pressão arterial não está associada com uma redução na atividade neural simpática. Halliwill et al. (1996), entretanto, documentaram decréscimos na atividade neural simpática em normotensos. Sendo assim, parece haver controvérsias sobre as mudanças na atividade neuromuscular simpática poderem ser responsáveis pela hipotensão pós-exercício.

O treinamento físico de baixa intensidade melhorou o controle barorreflexo arterial em ratos espontaneamente hipertensos (Silva et al., 2001). Essa melhora pode estar associada à redução do tônus simpático, determinando uma diminuição da freqüência cardíaca de repouso, reduzindo o débito cardíaco e, em conseqüência, a pressão arterial em ratos hipertensos (Krieger et al., 1999).

Há, ainda, a hipótese de que alterações no sistema opióide induzidas pelo exercício possam ser um dos mecanismos que afetam a pressão arterial (MacDonald, 2002), pois se especula que opióides causam uma redução da atividade simpática (Boone, 1992).

Entretanto, a possibilidade de nenhum desses fatores serem fundamentais para a ocorrência do efeito hipotensivo é real (MacDonald, 2002), e suas contribuições ainda precisam ser mais estudadas.

11.5 Os métodos de aferição da pressão arterial em exercícios resistidos

Durante sessões de treinamento físico, a quantificação de variáveis fisiológicas como a pressão arterial é desejável, sendo uma variável relacionada às demandas cardiovasculares no esforço (Miranda et al., 2005). A importância da medida da pressão arterial durante os exercícios resistidos é que por meio dela se pode verificar o estresse cardiovascular (consumo de oxigênio pelo miocárdio), que pode ser estimado pelo duplo-produto (FC x PAS). O ACSM (2002) considera o duplo-produto como a melhor estimativa fisiológica de intensidade dos exercícios resistidos.

No entanto, no caso dos exercícios resistidos, os valores da pressão arterial podem ser subestimados, dependendo da técnica de mensuração utilizada. O método direto ou invasivo é considerado padrão para medida da pressão arterial. Porém, esse procedimento é perigoso e oferece riscos significativos associados a essa técnica, já que consiste em inserir um cateter conectado a um transdutor em uma artéria, exigindo um anestésico local (Polito e Farinatti, 2003). Por esses motivos, alguns pesquisadores (Raftery, 1991; Fisher, 2001) não consideram essa técnica apropriada para medidas da pressão arterial em indivíduos assintomáticos.

Grande parte dos estudos (Polito et al., 2003; Polito et al., 2004; Santos e Simão, 2005; Miranda et al., 2005; Mediano et al., 2005) sobre exercícios resistidos e pressão arterial encontrados na literatura nacional utiliza o método auscultatório para a verificação da pressão arterial, por ser este um método de fácil aplicabilidade e economicamente viável. Para verificação dos valores pressóricos, utiliza-se um estetoscópio e o esfigmomanômetro, que é composto por um manguito inflável de braço conectado a uma coluna de mercúrio ou a um marcador aneróide. O manguito é inflado e ocorre uma oclusão arterial, correlacionando-se, então, a ausculta dos batimentos cardíacos com o valor registrado pelo ponteiro (Polito e Farinatti, 2003). Em virtude do rápido decréscimo da pressão arterial após o término do exercício, tal método pode não ser preciso, visto que subestima em 15% os valores reais durante a realização do exercício e em mais de 30%, quando realizado imediatamente após o seu término (Wiecek et al., 1990). A comparação entre os métodos direto (invasivo) e o indireto (auscultatório) após os exercícios resistidos demonstrou que a associação entre as duas medidas, em termos de comportamento, foi mantida, ou seja, os valores obtidos pelo método auscultatório para estimar valores próximos aos valores reais podem gerar erros, porém, estes são aceitáveis, visto que a boa correlação apresentada (r=0,80) pelas medidas obtidas por ambos os métodos (Sagiv et al., 1995) sugere que a apreciação das tendências de aumento da pressão arterial nos exercícios seja válida (Polito e Farinatti, 2003). MacDougall et al. (1985) consideram a rápida redução da pressão arterial pós-esforço decorrente de uma abrupta perfusão pela vasodilatação da musculatura solicitada e que estava parcialmente ocluída.

Para diminuir o erro da medida no método auscultatório, pode-se lançar mão de algumas estratégias. Levando-se em consideração que os maiores valores pressóricos da pressão arterial ocorrem nas últimas repetições de uma seqüência (Sale et al., 1993) e em relação direta com o número de séries realizadas (Gotshall et al., 1999), aconselha-se que a aferição dos valores pressóricos seja realizada entre a penúltima e última repetição da seqüência, e na última série de cada exercício. Além disso, alguns marcadores do tipo aneróide ou coluna de mercúrio apresentam um valor máximo de 300 mmHg, podendo comprometer a medida da pressão arterial, já que seus valores absolutos são freqüentemente altos, podendo ultrapassar a 300 mmHg (Sale et al., 1993). Por fim, é de extrema importância que o avaliador responsável pelas aferições seja experiente, pois dificuldades para distinguir os ruídos de *Korotkoff* podem ocasionar erros (Polito e Farinatti, 2003).

11.6 A pressão arterial e a prescrição dos exercícios resistidos

O exercício resistido tem sido recomendado pelo American College of Sports Medicine (1998; 2002) e pelo American Heart Association (Pollock et al., 2000), por ser uma atividade física que oferece relativa segurança, até mesmo em grupos ditos especiais. No entanto, a prescrição de um programa de exercícios resistidos, sobretudo para indivíduos com acometimentos cardiovasculares, requer que sejam tomadas algumas precauções, a fim de aumentar a segurança dessa prática (Miranda et al., 2005). Para isso, a freqüência semanal, o número de séries e de repetições, a intensidade e a seleção dos exercícios devem ser cuidadosamente monitorados (ACSM, 2000).

A manipulação do volume de exercício e sua influência sobre as respostas pressóricas nos exercícios resistidos ainda são pouco investigadas na literatura (Gotshall et al., 1999; Mediano et al., 2005; Polito et al., 2004). Em um experimento em que os voluntários realizaram três séries de 10 RM no *leg press*, a pressão arterial média, avaliada com o Finapress®, aumentou em relação direta com o número de séries realizadas: 238 ± 18 (1ª série), 268 ± 18 (2ª série) e 293 ± 21 (3ª série) (Gotshall et al., 1999). Esses resultados corroboram o relato de Polito et al. (2004), que verificaram diferenças significativas entre a 1ª e 3ª séries, na extensão de joelhos realizada de forma unilateral e bilateral. Todavia, assim como no exercício aeróbico (Forjaz et al., 1998), o volume de treinamento parece influenciar na duração do efeito hipotensor após o exercício resistido em indivíduos hipertensos (Mediano et al., 2005). A realização de três séries de 10 repetições em três exercícios para membros superiores e um para membros inferiores promoveu uma redução significativa da pressão arterial sistólica pós-exercício durante 60 minutos de verificação. Já na realização de uma série, nas mesmas condições, não foi encontrado um comportamento padrão de redução, ou seja, uma única série exibiu reduções da pressão arterial sistólica apenas no 40° minuto após o exercício (Mediano et al., 2005).

Um outro aspecto a ser considerado na prescrição dos exercícios resistidos é o número de repetições, que tende a ocasionar maiores elevações da pressão arterial quando realizadas até a fadiga (Sale et al., 1993). Farinatti e Assis (2000) analisaram as respostas cardiovasculares (freqüência cardíaca, pressão arterial e duplo-produto) durante exercícios com cargas de 1 RM, 6 RM, 20 RM e em um exercício aeróbico submáximo (20 minutos a 75%-80% da freqüência cardíaca de reserva, em cicloergômetro), e verificaram que a pressão arterial sistólica aumentou significativamente nos exercício de 20 RM e aeróbico, em relação ao repouso. Na realização dos exercícios com cargas de 1 RM e 6 RM, as respostas pressóricas foram semelhantes às do repouso. Concluiu-se que, nos exercícios resistidos, o número de repetições parece ter maior influência do que a carga mobilizada, enquanto em exercícios aeróbicos a intensidade se revelou mais importante que a duração da atividade. Além disso, esses resultados vão de encontro aos descobertos por Farinatti e Leite (2003), evidenciando que a elevação do DP tem estreita relação com a duração total do exercício.

A seleção dos exercícios, embora não muito pesquisada (Simão et al., 2003; Miranda et al., 2005), parece influenciar nas respostas pressóricas durante a realização dos exercícios resistidos. Comparando o duplo-produto (freqüência cardíaca *vs.* pressão arterial sistólica) nos exercícios agachamento vertical e agachamento horizontal, Simão et al. (2003) observaram que pressão arterial sistólica apresentou uma alteração de 38,6% e 48,6% (p < 0,05), no agachamento horizontal e no agachamento vertical, respectivamente. Os autores atribuíram esses resultados ao fato de que, no agachamento vertical, o retorno venoso é mais dificultado nos membros inferiores em relação ao agachamento realizado em decúbito dorsal e que a massa muscular envolvida no agachamento vertical, para a estabilização e o controle do movimento, quando contraída, favorece o aumento da pressão arterial sistólica. Entretanto, os valores da pressão arterial, da freqüência cardíaca e do duplo-produto não foram significativamente diferentes quando executadas 10 RM na cadeira flexora e na mesa flexora (Miranda et al., 2006). O autor discute que, apesar da proximidade de seu trabalho com o estudo de Simão et al. (2003), por ambos analisarem as mesmas variáveis e compararem membros inferiores, o maior volume de massa muscular recrutado no agachamento pode ser um dos motivos que levou a uma resposta não significativa das variáveis fisiológicas (FC, PA e DP) analisadas em seu estudo. Em relação aos membros superiores, as pressões arteriais sistólica e diastólica também não apresentaram uma diferença significativa em relação ao repouso nos exercícios supino reto sentado e supino reto deitado (Miranda et al., 2005). Porém, observou-se que, no supino reto deitado, a freqüência cardíaca, a pressão arterial e o duplo-produto se apresentaram um pouco menores do que no supino reto sentado. Ambos os estudos concluíram que mais investigações analisando diferentes posições corporais são necessárias para estabelecer uma conduta adequada para a prescrição dos exercícios resistidos.

A forma de execução da extensão do joelho não influenciaria as respostas cardiovasculares agudas, quando executadas unilateral e bilateralmente (Polito et al., 2004). No entanto, durante a execução bilateral, a freqüência cardíaca, a pressão arterial e o duplo-produto assumem uma tendência a se elevar em relação à execução unilateral, associando-se significativamente ao modo de execução. A adoção da prescrição de forma unilateral parece ser interessante para populações especiais, como, por exemplo, cardiopatas. Segundo MacDougall et al. (1985), a massa muscular envolvida e a quantidade de músculos solicitados nos exercícios resistidos são diretamente proporcionais à resposta dos valores pressóricos, em virtude da oclusão vascular pelos músculos em atividade, e parece que essa relação é mais evidente quando agrupamentos musculares diferentes são solicitados. Analisando as respostas cardiovasculares na execução do *leg press* e da flexão do cotovelo de forma unilateral realizados até a exaustão a 80%, 90%, 95% e 100% da carga máxima, a pressão arterial mostrou-se significativamente mais elevada no exercício *leg press,* quando comparado com a flexão do cotovelo (MacDougall et al., 1985).

Farinatti e Leite (2003) compararam as respostas de freqüência cardíaca, pressão arterial sistólica e duplo-produto em exercícios resistidos diversos para agrupamentos musculares semelhantes. Foram realizados testes com 12 RM no *leg press* e extensão de joelho, flexão de joelho em pé e deitado, tríceps no *pulley* e francês, rosca bíceps direta e alternada. Encontraram-se os seguintes resultados: a) na musculatura posterior da coxa, tríceps e bíceps braquial não houve diferença significativa para freqüência cardíaca, pressão arterial sistólica e duplo-produto; b) na musculatura do quadríceps ocorreu diferença significativa (10%) para freqüência cardíaca e duplo-produto, sendo maior na extensão de joelho do que no *leg press*. O autor discute essa diferença para uma maior duração no exercício de extensão de joelho do que o *leg press* e conclui que exercícios diferentes para mesmos agrupamentos musculares podem ocasionar repercussões cardiovasculares diversas e que essas repercussões deveriam ser consideradas na elaboração de programas de exercícios resistidos para indivíduos com risco de intercorrência cardiovascular.

Recentemente, Coelho et al. (2003) investigaram as respostas agudas de dois diferentes protocolos de exercícios resistidos em adultos destreinados. Ambos os protocolos incluíam 12 repetições para os seis exercícios realizados. Os dois protocolos foram realizados com alta velocidade de movimento, caracterizada pela maior velocidade conseguida pelo indivíduo na fase concêntrica de todas as repetições. A diferença entre os protocolos era que o protocolo contínuo (PC) consistia em 12 repetições ininterruptas; já o protocolo descontínuo (PD) era feito com uma pausa de 15 segundos entre e a sexta e a sétima repetições. As respostas agudas de freqüência cardíaca, lactato sangüíneo e índice de percepção de esforço apresentaram valores médios menores no protocolo descontínuo. Já a potência produzida foi maior no protocolo descontínuo, especialmente nas duas últimas repetições. Portanto, o protocolo descontínuo apresentou menor demanda fisiológica com maior produção de potência. Recentemente, Veloso et al. (2003) compararam as respostas agudas de freqüência cardíaca, pressão arterial sistólica, duplo-produto e a qualidade de execução dos movimentos (QEx) em mulheres idosas, em exercícios resistidos de membros superiores e inferiores. Os protocolos do exercícios resistidos apresentaram o mesmo volume de treinamento, sendo o protocolo fracionado (PF) realizado com quatro séries de seis repetições. Já o protocolo contínuo (PC) era realizado com duas séries de 12 repetições. A qualidade de execução dos movimentos foi avaliada por meio de filmagem e não sofreu influência de nenhum dos protocolos. A freqüência cardíaca não apresentou diferença significativa nas séries de um mesmo número de repetições nem entre o protocolo contínuo e o protocolo fracionado. A pressão arterial apresentou diferença significativa da primeira para a segunda série (PC e PF) ou na comparação da segunda série do protocolo contínuo com a segunda série do protocolo fracionado. No entanto, não se observou essa diferença na comparação da primeira série do protocolo contínuo com a primeira série do protocolo fracionado. O duplo-produto apresentou diferença significativa comparando as séries de mesmo número de repetições, assim como nas diferentes formas de execução. Esses resultados são bastante semelhantes com os encontrados por Coelho et al. (2003) em adultos jovens.

11.6 Conclusão

A prática dos ER pode ser utilizada como uma das alternativas não farmacológicas para prevenção, tratamento e reabilitação de pacientes hipertensos, uma vez que pode promover adaptações positivas tanto em indivíduos normais quanto em pacientes hipertensos. Mesmo que diversas evidências reportem que os ER são benéficos e seguros, até para pacientes hipertensos, alguns cuidados devem ser tomados na hora da elaboração dos programas.

O controle das variáveis do treinamento de força (volume, intensidade, número de séries, intervalo, estado de treinamento, entre outras) e das respostas fisiológicas decorrentes do exercício, principalmente da freqüência cardíaca e da pressão arterial, que permitem o cálculo do duplo-produto (FC x PAS = DP), estão estreitamente relacionados com a segurança da atividade.

Referências

AMERICAN COLLEGE OF SPORTS MEDICINE. Position stand: the recommended quantity and quality of exercise for developing and maintaining cardiorespiratory and muscular fitness in healthy adults. **Medicine and Science in Sports and Exercise**, 1990; 22:265-74.

_____. _____. **Medicine and Science in Sports and Exercise**, 1998; 30:975-91.

_____. **ACSM's Guidelines for exercising tests and prescription**, 6. ed. Baltimore: Lippincott Williams & Wilkins, 2000.

_____. Progression models in resistance training for healthy adults **Medicine and Science in Sports and Exercise**, 2002; 34: 364-80.

ARAÚJO, C. G. Fisiologia do exercício físico e hipertensão arterial: uma breve discussão. **Hipertensão**, 2001; 4:78-83.

BARNARD, K. L.; ADAMS, K. J.; SWANK, A. M.; KUSHNIK, M. R.; DENNY, DM. Combined high-intensity strength and aerobic training in patients with congestive heart failure. **Journal of strength and conditioning research**, 2000; 4: 383-8.

BENN, S. J.; MCCARTNEY, N.; MCKELVIE, R. S. Circulatory responses to weight lifting, walking, and stair climbing in older males. **Journal American Geriatrics Society**, 1996; 44:121-5.

BERMON, S.; RAMA, D.; DOLISI, C. Cardiovascular tolerance of healthy elderly subjects to weight-lifting exercises. **Medicine & Science in Sports & Exercise**, 2000; 32:1.845-8.

BERMUDES, A. M. L. M.; VASSALLO, D. V.; VASQUEZ, E. C.; LIMA, E. G. Monitorização ambulatorial da pressão arterial em indivíduos normotensos submetidos a duas sessões únicas de exercícios: resistido e aeróbio. **Arquivos Brasileiros de Cardiologia**, 2003; 82:57-64.

BONNE JR, J. B. Opioid receptor modulation of post-exercise hypotension. **Medicine and Science in Sports and Exercise**, 1992; 24: 1.108-13.

BYRNE, H. K.; WILMORE, J. H. The effects of resistance training on resting blood pressure in women. **Journal of Strength and Conditioning Research**, 2000; 4:411-8.

CARTER, J. R.; RAY, C. A.; DOWNS, E. M.; COOKE, W. H. Strength training reduces arterial blood pressure but not neural activity in Young normotensive subjects. **Journal of Applied Physiology**, 2003; 94:2.212-6.

COELHO, C. W.; HAMAR, D.; ARAÚJO, C. G. S. Physiological responses using 2 high-speed resistance training protocols. **Journal of Strength and Conditioning Research**, 2003; 17:334-7.

FARINATTI, P. T. V.; ASSIS, B. F. C. B. Estudo da freqüência cardíaca, pressão arterial e duplo-produto em exercícios contra-resistência e aeróbio contínuo. **Revista Brasileira de Atividade Física e Saúde**, 2000; 5:5-16.

_____; LEITE, T. C. Estudo da freqüência cardíaca, pressão arterial e duplo produto em exercícios resistidos diversos para agrupamentos musculares semelhantes. **Revista Brasileira de Fisiologia do Exercício**, 2003; 2:69-88.

FISCHER, M. M. The effect of resistance exercise on recovery blood pressure in normotensive and bordeline hypertensive women. **Journal of Strength and Conditioning Research**, 2001; 15:210-6.

FLECK, S. J.; DEAN, L. S. Resistance Training experience and the pressure response during resistance exercise. **Journal of Applied Physiology** 1987; 63:116-20.

FORJAZ, C. L.; SANTAELLA, D. F.; REZENDE, L. O.; BARRETTO, A. C.; NEGRÃO, C. E. A duração do exercício determina a magnitude e a duração da hipotensão pós-exercício. **Arquivo Brasileiro de Cardiologia**, 1998; 70: 99-104.

GOTSHALL, R.; GOOTMAN, J.; BYRNES, W.; FLECK, S.; VALOVICH, T. Noninvasive characterization of the blood response o the double leg press exercise. **JEPOnline**, 1999; 2:1-6.

HALLIWILL, J. R.; TAYLOR, J. A.; ECKBERG, D. L. Impaired sympathetic vascular regulation in humans after acute dynamic exercise. **Journal of Physiology**, 1996; 495: 279-88.

_____. Mechanisms and clinical implications of post-exercise hypotension in humans. **Exercise and Sport Sciences Review**, 2001; 29:65-70.

HARDY, D. O.; TUCKER, L. A. The effect of a single bout of strength training on ambulatory blood pressure levels in 24 mildly hypertensive men. **American Journal of Health Promotion**, 1999; 13:69-72.

Haslan, D. R.; Mccartney, S. N.; Mckelvie, R. S.; Macdougall, J. D. Direct measurements of arterial blood pressure during formal weightlifting in cardiac patients. **Journal of Cardiopulmonar Rehabilitation**, 1988; 8:213-25.

Hill, D. W.; Collins, M. A.; Cureton, K. J.; Demello, J. J. Blood pressure response after weight training exercise. **Journal of Applied Sports and Science Research**, 1989; 3:44-7.

Karlsdottir, A. E.; Foster, C.; Porcari, J. P.; Palmer-Mclean, K.; White-Kube, R.; Backes, R. C. Hemodynamic response during aerobic and resistance exercise. **Journal of cardiopulmonary Rehabilitation**, 2002; 22:170-7.

Krieger, E. M.; Brum, P. C.; Negrão, C. E. Influence of exercise training on neurogenic control of blood pressure in spontaneously hypertensive rats. **Hypertension**. 1999; 34:720-3.

Laitinen, T.; Niskanen, L.; Geelen, G.; Lansimies, E.; Hartikainen, J. Age dependency of cardiovascular autonomic responses to head-up tilt in healthy subjects. **Journal of applied physiology**, 2004; 96:2333-2340.

Macdonald, J. R. Potential causes, mechanisms and implications of post-exercise hypotension. **Journal of Human Hypertens.**, 2002; 16:225-36.

MacDougall, J. D.; Tuxen, D.; Sale, D. G.; Moroz, J. R.; Suton, J. R. Arterial blood pressure response to heavy resistance exercise. **Journal of Applied Physiology.**, 1985; 58:785-90.

_____; Mckelvie, R. S.; Moroz, D. E.; Sale, D. G.; Mccartney, N.; Buick, F. Factors affecting blood pressure during heavy weight lifting and static contractions. **Journal of Applied Physiology**, 1992; 3:1.590-7.

Martel, G. F.; Hurlbut, D. E.; Lott, M. E.; Lemmer, J. T.; Ivey, F. M.; Roth, S. M.; Rogers, M. A.; Fleg, J. L.; Hurley, B. F. Strength training normalizes resting blood pressure in 65 –to 73 – year – old men and women with high normal blood pressure. **Journal American Geriatrics Society**, 1999; 47:1.215-21.

Martins, A. C. S.; Nogueira, B. R. M. L.; Couto, F. V. P.; Nicolau, M. S. B.; Pontes, F. L.; Simão, R.; Polito, M. D. Comportamento da pressão arterial 12 horas após uma sessão de exercícios em hipertensos treinados. **Revista brasileira de Fisiologia do Exercício**, 2004; 3:199-206.

Mediano, M. F. F.; Paravidino, V.; Simão, R.; Pontes, F. L.; Polito, Md. Comportamento subagudo da pressão arterial após o treinamento de força em hipertensos controlados. **Revista Brasileira de Medicina do Esporte**, 2005; 11:337-40.

Miranda, H.; Simão, R.; Lemos, A.; Dantas, B. H. A.; Bapstista, L. A.; Novaes, J. Análise da freqüência cardíaca, pressão arterial e duplo produto em diferentes posições corporais nos exercícios resistidos. **Revista Brasileira de Medicina do Esporte**, 2005; 11:295-8.

_____; Rangel, F.; Guimarães, D.; Dantas, E. H. M.; Novaes, J; Simão, R. Verificação da Freqüência cardíaca, pressão arterial e duplo-produto em diferentes posições corporais no treinamento de força. **Revista Treinamento Desportivo**, 2006; 1(7):68-72.

Monteiro, M. F.; Filho, D. C. S. Exercício físico e controle da pressão arterial. **Revista Brasileira de Medicina do Esporte**, 2004; 10:513-16.

O'connor, P. J.; Bryant, C. X.; Veltri, J. P.; Gebhardt, S. M. State anxiety and ambulatory blood pressure following resistance exercise in females. **Medicine and Science in Sports and Exercise**, 1993; 25:516-21.

Paffenbarger, R. S.; Wing, A. L.; Hyde, R. T. Exercise and incidence of hypertension in college alumni. **American Journal of Epidemiology**, 1983; 117:245-57.

Parisi, A. F.; Folland, E. D.; Hartigan, P. A. Comparison of angioplasty with medical therapy in the tret of single-vessel coronary artery disease. Veterans Affairs ACME Investigators. **New England Journal of Medicine**, 1992; 326:10-6.

Parker, N. D.; Hunter, G. R.; Treuth, M. S.; Kekes-Szabo, T.; Kell, S. H.; Weinsier, R.; White, M. Effects of strength training on cardiovascular responses during a submaximal walk and a weight-loaded walking test in older females. **Journal cardiopulmonary Rehabilitation**, 1996; 16:56-62.

Pescatello, L. S.; Franklin, B. A.; Fagar, R.; Farquhar, W. B.; Kelley Ga; Ray, C. A. American College of Sports Medicine Position Stand: exercise and hypertension. **Medicine and Science in Sports and Exercise**, 2004; 36:533-53.

Polito, M. D.; Simão, R.; Senna, G. W.; Farinatti, P. T. V. Efeito hipotensivo do exercício de força realizado em intensidades diferentes e mesmo volume de trabalho. **Revista Brasileira de Medicina do Esporte**, 2003; 9:74-7.

_____; Farinatti, P. T. V. Considerações sobre a medida da pressão arterial em exercícios contra-resistência. **Revista Brasileira de Medicina do Esporte**, 2003; 9:25-33.

_____; Rosa, C. C; Schardong, P. Respostas cardiovasculares agudas na extensão do joelho realizada em diferentes formas de execução. **Revista Brasileira de Medicina do Esporte**, 2004; 10:173-6.

Pollock, M. L.; Franklin, B. A.; Baldy, G. J.; Chaitman, B. L.; Fleg, J. L.; Fletcher, B. et al. AHA Science Advisory. Resistance exercise in individuals with and without cardiovascular disease. **Circulation**, 2000; 101:828-33.

Raftery, E. B. Direct versus indirect measurement of blood pressure. **Journal of Hypertens Supplement**, 1991; 9:S10-2.

Roltsch, M. H.; Mendez, T.; Wilund, K. R.; Hagberg, J. M. Acute resistive exercise does not affect ambulatory blood pressure in young men and women. **Medicine and Science in Sports and Exercise**, 2001; 33:881-6.

Sagiv, M.; Hason, P. G.; Bem-Sira, D.; Nagle, F. J. Direct vs. indirect blood pressure at rest and during isometric exercise in normal subjects. **International Journal of Sports Medicine**, 1995; 16:514-8.

Sale, D. G.; Moroz, D. E.; Mckelvie, R. S.; Macdougall, J. D.; Mccartney, N. Comparison of blood pressure response to isokineic and weight–lifting exercise. **European Journal of Applied Physiology and Occupational Physiology**, 1993; 67:115-20.

Santos, E. M. R.; Simão, R. Comportamento da pressão arterial após uma sessão de exercícios resistidos. **Fitness & Performance Journal**, 2005; 4:227-31.

Senetiko, N. A.; Charkoudian, N.; Halliwill, J. R. Influence of endurance exercise training status and gender on post-exercise hypotension. **Journal of Applied Physiology**, 2002; 2.368-74.

Silva, G. L. I.; Brum, P. C.; Negrão, C. E.; Krieger, E. M. Acute and chronic effects of exercise on baroreflexes in spontaneously hypertensive rats. **Hypertension**, 2001; 30:714-9.

Simão, R.; Polito, M. D.; Lemos, A. Duplo-produto em exercícios contra-resistidos. **Fitness & Performance Journal**, 2003; 2:279-84.

_____; Fleck, S.; Polito, M. D.; Monteiro, W.; Farinatti, P. V. T. Efeitos dos exercícios resistidos conduzidos em diferentes intensidades, volumes e métodos na pressão arterial em normotensos. **Journal of Strength and Conditioning Research**, 2005; 4:853-8.

Smolander, J.; Aminoff, T.; Korhonen, I.; Tervo, M.; Shen, N.; Korhonen, O.; Louhevaara, V. Heart rate and blood pressure response to isometric exercise in young and older men. **European journal applied physiology**; 1998; 77:439-44.

Veloso, U.; Monteiro, W.; Farinatti, P. Exercícios contínuos e fracionados provocam respostas cardiovasculares similares em idosas praticantes de ginástica. **Revista Brasileira de Medicina do Esporte**, 2003; 9:78-84.

Wiecek, E. M.; Mccartney, N.; Mckelvie, R. S. Comparison of direct and indirect measures of systemic arterial pressure during weightlifting in coronary artery disease. **American Journal of Cardiology**, 1990; 66:1.065-9.

Wood, R. H.; Reyes, R.; Welsch, M. A.; Favaloro-Sabatier, J.; Manning, S.; Lee, C. M.; Johnson, L. G.; Hooper, P. F. Concurrent cardiovascular and resistance training in healthy older adults. **Medicine & Science in Sports & Exercise**, 2001; 1.751-8.

Capítulo 12
Terceira idade e exercícios resistidos

Rodrigo Gomes de Souza Vale/Flávia Fragoso Pereira/Nádia Monteiro Alves/
Leonardo Gonçalves Ribeiro/Estélio Henrique Martin Dantas/Jefferson da Silva Novaes

A qualidade física da força parece ser de grande valia para um envelhecimento saudável. Estudos feitos com idosos têm demonstrado que essa qualidade se deteriora em proporções maiores que outras características com o passar do tempo, exercendo, então, um grande interesse de pesquisa para a área da Ciência da Motricidade Humana.

A perda da força muscular gera situações de desequilíbrio e fraqueza, promovendo a diminuição da autonomia funcional e qualidade de vida nos gerontes, sendo talvez um dos maiores problemas da senescência encontrados nos últimos tempos.

Este capítulo tem como intuito evidenciar os efeitos do envelhecimento e as alterações decorrentes da prática de exercícios de força, buscando ressaltar os benefícios dos exercícios resistidos sobre níveis hormonais do fator de crescimento semelhante à insulina 1 (IGF-1), à osteoporose, à qualidade de vida e à autonomia funcional.

12.1 Terceira idade e exercícios resistidos

Segundo Nieman (1999), estudos mostram que nunca é tarde para aumentar a força e a massa muscular pelo treinamento com pesos. As pessoas idosas que o realizam melhoram bastante a autonomia funcional e a qualidade de vida.

A manutenção da massa muscular e do metabolismo, o ganho do tecido muscular, a redução da gordura corporal, o aumento da densidade mineral óssea, a melhora do metabolismo de glicose e dos lipídios sangüíneos, a redução da pressão arterial e a melhora da postura são os efeitos que mais se destacam em idosos (Macaluso et al., 2003; Malatesta et al., 2003; Westcott; Baechle, 2001).

Matsudo, Matsudo e Araújo (2001) relatam que o treinamento de resistência leva ao aumento da massa muscular e da força muscular, primariamente por aumento na área de secção transversa da fibra muscular. Singh et al. (1999) ressaltam, ainda, que a lesão provocada por esse treinamento é essencial para o ganho de massa e força muscular, pois estimula a regeneração de miofibrilas e a liberação de células-satélite entre a lâmina basal e o sarcolema, que são fontes para o desenvolvimento de isoformas de miosina. Esse aumento tem se mostrado maior nas fibras do tipo IIb, proporcionando hipertrofia e ganhos de força, que nessa faixa etária são muito necessários para a autonomia funcional (Reeves et al., 2004).

Os ganhos de força em programas de alta intensidade podem alcançar aumentos de até 227% de 1 RM. Os ganhos médios ficam em torno de 70%. Entretanto, em um programa de treinamento de baixa intensidade, os ganhos chegam em média a menos de 20%, em um mesmo período de intervenção (Matsudo et al., 2001).

Esses ganhos ajudam a manter um peso corporal saudável nos idosos, pois aumentam o gasto de calorias no treinamento e no repouso, em virtude do aumento da taxa metabólica basal com o aumento da massa muscular (Fleck e Figueira Júnior, 2003). Complementam os autores que manter a força muscular e a capacidade de utilizá-la com velocidade é vital para prevenir quedas, criar mecanismos de proteção e preservar a independência funcional.

Nessa condição, Dantas (2003) reporta que, para efeito de treinamento, interessa a hipertrofia crônica. Portanto, para o aumento da força muscular, buscar-se-á a ação acto-miosínica, que é obtida com cargas mais intensas e maiores velocidades de execução.

Logo, é necessário saber o percentual de carga a se treinar e, para isso, Bompa (2002) recomenda que se determine a força muscular que corresponda a 100% da capacidade máxima. Porém, existe uma preocupação quanto à quantificação da força muscular para idosos. Alguns estudos demonstraram que o teste de uma repetição máxima (1 RM) é um método eficaz, seguro e de alta reprodutibilidade para a avaliação dessa qualidade física, inclusive em idosos (Bamman et al., 2001; Fish et al., 2003; Goto et al., 2004; Kalapotharakos et al., 2005; Kraemer et al., 1999; Rubin et al., 2005). No entanto, Hortobágy et al. (2002) utilizaram o teste de 3 RM com a referida população, alegando que os idosos toleram melhor, em razão da menor carga suportada.

Ploutz-Snyder e Giamis (2001) alertam sobre a necessidade de orientação e familiarização para a realização do teste de 1 RM. Dessa forma, haverá menor probabilidade de erros significativos na prescrição das cargas de trabalho para que os objetivos sejam alcançados.

Na literatura científica, é comum encontrar a recomendação de três séries de cada exercício para aumentar a força muscular e obter hipertrofia. Todavia, Carpinelli e Otto (1998) demonstraram, em suas pesquisas, que não foram encontradas diferenças significativas quando se comparou a realização de programas de treinamento, utilizando-se de três séries (3 x 6 de 1 RM) com programas de uma série (1 x 6 de 1 RM) por exercício.

Em estudos semelhantes, Kraemer et al. (1997) também não encontraram diferenças significativas quando compararam um grupo de treinamento de uma série (1 x 8 a 12 de 1 RM) com outro de três séries (3 x 10 de 1 RM). Um terceiro grupo, que realizou um treinamento com variações entre volume e intensidade, apresentou melhores resultados de ganhos de massa e força muscular.

As adaptações neurais e morfológicas, que interagem no decorrer de um período de treinamento de força, podem ter influenciado essas respostas, visto que, nas etapas iniciais do treinamento (quatro a seis semanas), os ganhos de força são obtidos preferencialmente por meio de adaptações neurais (Dantas, 2003; Häkkinen et al., 1998; Vale et al., 2005). Após esse período, há uma maior contribuição das adaptações morfológicas, enquanto as neurais tendem a diminuir. Portanto, o ganho de força depende da otimização dessas adaptações durante o treinamento.

Outro estudo realizado com idosos demonstrou o aumento da massa muscular e da força, que alcançaram valores 200% maiores no teste de 1 RM em doze semanas (Frontera et al., 2002). Humphries (2001) e Willoughby (2003) salientam que um adequado programa de treinamento aplicado em idosos com 65 anos ou mais proporciona melhoras na força muscular e na resistência, aumento na massa corporal magra e na capacidade funcional.

As respostas hormonais se apresentam em escalas menores em idosos, porém, elas acontecem em programas de força que utilizam intensidades elevadas (Kraemer et al., 1999). Isso pode ser justificado em virtude da capacidade de regeneração musculoesquelética também ser afetada pelo envelhecimento. Entre os fatores envolvidos nesse processo de recuperação da fibra muscular estão o fator de crescimento do fibroblasto, o de crescimento insulinóide (IGF) e o de crescimento nervoso. Esses fatores são importantes reguladores das células de crescimento e diferenciação precursoras do músculo e manutenção ou estabelecimento do contato neural. O fator de crescimento insulinóide I (IGF-1) merece destaque especial, a seguir.

12.2 Fator de crescimento similar à insulina 1 (IGF-1)

O IGF pode ser encontrado sob duas formas, IGF-1 e IGF-2. Estas guardam grande homologia estrutural com a molécula de insulina, o que lhes permite, além de exercer suas ações via receptores específicos (receptor tipo 1 e tipo 2), ligar-se também aos receptores de insulina. Estes apresentam estrutura semelhante ao receptor tipo-1 dos IGFs ou, ainda, receptores híbridos compostos por um hemi-receptor tipo-1 e um hemi-receptor de insulina (Gomes et al., 2003).

A insulina tem uma importante função na regulação da síntese de IGF-1, pois ela estimula a sua produção pelo fígado por meio do aumento do RNAm IGF-1 até mesmo na ausência do hormônio de crescimento (GH). Portanto, o envelhecimento diminui a sensibilidade à insulina, prejudicando a atividade do IGF-1 (Arvat et al., 2000).

O IGF-1 é o mais importante dos fatores de crescimento (IGFs), exibindo uma estrutura semelhante à insulina. Os IGFs podem influenciar o crescimento, a diferenciação e o metabolismo celular e estão ligados a proteínas carreadoras denominadas IGFBPs (IGFBPs 1, 2, 3, 4, 5, e 6). A IGFBP mais abundante no soro do homem é a IGFBP-3. A concentração de IGF-1 pode ser caracterizada em quatro situações: muito reduzido, reduzido, normal e elevado. O IGF-1 menor que $35\mu g/L$ ou $-2DP$ da média para a idade cronológica (EDP-IC) permite o diagnóstico de deficiência de IGF-1. Concentrações altas de IGF-1 impõem a dosagem das IGFBPs e consideração da resistência a esse hormônio (Clemmons et al., 2005; Gomes et al., 2003; Martinelli Júnior et al., 2002; Muller et al., 1999).

O IGF-1 pode ser encontrado livre pelo sangue (circulante) ou carreado por uma dessas proteínas. A maior parte (75%) do IGF-1 circula primariamente no complexo ternário (IGF-1, IGFBP-3 e a subunidade do ácido labile) (Nindl et al., 2001; Savage et al., 2004). Sua ação é exercida de forma localizada e, mais amplamente, na forma secretada (Morley et al., 1997). No entanto, é considerado um polipeptídio que atua de forma endócrina, parácrina e autócrina, influenciando a proliferação celular em diversos tecidos (Eliakim et al., 2000; Gomes et al., 2003; Kjaer, 2004; Martinelli Júnior, 2002; Welle, 2002; Wyngaarden et al., 1993).

O IGF-1 caracteriza-se por ser um hormônio anabólico que proporciona o aumento da massa muscular pela estimulação da síntese protéica e/ou pela inibição do catabolismo proteico, o aumento da proliferação e diferenciação de mioblastos, assim como efeitos neurotróficos, que aumentam a reinervação das fibras musculares (Welle, 2002).

No entanto, a ação do eixo GH/IGF-1 e seus níveis circulantes declinam durante o envelhecimento, fato que contribui para a sarcopenia (Bronstein, 2003; Cordeiro et al., 2005; Kalmijn et al., 2000; Lamberts, 2003; Reis; Calsolari, 1997). As mudanças nos níveis de IGF-1 no decorrer da vida acompanham às do GH (O'Connor et al., 1998; Ruiz-Torres; Kirzner, 2002). O aumento de até três vezes verificado na puberdade é seguido por um declínio gradual a partir da terceira década. Mas, embora a redução seja marcante na velhice, nem sempre existe correlação entre os níveis de GH e IGF-1 (Bronstein, 2003). Isso pode estar relacionado ao declínio da síntese de proteínas específicas musculares associada ao declínio nos níveis e ações dos hormônios anabólicos, incluindo GH, IGF-1, entre outros, e a terapia hormonal seria uma alternativa viável para reverter a sarcopenia (Davis e Reeds, 1998).

Segundo Capolla et al. (2001) e Morley et al. (2004), a diminuição da liberação pulsátil do GH inibe a liberação do IGF-1. Fatores como a nutrição, os níveis de atividade física, a ausência de doenças, a ingestão de álcool e a função do fígado poderão influenciar na liberação de IGF-1. Além disso, existe a tentativa de fundamentar a relação do IGF-1 com a composição corporal/massa muscular e ajustar à idade. Seu declínio, portanto, pode estar relacionado à redução de massa e força muscular, aumento da massa adiposa e diminuição da mobilidade, sendo importante clinicamente para o idoso.

Além desses fatores existem outros, os quais regulam a secreção de IGF-1 no idoso: padrões de sono, níveis de IGFBPs, receptores IGF-1 e atividade da insulina (Arvat et al., 2000), e o aumento da massa adiposa, que é considerado o maior inibidor da secreção de GH (Baumgartner et al., 1999; Dam et al., 2000).

A depressão de zinco, nutriente presente em estados catabólicos, é importante na síntese protéica. A desnutrição aumenta a resistência periférica ao GH. Relata-se, ainda, que a energia dietética e o conteúdo de proteína são importantes para manter níveis ideais de IGF-1, podendo influenciar nos mecanismos de receptores e pós-receptores de GH, e na transcrição e degradação de IGF-1 (Arvat et al., 2000).

Em relação à musculatura esquelética e a força muscular, a expressão local do IGF-1 parece ser sensível à sobrecarga e age independentemente de mudanças que possam ocorrer nos níveis séricos de GH ou desse próprio hormônio (Bamman et al. 2001). Huyallas et al. (2001) relatam que o envelhecimento é acompanhado por alterações orgânicas com possível relação com o sistema endócrino. As concentrações sangüíneas de hormônios anabólicos circulantes e fatores de crescimento, testosterona, GH e IGF-1, são diminuídas especialmente em mulheres. Isso sugere uma redução dos efeitos anabólicos nos músculos associados possivelmente com atrofia muscular e redução de força.

A razão IGF-1/GH é considerada uma das mais importantes variáveis químicas observadas e relacionadas com os aspectos funcionais, as quais reduzem com o envelhecimento, juntamente com os níveis de testosterona (T), estradiol e sulfato dehidroepiandrosterona (DHEAS – *dehydroepiandrosterone sulfate*; precursor do T) (Arvat et al., 2000; Blackman et al., 2002; Tissandier et al., 2001).

Além do sistema musculoesquelético, o tecido cardiovascular também sofre alterações, como a queda do número de miócitos, o acúmulo de fibrose e colágeno, a deterioração na condução do sistema miocárdio e na função dos receptores adrenérgicos, a disfunção endotelial, a redução da capacidade de *endurance*, entre outras, as quais estão diretamente relacionados com a queda dos níveis de GH e IGF-1 em seres humanos e animais (Avart et al., 2000; Khan et al., 2002).

12.3 Treinamento de força e níveis séricos basais de IGF-1

O treinamento de força direcionado para a manutenção e/ou melhora do condicionamento físico é um dos fatores que tem efeitos positivos na liberação de GH e IGF-1 em idosos, mostrando correlações positivas entre os níveis hormonais, a força, o aumento de massa muscular e massa óssea, além de maior desenvolvimento da autonomia funcional e melhora na qualidade de vida (Ameredes et al., 1999; Capolla et al., 2001; Hakkinen et al., 2001; Hymer et al., 2001; Hortobágyi et at., 2002; Janssen et al., 1999; Lange et al., 2001; Morley et al., 2004; Newton et al., 2002; Porter et al., 2002; Singh et al., 1999; Tissandier et al., 2001; Veyrat-Durebex et al., 1999; Wood et al., 2001).

O treinamento de força pode alterar o padrão temporal de liberação do GH durante a noite, e o exercício de resistência local pode levar alteração no sistema do IGF-1 e sua detecção na circulação (Hurley; Roth, 2000; Nindl et al., 2001; Singh et al., 1999). Age ainda interativamente com sistema endócrino no metabolismo protéico muscular na população idosa, porém com efeitos limitados. Quando os efeitos são comparados entre os sexos, as limitações são ainda maiores para as mulheres (Balagopal et al., 1997; Frontera, 2000; Hakkinen et al., 1998; Landers et al., 2001; Trappe et al., 2001).

Alguns estudos não têm demonstrado alterações no IGF-1 durante ou imediatamente após o treinamento (Chandler et al., 1994; Kraemer et al., 1999; McCall et al., 1999; Walker et al., 2004). Outros mostraram aumentos agudos de IGF-1 durante e após essa atividade (Bermon et al., 1999; Marx et al., 2001), ao passo que estudos em longo prazo realizados com mulheres têm apontado elevações do IGF-1 em repouso, particularmente durante treinamento de alta intensidade (Koziriz et al., 1999; Marx et al., 2001).

Borst et al. (2001) observaram elevações significativas no IGF-1 sérico basal após a 13ª semana de 25 semanas de um programa de treinamento. Marx et al. (2001) reportaram aumentos significativos em concentrações séricas basais de IGF-1 em mulheres previamente destreinadas, durante seis meses de treinamento. Portanto, a magnitude se apresentou maior quando o programa foi realizado com alto volume e múltiplas séries, comparado a uma série em circuito.

Além disso, o IGF-1 é muito estudado juntamente com o GH no tratamento de várias doenças crônicas como a síndrome de resistência à insulina; a síndrome de insensibilidade ao GH (GHIS), em razão da deficiência de receptores, à diabetes mellitus tipo 1 e 2 e à osteoporose (Savage et al., 2004).

Esta última parece ter uma relação com o IGF-1, pois, ao ser liberado pelo fígado, estimula a incorporação de sulfato de condroitina (composição óssea), sendo uma importante função na manutenção da massa óssea (Raff, 2000), que é caracterizada pelo estímulo à formação da atividade dos osteoblastos e à preservação da matriz óssea (Arvat et al., 2000).

12.4 Osteoporose e atividade física

A osteoporose é definida como uma doença caracterizada por uma diminuição da massa óssea e pela deterioração da microarquitetura do tecido ósseo, sem alterações significativas da proporção entre matriz mineral e não mineral. Essa diminuição da massa óssea leva a um aumento da fragilidade do osso e a um conseqüente aumento do risco de fratura (Who, 1994).

A osteoporose é, portanto, clinicamente significativa, porque pode provocar fraturas. Embora a etiologia das fraturas por osteoporose seja multifatorial, a quantidade de massa óssea é considerada um dos principais fatores de risco preditivo (Taxel, 1998). Entretanto, os dois fatores de risco mais importantes são o baixo pico de massa óssea atingido na maturidade esquelética e a acelerada perda de massa óssea pós-menopausa (Kaplan, 1995). Está também associada às deficiências de alguns minerais, como o cálcio, e de vitaminas (vitamina D), e pode resultar de medicamentos, doenças, procedimentos cirúrgicos, hábitos e estilos de vida, como a falta de exercício físico, o hábito de fumar e a ingestão excessiva de álcool (Achour Júnior e Silva, 1996; Rubin e Farber, 1994).

A osteoporose de desuso desenvolve-se mais em indivíduos sedentários do que nos que praticam regularmente alguma forma de exercício físico. Não é a falta de movimento que leva à osteoporose, mas a ausência de tensão mecânica exercida sobre os ossos, decorrentes da poderosa ação muscular antigravitacional, utilizada para se manter em pé ou andar (Shephard, 1997).

A perda da densidade óssea parece ser maior no osso trabecular do que no osso cortical. As causas comuns de osteoporose de desuso (provavelmente causada por diminuição da atividade muscular) incluem a mobilização de um membro por gesso, tipóia ou aparelho de órtese, e o repouso prolongado no leito (Seeman, 2003).

A imobilização de um membro ou do corpo todo causa rápida e acentuada diminuição da densidade óssea, acompanhada de perda proporcional tanto da matriz óssea como da mineral. Nada menos do que 30% a 40% da massa óssea inicial total podem ser perdidos durante seis meses de completa imobilização (ACSM, 1995).

A atividade física com peso parece ser importante para a saúde do esqueleto e é, talvez, o fator externo mais indicado para afetar o desenvolvimento ósseo e sua remodelação (Shephard, 1997).

12.4.1 Classificação da osteoporose

A osteoporose pode ser classificada de acordo com a localização no esqueleto e de acordo com a etiologia. A osteoporose localizada afeta parte do esqueleto; a osteoporose generalizada afeta, em maior ou menor proporção, diferentes partes de todo o esqueleto. Ambos os tipos de osteoporose podem também ser classificados em primário ou secundário. O agente causador da osteoporose primária geralmente não é totalmente conhecido; na secundária, o fator predisponente, seja local ou sistêmico, sempre está presente. Por fim, a osteoporose generalizada também pode ser classificada de acordo com a idade do paciente, quando os sinais clínicos se apresentam como osteoporose juvenil, idiopática e osteoporose involucional (Kottke e Lehmann, 1994).

A osteoporose involucional é a forma mais comum de osteoporose e inclui a osteoporose pós-menopáusica (tipo I) e a osteoporose associada com o envelhecimento (tipo II), anteriormente chamada de osteoporose senil. A osteoporose tipo I afeta mulheres pós-menopáusicas entre 50 e 65 anos, e a osteoporose do tipo II afeta indivíduos acima de 70 anos de idade (Cooper, 1991).

12.4.2 O papel da atividade física na prevenção e no tratamento da osteoporose

Poucos investigadores abordaram o papel dos princípios que se revelaram capazes de afetar a resposta de outros sistemas fisiológicos ao treinamento. Os seguintes princípios devem ser levados em conta ao avaliar os resultados de qualquer estudo de treinamento (ACSM, 1995):

- Princípio da Especificidade: o maior impacto da atividade deve incidir no local onde a densidade mineral óssea

(DMO) está sendo medida, pois a resposta a uma determinada carga parece consistir em um efeito localizado;
- Princípio da Sobrecarga: para conseguir uma modificação na massa óssea, o estímulo do treinamento deve ultrapassar a carga normal;
- Princípio da Reversibilidade: o efeito positivo de um programa de treinamento sobre o osso será perdido se o programa for interrompido;
- Princípio dos Valores Iniciais: os indivíduos com os níveis mais baixos de DMO possuem uma maior capacidade de aprimoramento percentual nos estudos de treinamento. Aqueles com uma massa óssea média ou acima da média possuem a menor capacidade;
- Princípio de Redução dos Ganhos: cada pessoa possui um teto biológico individual, que determina a extensão de um possível efeito no treinamento. À medida que se aproxima desse teto, os ganhos na massa óssea serão mais lentos e acabarão alcançando um platô.

Uma área de interesse, quanto a esses aspectos, é a relação entre força muscular, massa muscular e DMO. Entre as mulheres jovens que não são atletas, foi relatada uma associação positiva e independente entre a força muscular e a DMO (Emslander et al., 1998). A relação independe da altura e do peso corporal. Em alguns casos, a DMO era prevista para grupos musculares na região da mensuração da massa óssea; porém, ao nível da coluna lombar, os grupos musculares distantes do local (flexores do cotovelo, flexores do antebraço) prediziam a DMO. Parece que a força global é fator-chave, pois a força em uma área reflete tipicamente a força em outras regiões do corpo. Por muito tempo, aceitou-se que as mulheres com peso corporal mais alto possuíam maior DMO; essa relação era considerada em função da carga mais pesada imposta ao esqueleto (Blain et al., 2001).

Sugere-se que a massa muscular faz uma contribuição mais importante para a DMO que a massa de gordura. As relações entre massa óssea e força e/ou massa muscular não são tão incontestáveis para as mulheres pós-menopáusicas em comparação com as mulheres pré-menopáusicas, apesar de que a massa muscular se correlaciona com a DMO em mulheres pós-menopáusicas. As associações positivas entre a força muscular e a massa óssea são mais enfáticas nas mulheres pré-menopáusicas, em comparação com as mulheres pós-menopáusicas, independentemente do estado estrogênico (Douchi et al., 2003).

A massa de gordura evidenciava uma associação mais vigorosa com a DMO nas mulheres pós-menopáusicas. Isso pode ser devido às forças que agem sobre o osso durante a atividade de sustentação do peso e/ou à conversão dos androgênios para estrogênios no tecido adiposo nesse grupo etário. Ambas as possibilidades exigem um estudo adicional (ACSM, 1995).

Embora alguns relatos indiquem que só o exercício vigoroso seja benéfico, a quantidade e o grau de atividade física por toda a vida adulta não foram determinados. Pode ser que apenas uma leve atividade física diária seja suficiente para proteger a massa óssea existente. Qin et al. (2002) concluíram que a prática regular de Tai Chi Chuan pode retardar a perda óssea em mulheres pós-menopáusicas.

O programa geralmente recomendado a todos os adultos é aquele com atividades físicas e treinamento suave com pesos. Uma caminhada diária de 30 minutos possibilita o benefício adicional de expor a face e as mãos à luz do sol para estimular a formação de vitamina D e aumentar a absorção do cálcio pelo organismo (Kaplan, 1995).

12.4.3 A importância do treinamento de força

Quando o osso é submetido a uma força, acaba se encurvando ou sofre uma deformidade temporária. A extensão dessa deformação é medida como mudança (*strain*) e depende da magnitude e da direção da força, da distância entre o ponto de aplicação da força e o eixo de inclinação (braço de alavanca) e do momento de inércia do corpo. A regulação da força do osso é uma função das forças mecânicas ou cargas a que são expostos os respectivos ossos do esqueleto (ACSM, 1995; Cullen et al., 2001).

A resposta do osso às cargas mecânicas é imediata, específica para o osso que está suportando a carga, e envolve reações tanto celulares quanto teciduais. As cargas mecânicas estimulam as células ósseas dentro da região sobrecarregada a se deformarem e aumentarem a síntese de prostaciclina, prostaglandina E_2, glicose-6-fosfato desidrogenase e sua síntese de RNA dentro de minutos após a aplicação da carga. Assim sendo, uma cascata de eventos dentro dos osteoblastos e osteócitos ocorre em resposta às modificações na tensão do osso, refletindo uma adaptação à sobrecarga imposta pelo meio ambiente (Kottke e Lehmann, 1994).

As tensões que ultrapassam a tensão mínima para modelagem resultarão em um aumento global na massa óssea, enquanto as tensões que se situam abaixo da tensão mínima para remodelagem resultarão em maior remodelagem do osso assim como em uma redução global na massa óssea (Frost, 1987).

Outro fator associado a essa relação tensão/modelagem é a freqüência de estímulos. Cullen et al. (2001) concluem que quanto menor a magnitude das forças de tensão maior deverá ser a quantidade de estímulos para que haja a modelagem.

Dessa forma, de um modo geral, as mulheres ativas e as atletas que participam de atividade com sustentação do peso possuem uma massa óssea mais alta ao nível da coluna lombar e do colo do fêmur que os controles sedentários. A sustentação do peso é um fator essencial nessa relação (Peterson et al., 1991). Chilibeck et al. (1995) relatam que exercícios com pesos ou aqueles que suportam o próprio peso do corpo são mais eficientes para modelagem óssea. Além desses, outros estudos também realizaram treinamento de força e obtiveram aumentos significativos na densidade mineral óssea (Cussler et al., 2003; Hartard et al., 1996; Kemmler et al., 2002).

12.5 Efeitos dos exercícios resistidos sobre a autonomia funcional e a qualidade de vida na terceira idade

Os efeitos do treinamento da força proporcionam impactos significativos na vida do idoso. Os benefícios adquiridos na função musculoesquelética sustentam a manutenção da autonomia funcional e da qualidade de vida (ACSM, 2003).

Realizar as atividades da vida diária com maior desempenho é uma forma de minimizar o processo de declínio funcional do idoso, pois, mantendo-o ativo, os níveis de força são mantidos. Manter e/ou aumentar os níveis de força significa reduzir os fatores de risco para as quedas e as lesões. Esse tipo de acometimento deve ser prevenido pela dificuldade de recuperação nesse grupo, pois, do contrário, o idoso estará sujeito a perder sua autonomia funcional e diminuir sua qualidade de vida (Allman e Rice, 2004).

Além disso, o idoso precisa se sentir útil e capaz de realizar suas ações. Portanto, não depender de terceiros representa sua própria independência (Silva e Matsura, 2002).

A manutenção da força muscular ou o seu aprimoramento permite a qualquer indivíduo executar as tarefas da vida diária com menos estresse fisiológico e, portanto, ajuda a manter a autonomia funcional durante a vida. Com a redução desse estresse, a tendência é que haja também uma diminuição da pressão arterial, pois o esforço cardiovascular para levantar ou sustentar um determinado peso é proporcional ao percentual da força máxima envolvida (ACSM, 2003).

Kemmler et al. (2002) apontam que um programa de exercícios intensos aumenta a força muscular e a densidade mineral óssea. Sendo assim, pode aumentar os parâmetros de qualidade de vida e de autonomia funcional.

Esses apontamentos são corroborados pelo estudo de Karlsson (2002), que reporta que exercícios desenvolvendo a força, quando realizados na fase adulta, elevam o pico de densidade mineral óssea, e, por conseguinte, previnem a perda óssea na idade avançada. Todavia, o autor sugere que a intervenção de exercícios de força em octagenários seja viável para reduzir o número de fraturas.

Nesse contexto, Orces et al. (2002) relacionam a fratura de quadril, uma séria complicação da osteoporose, com uma considerável morbidade e mortalidade nos idosos. Portanto, o treinamento de força funciona como uma prevenção nessa situação, promovendo a manutenção da autonomia deles.

A incidência de quedas também pode ser reduzida pela manutenção da força muscular (Matsudo et al., 2001). Esse relato corrobora os estudos de Silva e Matsura (2002), que apontam como efetivo o treinamento de força em idosos para melhorar as funções neuromusculares. Dessa maneira, pode ajudar a prevenir as quedas que esses indivíduos geralmente sofrem, proporcionando maior segurança na realização dos movimentos diários.

Nessa perspectiva, a preservação da massa magra e a prevenção de ganho de gordura são medidas importantes para a manutenção da força muscular em idosos (Anton et al., 2004; Newman et al., 2003).

Essa manutenção da força muscular pode ainda melhorar a estabilidade física e a postura, além de beneficiar a função cognitiva e diminuir os possíveis níveis de depressão (Cromwell; Newton, 2004; Johnson et al., 2003; Pajala et al., 2004; Tiainen et al., 2004). Isso sugere que pode haver uma melhora na auto-imagem e na autoestima do idoso, fazendo, portanto, que ele se perceba como um indivíduo útil para si próprio e para a sociedade.

12.6 Conclusão

Os estudos mencionados sugerem que programas de treinamento de força muscular com intensidade elevada podem ser eficientes para proporcionar melhoras na autonomia funcional relacionada à execução das atividades da vida diária e na qualidade de vida. Na terceira idade, o aumento da força muscular e da massa muscular significa minimizar os efeitos deletérios do envelhecimento, aumentando os níveis do metabolismo e da secreção hormonal, sobretudo de IGF-1 para evitar a sarcopenia, a osteopenia e a osteoporose.

Referências

Achour Junior, A.; Da Silva, E. N. Efeito da atividade física na densidade mineral óssea. **Revista da Associação dos Professores de Educação Física de Londrina**, 1996; 19(11):80-92.

Allman, B.; Rice, C. L. An age-related shift in the force-frequency relationship affects quadriceps fatigability in old adults. **Journal of Applied Physiology**, 2004; 96:1026-1032.

Ameredes, B. T. et al. Growth hormone improves body mass recovery with refeeding after chronic undernutrition-induced muscle atrophy in aging male. **Journal of Nutrition**, 1999; 129:2264-2270.

American College of Sports Medicine – Position stand. Osteoporosis and Exercise. **Medicine & Science in Sports & Exercise**, 1995; 4(27):1-7.

_____. **Diretrizes do ACSM para os testes de esforço e sua prescrição**. 6. ed. Rio de Janeiro: Guanabara Koogan, 2003.

Anton, M. M.; Spirduso, W. W.; Tanaka, H. Age-related declines in anaerobic muscular performance: weightlifting and powerlifting. **Medicine and Science in Sports and Exercise**. 2004; 36:143-7.

Arvat, E.; Broglio, F.; Chigo, E. Insulin-like growth factor I: implications in aging. **Drugs Aging**, 2000;1(16):29-40.

Balagopal, P. et al. Effects of aging on in vivo synthesis of skeletal muscle myosin heavy-chain and sarcoplasmic protein in humans. **Journal of Applied Physiology**,1997; 4(273):E790-E800.

Bamman, M. M. et al. Mechanical load increases muscle IGF-1 and androgen receptor mRNA concentrations in humans. **American Journal of Physiology and Endocrinology Metabolism**, 2001; 280:E383-E390.

Baumgartner, R. N. et al. Predictors of skeletal muscle mass in elderly men and women. **Mechanisms of ageing and development**, 1999; 107:123-36.

Bermon, S. I. et al. Responses of total and free insulin-like growth factor-1 and insulin-like growth factor binding protein-3 after resistance exercise and training in elderly subjects. **Acta Physiologica Scandinavica**, 1999; 1(165):51-6.

Blackman, M. R. et al. Growth hormone and sex steroid administration in healthy aged women and men. **JAMA**, 2002; 18(288):2.282-92.

Blain, H.; Vuillemin, A.; Teissier, A.; Hanesse, B.; Guillemin, F.; Jeandel, C. Influence of muscle strength and body weight and composition on regional bone mineral density in healthy women aged 60 years and over. **Gerontology**. 2001; 47:4.

Bompa, T. O. **Periodização**: teoria e metodologia do treinamento. São Paulo: Phorte, 2002.

Borst, S. E. et al. Effects of resistance training on insulin-like growth factor-1 and IGF binding proteins. **Medicine & Science in Sports & Exercise**. 2001; 33:648-53.

Bronstein, M. D. Reposição de GH na "somatopausa": solução ou problema? **Arquivos Brasileiros de Endocrinologia e Metabologia**, 2003; 4(47):323-30.

Capolla, A. et al. Association of IGF-1 Levels with Muscle Strength and Mobility in Older Women. **Journal of Clinical & Metabolism**, 2001; 9(86):4.139-45.

Carpinelli, R. N.; Otto, R. M. Strength training: single versus multiple sets. **Sports and medicine**, 1998; 26:73-84.

Chandler, R. M. et al. Dietary supplements affect the anabolic hormones after weight-training exercise. **Journal of Applied Physiology**, 1994; 76:839-45.

Chilibeck, P. D.; Sale, D. G.; Webber, C. E. Exercise and Bone Mineral Density. **Sports Medicine**, 1995;19 (2):103-18.

Clemmons, D. R. et al. Rh/IGF-1/rhIGFBP-3 administration to patients with type 2 diabetes mellitus reduces insulin requirements while also lowering fasting glucose. **Growth Hormone & IGF Research**, 2005; 15:265-74.

Cooper, K. H. **Controlando a Osteoporose**. [s.l]: Editora Nórdica, 1991.

Cordeiro, L. S.; Fortes, M. S. R.; Dantas, E. H. M. Relação entre o nível sérico basal de GH e de IGF-1 e a autonomia e o estado de condicionamento físico da idosa ativa. **Fitness & Performance Journal**, 2005; 5(4):293-8.

Cronwell, R. L.; Newton, R. A. Relationship between balance and gait stability in health older adults. **Journal of Aging and Physical Activity**, 2004; 12.

Cullen, D. M.; Smith, R. T.; Akhter, M. P. Bone loading response varies with strain magnitude and cycle number. **Journal of Applied Physiology**, 2001; 91: 1.971-6.

Cussler, E. C.; Lohman, T. G.; Going, S. B.; Houtkooper, L. B.; Metcalfe, L. L.; Flint-Wagner, H.; Harris, R. B.; Teixeira, P. J. Weight lifted in strength training predicts bone change in postmenopausal women. **Medicine & Science in Sports & Exercise**, 2003; 35 (1), 10-7.

Dam, P. S. et al. Reduction of free acids by acapimox enhances the growth hormone (GH) responses to GH-releasing peptide 2 in elderly men. **The Journal of Clinical Endocrinology & Metabolism**, 2000; 12(85):4.706-11.

Dantas, E. H. M. **A Prática da Preparação Física**. 5. ed. Rio de Janeiro: Shape, 2003.

Davis, T. A.; Reeds, P. J. The roles of nutrition, development and hormone sensitivity in the regulation of protein metabolism: an overeview. **The Journal of Nutrition**, 1998; 2(128):340S-341S.

Douchi, T.; Takashi, M.; Uto, H.; Kuwahata, T.; Oki, T.; Nagata, Y. Lean body mass and bone mineral density in physically exercising postmenopausal women. **Maturitas**, 2003; 45(3):185-90.

Eliakim, A.; Oh, Y.; Cooper, D. M. Effect of single wrist exercise on fibroblast growth factor-2, insulin-like growth factor, and growth hormone. **Journal of Applied Physiology**, 2000; 2(279):R548-R553.

Emslander, H. C.; Sinaki, M.; Muhs, J. M.; Chao, E. Y.; Wahner, H. W.; Bryant, S. C.; Riggs, B. L.; Eastell, R. Bone mass and muscle strength in female college athletes (runners and swimmers). **Mayo Clin Proc**, 1998; 73(12):1151-60.

Fish, D. E. et al. Optimal Resistance Training: Comparison of DeLorme with Oxford Techniques. **American Journal of Physical Medicine Rehabilitation**, 2003; 12(82):903-9.

Fleck, S. J.; Figueira Junior, A. **Treinamento de força para fitness e saúde**. São Paulo: Phorte, 2003.

Frontera, W. R.; Bigard, X. The benefits of strength training in the elderly. **Science and Sports**, 2002; 17, (3):109-16.

Frost, H. M. The mechanostat: a proposed pathogenic mechanism of osteoporosis and bone mass effects of mechanical and nonmechanical agents. **Bone Miner**, 1987; 2:73-85.

Gomes, R. J. et al. Efeitos do treinamento físico sobre o hormônio do crescimento (GH) e fator de crescimento semelhante à insulina (IGF-1) em ratos diabéticos. **Revista Brasileira de Ciência e Movimento**, 2003; 11:55-61.

Goto, K. M. et al. Muscular adaptations to combinations of high- and low- intensive resistense exercises. **Journal of Strength and Conditioning Research**, 2004; 18:730-7.

Hakkinen, K. et al. Selective muscle hypertrophy, changes in EMG and force, and serum hormones during strength training in older women. **Journal of Applied Physiology**, 2001; 91:569-80.

_____ Changes in agonista-antagonist EMG, muscle CSA, and force during strength training in middle-aged and older people. **Journal of Applied Physiology**, 1998; 84:1.341-9.

Hartard, M.; Haber, P.; Ilieva, D.; Presinger, E.; Seild, G.; Huber, J. Systematic strength training as a model of therapeutic intervention. **American Journal of Physical Medicine Rehabilitation**, 1996; 75:21-8.

Hortobágyi, T. et al. Muscle adaptations to 7 days of exercise in young and older humans: eccentric overload versus standard resistive training. **Journal of Aging and Physical Activity**, 2002; 10:290-305.

Huayllas, M. K. P et al. Níveis séricos de hormônio de crescimento, fator de crescimento símile à insulina e sulfato de deidroepiandrosterona em idosos residentes na comunidade. Correlação com parâmetros clínicos. **Arquivos Brasileiros de Endocrinologia e Metabologia**, 2001; 45:157-66.

Humphries, B. D. Strength Training for Bone, Muscle and Hormones. **ACSM**, p.1-2; Jul. 2001.

Hurley, B. F.; Roth, S. M. Strength training in the elderly: effects on risk factors for age-related diseases. **Sports Medicine**, 2000; 30:249-68.

HYMER, W. C. et al. Characteristics of circulating growth hormone in women after heavy resistance exercise. **Journal of Applied Physiology**, 2001; 281:E878-E887.

JANSEN, Y. J. H.; DOORNBOS, J.; ROELFSEMA, F. Changes in muscle volume, strength, and bioenergetics during recombinant human growth hormone (GH) therapy in adults with GH deficiency. **The Journal of Clinical Endocrinology e Metabolism**, 1999; 84:279-84.

JOHNSON, C. B.; MIHALKO, S. L.; NEWELL, K. M. Aging and the needed to reacquire postural stability. **Journal of Aging and Physical Activity**, 2003; v. 11.

KALAPOTHARAKOS, V. I. et al. Effects of heavy and moderate resistance training on functional performance in older adults. **Journal of Strength and Conditioning Research**, 2005; 3(19):652-7.

KAPLAN, F. S. **Clinical Symposia - Prevenção e Tratamento da Osteoporose**. Editora Novartis, 1995, v. 47, n. 1.

KALMIJM, S. et al. A prospective study on circulating insulin-like growth factor 1 (igf-1), igf – binding proteins, andcognitive function in elderly. **The Journal of Clinical Endocrinology e Metabolism**, 2000; 12(85):4.551-5.

KARLSON, M. Exercise increases muscle strength and probably prevents hip fractures. **Lakartidningen**, 2002; 99:3.408-13.

KEMMLER, W.; ENGELKE, K.; LAUBER, D.; WEINECK, J.; HENSEN, J.; KALENDER, W. A. Exercise effects on fitness and bone mineral density in early postmenopausal women: 1-year EFOPS results. **Medicine and Science in Sports Exercise**, 2002; 34(12):2.115-23.

KHAN, A. S. et al. Growth hormone, insulin-like growth factor-1 and the aging cardiovascular system. **Cardiovascular Research**, 2002; 1(54):25-35.

KJAER, M. Role of extracellular matrix in adaptation of tendon and skeletal muscle to mechanical loading. **American Physiological Society**, 2004; 84:649-698.

KOTTKE, F. J.; LEHMANN, J. F. **Tratado de Medicina Física e Reabilitação De Krusen**. 4. ed. São Paulo: Manole, 1994. v. 2.

KOZIRIS, L. P. et al. Serum levels of total and free IGF-1and IGFBP-3 are increased and maintained in long-term training. **Journal of Applied Physiology**, 1999; 86:1436-1442.

KRAEMER, J. B.; STONE, M. H.; O'BRYANT, H. S.; CONLEY, M. S.; JOHNSON R. L.; NIEMAN D. C.; HONEYCUTT D. R.; HOKE T. P. Effects of single vs. multiple sets of weight training: impact of volume, intensity, and variation. **Journal strength and conditioning research**, 1997; 11:143-7.

KRAEMER, W. J. et al. Effects of heavy-resistance training on hormonal response patterns in younger versus older men. **Journal of Applied Physiology**, 1999; 87: 982-92.

LAMBERTS, S. W. J. The endocrinology of gonadal involution: menopause and andropause. **Annals of Endocrinology**, 2003; 2(64):77-81.

LANDERS, K. A. et al. The interrelationship among muscle mass, strength, and the ability to perform physical tasks of daily living in younger and older women. **The Journals of Gerontology**, 2001; 56:B443-B448.

LANGE, K. H. W et al. Endurance training and GH administration in elderly women: effects on abdominal adipose lipolysis. **Journal of Applied Physiology**, 2001; 9(280):E886-E897.

MACALUSO, A.; YOUNG, A.; GIBB, K. S.; ROWE, D. A.; DE VITO, G. Cycling as a novel approach to resistance training increases muscle strength, power, and selected functional abilities in healthy older women. **Journal of Applied Physiology**, 2003; 95:2.544-53.

MALATESTA, D.; SIMAR, D.; DAUVILLIERS, Y.; CANDAU, R.; BORRANI, F.; PRÉFAUT, C.; CAILLAUD, C. Energy cost of walking and gait instability in healthy 65 and 80 years olds. **Journal of Applied Physiology**, 2003; 95:2.248-56.

McCALL, G. E. et al. Acute and chronic hormonal responses to resistance training designed to promote muscle hypertrophy. **Canadian Journal of Applied Physiology**, 1999; 24:96-107, 1999.

MARTINELLI JUNIOR, C. E. et al. Diagnóstico da deficiência de hormônio do crescimento, a rigor de IGF-1. **Arquivo Brasileiro de Endocrinologia e Metabologia**, 2002; 1(46).

MARX, J. O. et al. Low-volume circuit versus high-volume periodized resistance training in women. **Medicine and Science in Sports Exercise**, 2001; 33:635-43.

Matsudo, S. M.; Matsudo, V. K. R.; Araújo, T. L. Perfil do nível de atividade física e capacidade funcional de mulheres maiores de 50 anos de idade de acordo com a idade cronológica. **Revista Brasileira de Atividade Física e Saúde**, 2001; 6:12-24.

Morley, J. E. The top 10 hot topics in aging. **American Biology Sci. Med.**, 2004; 59:24-33.

Muller, E. E.; Locatelli, V.; Cocchi, D. Neuroendocrine control of growth hormone secretion. **Physiological Reviews**, 1999; 2(79):511-607.

Newman, A. B.; Haggerty, C. L.; Goodpaster, B.; Harris, T.; Kritchevsky, S. M.; Miles, T. P.; Visser, M. Strength and muscle quality in a well-functioning cohort of older adult health, aging and body composition study. **Journal of the American Geriactrics Society**, 2003; 51:323-30.

Newton, R. U. et al. Mixed-methods resistance training increases power and strength of young and older men. **Medicine & Science in Sports & Exercise**, 2002; 1.367-75.

Nieman, D. C. **Exercício e saúde**. 1. ed. São Paulo: Manole, 1999.

Nindl, B. C. et al. Overnight responses of the circulating IGF-1 system after acute, heaavy-resistance exercise. **Journal of Applied Physiology**, 2001; 90:1.319-26.

O'Connor, K. G. et al. Serum levels of Insulin – Like Growth Factor – I Are Related to Age and Not to Body Composition in Healthy Women and Men. **The Journal of Gerontology**, 1998; 3(53):M176-M182.

Orces, C. H.; Lee, S.; Bradshaw, B. Sex and ethnic differences in hip fracture-related mortality in Texas, 1990 through 1998. **Texas Medicine**, 2002; 98:56-8.

Pajala, S.; Era, P.; Koskenvuo, M.; Kaprio, J.; Tolvanen, A.; Heikkinen, E.; Tiainen, K.; Rantanen, T. Contribution of genetic and environmental effects to postural balance in older female twins. **Journal of Applied Physiology**, 2004; 96:308-15.

Peterson, S. E.; Peterson, M. D.; Raymond, G.; Gilligan, C.; Checovich, M. M.; Smith, E. L. Muscular strength and bone density with weight training in middle-aged women. **Medicine & Science in Sports & Exercise**, 1991; 4(23):499-504.

Ploutz-Snyder L. L.; Giamis E. L. Orientation and familiarization to 1RM strength testing in old and young women. **Journal of strength and conditioning research**, 2001; 15:519-23.

Porter, M. M. et al. Effects of long-term resistance training and detraining on strength and physical activity in older women. **Journal of Aging and Physical Activity**, 2002; 10:260-70.

Qin, L.; Au, S.; Choy, W.; Leung, P.; Neff, M.; Lee, K.; Lau, M.; Woo, J.; Chan, K. Regular Tai Chi Chuan exercise may retard bone loss in postmenopausal women: A case-control study. **Archives of physical medical rehabilitation**, 2002; 83(10):1.355-9.

Raff, H. **Segredos em fisiologia**: respostas necessárias ao dia-a-dia em rounds, na clínica, em exames orais e escritos. Porto Alegre: Artes Médicas Sul, 2000.

Reeves, N. D.; Narici, M. V.; Maganaris, C. N. Effect of resistance training on skeletal muscle-specific force in elderly humans. **Journal of Applied Physiology**, 2004; 96:885-92.

Reis, R.; Calsolari, M. R. O Hormônio de crescimento e sua secreção no idoso. **Arquivos Brasileiros de Endocrinologia e Metabologia**, 1997; 3(41):143-6.

Rubin, E.; Farber, JL. Pathology. Second Edition. **J. B. Lippincott Company**, Philadelphia, 1994.

Rubin, M. R. et al. High-affinity growth hormone binding protein and acute heavy resistance exercise. **Medicine & Science in Sports & Exercise**, 2005; 3(37): 395-403.

Ruiz-Torres, A.; Kirzner, M. S. M. Ageing and Longevity are related to Grrowth Hormone/ Insulin – like Growth Factor – 1 secretion. **Gerontology**, 2002; 6(48):401-7.

Savage, M. O.; Camacho-Hubner, C.; Dunger, D. B. Therapeutic applications of the insulin-like growth factors. **Growth Hormone & IGF Research**, 2004; 14:301-8.

Seeman, E. Invited Review: Pathogenesis of osteoporosis. **Journal of Applied Physiology**, 2003; 95(5):2.142-51.

Shepard, R. J. Aging, Physical Activity and Health. **Human Kinetics**, 1997.

Silva, V. F.; Matsura, C. Prevenção de quedas em idosos. **Fitness e Performance Journal**, 2002; (1):39-45.

SINGH; FIATARONE, M. A. et al. Insulin –like growth factor I in skeletal muscle after wright-lifting exercise in frail elders. **American Physiological Society**, 1999.

TAXEL, P. Osteoporosis: Detection, prevention, and treatment in primary care. Geriatrics. **Medicine for Midlife and Beyond**. 1998; 53:22-40

TIAINEN, K.; SIPILÄ, S.; ALEN, M.; HEIKKINEN, E.; KAPRIO, J.; KOSKENVUO, M.; TOLVANEN, A.; PAJALA, S.; RANTANEN, T. Heritability of maximal isometric muscle strength in older female twins. **Journal of Applied Physiology**, 2004; 96:173-80.

TISSANDIER, O. et al. Testoterone, dehydroepiandrosterone, insulin-like growth factor-1, and insulin in sedentary and physically trained aged men. **European Journal of Applied Physiology**, 2001; 85:177-84.

TRAPPE, S. et al. Resistance training improves single muscle fiber contractile function in older women. **Journal of Applied Physiology**, 2001; 2(281):C398-C406.

VALE, R. G. S.; NOVAES, J. S.; DANTAS, E. H. M. Efeitos do treinamento de força e de flexibilidade sobre a autonomia funcional de mulheres senescentes. **Revista Brasileira de Ciência e Movimento**, 2005; 2(13):33-40.

VEYRAT-DUREBEX, C. et al. Peripheral injection of growth hormone stimulates protein intake in aged male and female lou rats. **Endocrinology Reviews**, 1999; 6(276): E1.105-E1.111.

WALKER, K. S.; KAMBADUR, R.; MRIDULA, S.; SMITH, H. K. Resistance Training Alters Plasma Myostatin but not IGF-1 in Healthy Men. **Medicine & Science in Sports & Exercise**, 2004; 5(36):787-93.

WELLE, S. Cellular and molecular basis of age-related sarcopenia. **Canadian Journal of Applied Physiology**, 2002; 1(27):19-41, 2002.

WESTCOTT, W.; BAECHLE, T. **Treinamento de força para a terceira idade**. 1. ed. São Paulo: Manole, 2001.

WILLOUGHBY, D. S. Resistance Training in the Older Adult. **Fit Society Page: Exercise & The Older Adult/ ACSM**, p. 8-9, 2003.

WOOD, R. H. et al. Concurrent cardiovascular and resistance training in health older adults. **Medicine & Science in Sports & Exercise**, 2001; 10(33):1.751-8.

WORLD HEALTH ORGANIZATION (WHO). **Assessment of fracture risk and its application to screening for postmenopausal osteoporosis**: report of a WHO study group, Genebra, 1994.

WYNGAARDEN, J. B.; SMITH, L. H.; BENNETT, J. C. **Tratado de Medicina Interna**, 19. ed. Rio de Janeiro: Guanabara Koogan, 1993.

Capítulo 13
Treinamento contra resistência e lombalgia

Sergio Medeiros Pinto/Ana Cristina Lopes Y Glória Barreto/
Jefferson da Silva Novaes

13.1 Lombalgia

Na década de 1990, houve aproximadamente 15 milhões de visitas a consultórios médicos em virtude de dor lombar, colocando essa morbidade no segundo lugar em motivos de consultas médicas nos EUA (Hills, 2001). As conseqüências desse problema são as maiores razões de incapacidade nas atividades diárias; contudo, a dor lombar possui etiologia obscura e os fatores que influenciam o seu desenvolvimento são objeto de discussão e de muita contradição (Morlock et al., 2000).

Lundy-Ekman (2000) esclarece que a dor crônica é extremamente difícil de ser investigada, porque estudos com animais que sejam capazes de abordar essa questão com clareza ainda não foram desenvolvidos, além de questões éticas óbvias de induzir dor em seres humanos. A autora acrescenta, ainda, que a dor lombar crônica é um comprometimento fisiológico composto por proteção muscular, movimentação muscular e síndrome de desuso.

A dor lombar causa severos danos emocionais, físicos, econômicos e sociais, uma vez que pode retirar, temporária ou permanentemente, o homem de seu trabalho, causando um impacto negativo nesses pacientes e suas famílias (Kostova e Koleva, 2001).

A prevalência de dor lombar na população de países industrializados é de aproximadamente 60% a 80% (Hussholf et al., 2002, Hills, 2001; Jacob et al, 2001). Segundo Poitras et al. (2000), estima-se que 80% ou mais dos casos de lombalgia não tiveram um diagnóstico preciso quanto à sua etiologia, o que obviamente atrapalha na escolha do tratamento adequado.

Alguns fatores, como sexo e idade, estão intimamente ligados ao quadro álgico lombar. Esse tipo de problema aparece com mais freqüência entre adultos do sexo masculino, com idade acima de 40 anos. Porém, quando se analisa também o estresse profissional como fator de aumento da lombalgia, os valores entre os sexos se igualam (Kostova e Koleva, 2001).

McGeary et al. (2003) apontam, em um estudo feito em larga escala com o propósito de examinar as relações entre sexo e resultados de tratamento em uma população com lesões na coluna oriundas de atividades profissionais, que homens respondem melhor às terapias do que as mulheres, muito embora ambos demonstrem bons resultados.

O estudo da dor lombar não diagnosticada é comumente associado a lesões no trabalho. Estudos que versam sobre esse tema costumam realizar uma pesquisa descritiva, em que traçam um quadro geral sobre a incidência ou a prevalência dessa morbidade em um determinado local, ou sobre uma determinada classe profissional, traçando assim correlações para uma possível intervenção posterior (McGeary et al., 2003; Kostova e Koleva, 2001; Leinio-Arvas et al., 2002; Poitras et al., 2000; Evans et al., 2001).

Tubach et al. (2004) acompanharam pacientes de um hospital durante quatro anos, para observar a evolução do quadro de dor lombar nessas pessoas, bem como a sua recorrência. Ao final, concluíram que trabalhar carregando cargas pesadas ou dirigir por mais de duas horas seguidas tende ao aparecimento de dores lombares e dor ciática.

A faixa etária é um fator importante no que diz respeito à integridade das estruturas da coluna. Segundo Lotz (1999), com o avanço da idade, um ciclo degenerativo se forma, com o excessivo acúmulo de cargas na coluna e perda do material que compõe o disco intervertebral. Além disso, acontece um relaxamento dos ligamentos além dos padrões de normalidade e um excesso de mobilidade das articulações intervertebrais.

Condições socioeconômicas parecem agravar o quadro de dores lombares, bem como a sua recorrência. Em um estudo realizado em Dallas, aqueles que possuíam os melhores salários e que tinham uma maior representatividade na cultura dominante dessa sociedade acusavam episódios mais constantes de lombalgias e outras desordens na coluna, embora com menor intensidade do que aqueles que recebiam menores salários (Evans et al., 2001).

Uma pesquisa feita na Holanda mostra que, em casos de profissionais que tiveram que abandonar seus empregos em virtude da dor lombar durante três a quatro meses, os que tinham melhores condições psicossociais em seus respectivos empregos tiveram menores índices de recorrência (Van Der Giezen et al., 2000).

A aplicação de um questionário em um hospital da Tunísia demonstrou que o *staff* desse local apresentou uma forte correlação com a lombalgia. Entre os achados dessa pesquisa, o consumo de cigarros mostrou-se significativo, além de idade avançada, número de filhos jovens, ser imigrante, anos de serviço, atividade extra profissional, ser divorciado etc. (Beija et al., 2004).

Após uma revisão em vários estudos sobre a influência que fatores psicossociais poderiam exercer sobre a dor lombar, Davis e Heaney (2000) concluíram que as relações com respectivo trabalho (por exemplo; estresse profissional) eram mais significantes do que as características sociais do próprio emprego (relações com os colegas de trabalho, sobrecarga de trabalho, falta de interesse pelo trabalho).

Cairns et al. (2003) pesquisaram o nível de estresse que acompanhava os portadores de dor lombar e mostrou que o estresse estava presente em pelo menos um terço dos pacientes que buscavam tratamento médico.

Em 2001, Neuman et al. (2001) e o OS-BPS Working Group (2001) descreveram que a postura durante o trabalho, assim como o manuseio de cargas, pode levar ao surgimento de algias lombares. Os pesquisadores fizeram um análise biomecânica em trabalhadores de indústrias automotivas por meio de vídeos nos locais de trabalho.

Trabalhadores braçais da Suíça foram objeto de estudo em uma pesquisa que demonstrou a dificuldade que existe em oferecer um tratamento ou benefício do estado para aqueles que possuem lombalgia. Ao verificarem que 60% das pessoas que receberam algum tipo de benefício do governo para se tratarem melhoraram, constataram que esse valor era menor do que o alcançado em pesquisas realizadas nos EUA, cerca de 70% a 80%. Talvez a resposta para isso esteja no fato de que nos EUA se exige muito mais exames para que o estado possa dar algum benefício (Casso et al., 2004)

Watson e Main (2004) fizeram uma pesquisa pioneira ao observar que os programas de reabilitação eram voltados apenas para aqueles que estavam empregados, discriminando os que estavam fora do mercado de trabalho. Nesse estudo, compararam os resultados de tratamento de um grupo que estava com o auxílio desemprego e outro que era tratado com programa de reabilitação padrão do governo; encontraram poucas diferença entre os grupos, o que leva a crer que ou os termos pelos quais uma pessoa é escolhida para receber um tratamento merecem ser revistos ou as terapias em questão necessitam de maior fundamentação científica.

A tensão transmitida pela tração nos músculos latíssimo do dorso, glúteo máximo, oblíquos interno e externo e transverso do abdômen, com o objetivo de observar as conexões musculares da fáscias posterior e medial da coluna lombar, foram medidas por Baker et al. (2004). Os dados obtidos levam a crer que o músculo transverso do abdômen, quando agindo sobre tração, afeta todo o movimento intersegmental das fáscias lombares.

A flexibilidade dos músculos isquiotibiais pode influenciar pacientes com dores lombares não específicas, já que a amplitude de movimento fica comprometida. Contudo, essa flexibilidade é diminuída muito mais pela intolerância ao alongamento por parte dos pacientes do que por encurtamento dos isquiotibiais (Halbertsman et al., 2001). Essa morbidade afeta um grande número de profissionais, incapacitando-os (em menor ou maior grau) nas suas atividades diárias sem discriminar categorias profissionais.

O jeito com que se levantavam cargas durante o trabalho, assim como o próprio peso, a distância na qual o peso era deslocado, o tamanho da carga (nesse estudo, um tamanho maior que a distância entre os dois ombros foi uma evidência significativa) e a estratégia para levantar a carga (flexionar o tronco sem a flexão dos joelhos) foram significantes (Lin et al., 2002).

Para Marras (2001), existe muita controvérsia na literatura científica que trata da lombalgia, e o foco das pesquisas vem se modificando ao longo dos anos. Na década de 1980, o alvo dos estudos era as causas biomecânicas; já nos anos 1990 os fatores psicossociais tomaram a frente e, na atualidade, a fusão desses dois aspectos, junto com questões genéticas, norteiam os relatos sobre dor lombar.

Em 2003, uma metanálise foi realizada com o objetivo de verificar os efeitos dos programas de condicionamento físico para trabalhadores com dor lombar e na região cervical, e teve como resultado o fato de que os programas que, além de exercícios, possuíam também uma orientação cognitiva e comportamental obtiveram melhores conceitos quanto ao tempo desperdiçado pelos trabalhadores para o tratamento da dor do que os outros tratamentos (Schonstein et al., 2003).

Problemas de desempenho motor foram relacionados por pacientes com lombalgias por Walsh et al. (2003), mostrando que sessenta diferentes tipos de problemas foram encontrados, entre os quais a dificuldade em caminhar, que foi o mais presente (com 56% das reclamações) e, em seguida, a sensação de queimação com a dor, dificuldades ao sentar, dormir, levantar, entre outras.

O tempo gasto na terapia e a sua otimização, bem como a escolha dos métodos a serem utilizados, parecem ser pontos cruciais para a recuperação do quadro álgico lombar, na opinião de Fritz et al. (2003), pois quando compararam dois métodos de tratamento com exercícios os resultados foram conflitantes, já que o método considerado padrão teve um resultado pior do que o método baseado na prática dos terapeutas.

A manipulação da coluna vertebral foi questionada quanto aos seus resultados em um estudo que demonstrou que essa técnica apresentava um alto índice de recorrência e busca por tratamento médico, por parte das pessoas que se submeteram à manipulação quatro anos antes, quando comparada com outras técnicas de tratamento (Burton et al., 2002).

Um estudo que versou sobre os resultados da quiroterapia revelou que, em até quatro semanas de tratamento com essa técnica, houve uma melhora bastante significativa nos pacientes, principalmente no número de visitas ao médico (dose-response). Entretanto, naqueles em que o tratamento chegou a até doze semanas, não houve diferença significativa quando comparados ao grupo que teve tratamento tradicional (Haas et al., 2004).

Com relação ao custo que as terapias convencionais e as alternativas possuem, uma metanálise foi feita por Baldwin et al. (2004) comparando a quiroterapia e os métodos tradicionais, após analisarem artigos que tratavam das duas técnicas (de 1990 até 1999). Os resultados foram conflitantes, pois ambos melhoraram o perfil de dor dos pacientes, mas no que diz respeito aos custos os dois métodos se equivaleram. Os pesquisadores alegaram haver severas deficiências metodológicas nos estudos analisados, o que os impedia de acreditar na validade dos resultados.

A acupuntura, a massagem e a manipulação da coluna foram comparadas em uma revisão de artigos, levando em consideração custos, eficiência e segurança. Como conclusão, a massagem se mostrou efetiva para a recorrência de dor lombar. A manipulação da coluna teve resultados menores quando comparada com terapias tradicionais, já a efetividade da acupuntura permaneceu incerta. Todos os tratamentos em questão se mostraram seguros, mas, em se tratando de custos, a massagem foi a modalidade de terapia que teve melhor desempenho (Cherkin et al., 2003).

Um estudo pioneiro foi criado para medir as cargas aplicadas em pacientes portadores de lombalgia e não portadores. Os participantes da pesquisa foram avaliados após levantarem cargas de diferentes pesos (4,5 kg, 6,8 kg, 9,1 kg e 11,4 kg) em diferentes alturas (chão, altura dos joelhos, quadril e ombros), a diferentes distâncias do tronco (30 cm e 60 cm de distância), além de serem mensuradas a assimetria da coluna em rotação (45° e 90°) em sentido horário e anti-horário. Como variáveis, foram observadas a sobrecarga na coluna, por meio da compressão da coluna (em medições das forças laterais e no plano sagital), e a capacidade com que cada grupo se comportou durante os testes. Os valores-limite para carga e alturas seguiram as diretrizes do American Conference of Governmental Industrial Hygienstis Threshold Limits Values (TVLs). As conclusões apresentadas foram: levantar cargas do solo com mais de 11,4 kg apresenta um alto risco para a coluna (pois excedem um valor de 6.400 N de compressão na coluna); levantar cargas com o tronco em rotação (entre 30° e 60°) foi considerada de alto risco quando levantadas do chão e a uma distância de 30 cm a 60 cm, bem como as levantadas acima dos ombros a 60 cm de distância do tronco (Fergunson et al., 2005).

13.1.1 A lombalgia em diferentes modalidades esportivas

Assim como nas atividades profissionais, a lombalgia se faz presente em diversas modalidades esportivas, bem como em muitas categorias etárias.

Jones et al. (1999) estudaram 187 radiografias da coluna lombar, das quais 104 eram de jogadores de futebol americano universitário, procurando encontrar anormalidades em quantidade significativamente maiores do que as encontradas nas outras radiografias. Os pesquisadores relataram que os números de espondiloses não eram estatisticamente diferentes do grupo controle, porém, com relação à incidência de mudanças degenerativas (diminuição dos espaços intervertebrais, por exemplo), houve uma predominância desse tipo de morbidade no grupo que não era atleta.

Atletas de luta olímpica apresentaram um grande número de lesões decorrentes de sua prática desportiva; contudo, a dor lombar não estava entre as mais presentes, ficando atrás das lesões de ombro e joelho (com 24% e 17%, respectivamente). Outros dados interessantes nesse estudo revelaram que a maioria das lesões ocorreu em virtude dos golpes de quedas (68%) e em lutas decisivas (68%). Esses relatos foram feitos mediante a aplicação de questionários em 458 atletas masculinos (Pasque e Hewett, 2000).

Durante três décadas, Molsa et al. (2000) examinaram sete times de hóquei sobre o gelo da primeira divisão da Finlândia. Além de observarem que o tipo de lesão predominante durante a primeira década do estudo era diferente do tipo que ocorreu nas duas décadas seguintes, os pesquisadores verificaram que um alto número de problemas aconteceu em decorrência dos choques e contatos com o taco de hóquei, bem como distensões na região lombar (muito provavelmente ocasionadas pelos fatores citados e pela postura dos jogadores durante toda a partida).

Atletas de elite de diferentes esportes foram analisados por Greene et al. (2001), que notaram que, dos 679 atletas que participaram da pesquisa, 18,3% alegaram ter dores lombares nos últimos cinco anos e 6,8% disseram sentir o mesmo problema há pelo menos um ano. Por fim, concluíram que aqueles que já sentiam dor lombar antes de se tornarem atletas de elite apresentavam seis vezes mais chances de voltar a sentir dores do que aqueles que não se queixavam. Isso mostra que possuir um histórico de algia lombar pode ser um fator preditor importante para o surgimento dessa morbidade.

Um levantamento feito em remadores universitários de ambos os sexos demonstrou que, dos 2.165 atletas que participaram desse estudo, 32% alegaram sentir dores lombares (não houve diferença significativa entre os valores encontrados nesse quesito entre as cinco universidades que participaram dessa pesquisa). Durante os vinte anos cobertos por esse levantamento houve um aumento importante no número de lesões lombares que tiveram como causas prováveis remar apenas no tanque (33%), treinar com pesos livres (34%), treinar em aparelhos (34%), trabalho ergométrico (33%), treinar com diferentes tipos de remos (tipo machado, 41%, tulipa, 30%, e ambos, 42%) e o lado por onde o atleta rema (apenas um lado, 34%, e nos dois lados, 30%). Ao todo, 26,6% dos participantes alegaram dores lombares (Teitz et al., 2002).

Ainda se tratando de remadores universitários, uma outra pesquisa demonstrou que esses atletas não são mais acometidos de lombalgias do que a população em geral. Todavia, esse levantamento procurou encontrar evidências sobre a incidência de lombalgias após esses remadores deixarem a vida universitária e comparar com valores encontrados na população em geral. O fator idade apareceu como um fator importante como preditor de dores lombares tanto em remadores como em pessoas em geral (Teitz et al., 2003).

Schick e Meeuwisse (2003) compararam índices de lesões ocorridas com equipes femininas de hóquei sobre o gelo com os índices de equipes masculinas (seis times de cada sexo pertencentes à liga universitária canadense), e como resultado não encontraram diferenças significativas. Vale a pena ressaltar que problemas ocorridos na região lombar eram o sexto tipo de lesão mais comum, já as contusões derivadas de contatos e choques com oponentes foram os problemas com maiores índices.

Moorman et al. (2004) estudaram radiografias da coluna lombar de jogadores de futebol americano (bloqueadores) durante a pré-temporada de 1992 a 1993 e, ao compararem seus achados com radiografias retiradas de um grupo controle, concluíram que a hiperconcavidade das vértebras lombares foi o sintoma que mais se distinguiu do grupo controle (33% dos atletas contra 8% do grupo controle). Porém, os jogadores que não possuíam essa hiperconcavidade sentiam menos dores lombares (16%) do que os não atletas (25%).

Um outro estudo realizado no Japão que também analisou radiografias de jogadores de futebol americano (dessa vez comparando atletas universitários com os de segundo grau) demonstrou que 32,1% dos atletas universitários apresentaram anormalidades na região lombar, bem como 37,1% dos jogadores do segundo grau. A anormalidade mais presente foi a espondilólise (Iwamoto et al., 2004).

Dezan et al. (2004) investigaram a ocorrência de lombalgias, anormalidades nas curvaturas da coluna vertebral e encurtamento dos músculos que controlam a inclinação pélvica em atletas de luta olímpica. Seus achados mostraram que mais da metade dos atletas apresentaram lombalgias (58%), dos quais 71,4% foram consideradas crônicos. Foram encontradas, também, correlações positivas entre a lordose e o encurtamento dos flexores uni e biarticulares do quadril e entre lordose e flexibilidade dos isquiotibiais. Esses dados demonstram que a ocorrência de lombalgias nesses atletas pode estar relacionada com alterações posturais e desequilíbrios musculares.

Partindo do pressuposto de que atletas de alto nível possuem padrões posturais peculiares associadas à eficiência do gesto desportivo e que essas posturas, em longo prazo, podem evoluir para processos mórbidos que venham a limitar a prática de atividades físicas regulares, uma pesquisa buscou descrever o perfil postural de atletas que participam de provas de potência muscular. Nessa investigação, a anteversão pélvica apareceu em 73% dos casos, decorrente da retração de flexores de quadril e extensores de joelho, o que leva ao aparecimento de hiperlordose lombar em 73% dos indivíduos com anteversão (Neto Júnior et al., 2003).

A prevalência e a incidência de contusões comtemplando duas modalidades de levantamentos de peso foi observada por Raske e Norlin (2002): os halterofilistas, representando o levantamento de peso olímpico, e os basistas, que disputam provas de força, porém com movimentos diferentes dos halterofilistas. Embora não ficasse claro qual dos dois grupos mostrou mais lesão, o que foi levantado de fato foi o total de lesões das duas modalidades juntas. E a dor lombar ou qualquer outro tipo de problema nessa região do corpo ficou em segundo lugar no que diz respeito a problemas com a musculatura; já em relação a problemas com tendões e ligamentos, ficou em ultimo na classificação.

Em relação aos basistas, os achados de Keogh et al. (2006) corroboram a pesquisa anterior. Esses autores mostraram que em levantadores de peso dessa modalidade, profissionais na Oceania, a segunda lesão mais comum era na região lombar (24%).

13.2 O exercício como método terapêutico

Ao compararem, durante três anos a extensão lombar em máxima amplitude em bailarinos, ginastas, esqueitistas e não atletas, com idades entre 10 e 12 anos, observaram que a prática de suas atividades esportivas não influenciou de forma significativa a amplitude máxima de extensão da coluna lombar (Kujala et al., 1997). A estabilidade da coluna é alcançada pela função interdependente de três sistemas: o subsistema passivo (estruturas osteoligamentares), o subsistema ativo (músculos da coluna vertebral) e o subsistema neural (controle dos músculos pelo sistema nervoso central e periférico).

Gonçalves et al. (2005) verificaram que após submeterem nove indivíduos saudáveis a contrações isométricas voluntárias máximas (CIVM) em extensões da coluna vertebral, antes e após contrações isométricas nos valores de 5%, 10%, 15% e 20% das CIVM, o sinal eletromiográfico dos músculos eretores da espinha e multífidos se alteravam significativamente na presença de fadiga, enquanto os níveis de força gerada por esses músculos parecia não se alterar significativamente. Isso aponta para uma compensação dos músculos acessórios da coluna.

Os exercícios terapêuticos devem estar centrados no objetivo de reverter problemas de controle motor nos músculos da região lombar e restaurar a sinergia entre os sistemas musculares globais e locais. Em tempo, o protocolo de exercícios é um programa de aprendizagem motora que possui seu foco no retreinamento da co-contração das porções mais profundas dos músculos transverso do abdômen e multífidos (músculos que formam a parte do sistema local da região lombopélvica), pois, quando restaurados, os padrões normais de ativação, por meio da cognição, leva a uma independência do sistema muscular global (Jill; Richardson, 2000).

Sculco et al. (2001) avaliaram os efeitos que os exercícios aeróbicos de baixa intensidade poderiam exercer em pacientes com dor lombar recorrente em curto e longo prazo (10 semanas e 2,5 anos, respectivamente). Como conclusão, o exercício aeróbico pode ser acrescentado em programas de exercícios para portadores de lombalgias, ainda que seus efeitos se apresentassem moderados com relação à sensação de dor; no que diz respeito ao perfil de humor e disposição dos participantes da pesquisa, os resultados foram animadores.

Embora qualquer tipo de exercício pareça benéfico para o tratamento de dores lombares (aeróbicos ou de resistência), a única restrição é quanto à sua não-realização em condições agudas, seja quanto à intensidade da dor ou quanto à intensidade do exercício em questão (Carter, 2002).

Em uma comparação feita com pacientes que sofreram intervenção cirúrgica (fusão lombar) e outros que tiveram intervenção cognitiva e exercícios para dor lombar, o resultado foi o seguinte: aqueles que realizaram exercícios aumentaram a resistência e a força dos músculos da região lombar, quando comparados com o grupo que fez a cirurgia (Keller et al., 2003).

Aure et al. (2003) compararam dois grupos que se trataram de forma distinta com relação à lombalgia. Um grupo utilizou a terapia de manipulação, enquanto o outro fez uso de terapia com exercícios e, ao final do estudo, os resultados das duas técnicas foram satisfatórios, porém a terapia de manipulação foi ainda melhor do que os exercícios. Nessa pesquisa, o volume, a ordem e a intensidade dos exercícios, bem como a sua escolha, ficaram a cargo dos terapeutas que cuidavam dos pacientes; talvez essa falta de critério tenha levado a esse resultado conflitante.

Exercícios de estabilização da coluna em associação com manipulação parecem ter um resultado mais efetivo do que apenas as consultas ao médico. Isso mostra que os programas de tratamento para lombalgias devem ser específicos e o paciente deve receber informações sobre o seu problema, bem como orientações sobre o tratamento (Niemesto et al., 2003).

Uma revisão feita por Liddle et al. (2004) mostrou que os resultados encontrados em pesquisas que utilizaram exercícios como tratamento para lombalgias são positivos, ou seja, os exercícios podem trazer alívio para aqueles que sofrem de dor lombar, mas a supervisão e os acompanhamentos dos exercícios se mostraram como fator importante para o sucesso da terapia.

Bontoux et al. (2004) relataram que um programa de exercícios em conjunto com adaptações ergonômicas feitas no local de trabalho surtem bons resultados para a diminuição da dor lombar e aceleram o retorno ao trabalho, além de diminuir a taxa de recorrência.

Ao utilizar o conceito de Back School (Escolas de Coluna – modalidade de tratamento criada na Suíça, que agrupa exercícios com aprendizagem sobre anatomia e biomecânica da coluna vertebral), Heymans et al. (2004) apontam que, mesmo quando utilizada com altas e baixas intensidades, esse tipo de intervenção é benéfico.

Essas Escolas de Coluna (que nada mais são do que educação postural aliada a exercícios de fortalecimento específicos) são consideradas importantes para o tratamento de lombalgias apenas a curto e médio prazos, como relatam Andrada et al. (2005). Esse estudo comparou diversas revisões de literatura sobre esse tema e encontrou como principal problema a falta de rigor metodológico que alguns estudos apresentaram.

Um resultado contraditório foi o encontrado por Yelland et al. (2004), que compararam quatro grupos: um que recebeu injeções salinas, outro que recebeu proloterapia (injeções de glicose-lidocaína), um terceiro grupo que fez exercícios e um último grupo que teve atividade normal. Ao final, descobriram que mesmo que todos os pacientes tenham melhorando não houve diferença significativa entre os grupos.

Polito et al. (2003), ao pesquisarem a influência da prática regular de atividade física de lazer e da aptidão física sobre a prevalência de lombalgia, observaram que somente a flexibilidade em movimentos específicos se associou a incômodos lombares em indivíduos que procuram a prática supervisionada de exercícios. Parece que pessoas com elevada capacidade de flexão de quadril sentem mais dores, em resumo, para esses indivíduos, exercícios de alongamento para musculatura flexora de quadril, com o objetivo de aumentar a amplitude, devem ser evitados.

Dois grupos foram acompanhados com o objetivo de saber se havia diferenças significativas entre um protocolo de exercícios padrão para lombalgia e uma estratégia ativa de implementação (assim chamados pelos seus autores). Após doze semanas de observação, os resultados obtidos não mostraram diferenças significativas entre os métodos, embora ambos se mostrassem eficientes, de acordo com o relato dos pacientes (Bekkering et al., 2005).

Uma pesquisa interessante comparou os resultados obtidos entre dois tipos de métodos: exercícios de reabilitação para dor lombar crônica somados com exercícios de estabilização do tronco e apenas os exercícios de reabilitação. Ao final, os achados apontaram não haver diferenças significativas entre os dois tipos de terapias. Todos os exercícios contaram apenas com o peso do próprio indivíduo como sobrecarga (Koumantakis et al., 2005).

Exercícios de facilitação neuromuscular proprioceptiva (PNF) foram estudados como estratégia para a recuperação de pacientes com dores lombares recorrentes (Kofotolis e Kellis, 2006). Nessa pesquisa, dois tipos de protocolos de PNF foram utilizados: um de exercícios rítmicos (aumentando a resistência gradativamente) e outros de exercícios de contra-resistência (assim chamados por aplicarem a mesma resistência do início ao fim), os quais foram aplicados em dois grupos distintos. Os achados desses pesquisadores revelaram que ambos os protocolos recuperaram e diminuíram a recorrência da dor nos pacientes, entretanto, sem diferença significativa entre os métodos.

13.3 Treinamento de força e lombalgia

Os efeitos de um protocolo de exercícios de fortalecimento da musculatura paravertebral (utilizando o peso do próprio segmento corporal como resistência) foram estudados por Chock et al. (1999). Em seus achados, concluiu-se que os exercícios eram positivos para a diminuição da dor e da imobilidade lombar; entretanto, esse estudo avaliou apenas efeitos de curta duração (três semanas).

Um programa de reabilitação utilizando exercícios estabilizadores da coluna lombar foi comparado com programas que se valiam de exercícios contra-resistência dinâmicos e uma combinação de estáticos e dinâmicos durante dez semanas. Como resultado, o grupo que realizou exercícios dinâmicos com isométricos obteve um aumento significativo da seção transversal dos músculos multífidos quando comparado com os outros dois grupos (Danneels et al., 2001).

O treinamento de força foi apontado por Taylor et al. (2005) como profilático e terapêutico para os casos de dores lombares crônicas. Esses pesquisadores analisaram cuidadosamente estudos que versavam sobre o tema em questão e, apesar de seu resultado positivo, deixaram claro que nos artigos pesquisados não havia a indicação precisa do tipo dos exercícios utilizados.

Uma proposta de protocolo utilizando exercícios instáveis (apoiados na Swiss Ball – bola de borracha) e estáveis (banco), além de comparar a ação de exercícios unilaterais com bilaterais, foi monitorada por meio de eletromiografia. A musculatura estabilizadora de tronco foi solicitada de forma significante nos exercícios realizados na plataforma instável; já nos realizados no banco, apenas os unilaterais se mostraram mais eficientes (Behm et al., 2005).

Tratando-se de exercícios de resistência aplicados em plataformas instáveis, ainda existe pouca literatura; contudo, alguns estudos apontam benefícios gerados por esses exercícios para a reabilitação de lombalgias (Behm e ANDERSON, 2006).

O treinamento de força foi observado por Mailloux et al. (2006), ao ser aplicado como parte integrante de um protocolo para tratamento de lombalgia crônica em pessoas com mais de 65 anos. Os resultados de mobilidade da região lombar, bem como sensação de dor e o aumento de força melhoraram significativamente nos participantes.

Freburger et al. (2006) pesquisaram a eficácia de um tratamento à base de exercícios para distúrbios crônicos da coluna e chegaram à conclusão de que os exercícios são eficazes para a lombalgia, bem como para outros tipos de problemas envolvendo a coluna vertebral. Nesse estudo, os pesquisadores salientaram que os resultados foram melhores entre aqueles pacientes que tinham propensão a receber uma terapia com exercícios do que entre aqueles que se submeteram à terapia mas não tinham vontade de realizá-los.

Referências

ANDRADE, S. C.; ARAÚJO, A. G. R.; VILAR, M. J. P. Escola de coluna: revisão histórica e sua aplicação na lombalgia crônica. **Revista Brasileira de Reumaologia**, 2005; 45:224-8.

AURE, F. O.; LISEN, J. H.; VASSELJEN, O. Manual therapy and exercise therapy in patients with chronic low back pain. **Spine**, 2003; 28: 525- 32.

BALDWIN, M. L.; COTÉ, P.; FRANK, J. W.; JOHNSON, W. G. Cost-effectiveness studies of medical and chiropractic care for occupational low back pain; a critical review of the literature. **The Spine Journal**, 2004; 1:138-47.

BARKER, P. J.; BRIGGS, C.; BOGESKI, G. Tensile transmission across the lumbar fascia in unembalmed cadavers. **Spine**, 2004; 2(29):129-38.

BEHM, G. D.; LEONARD, A. M.; YOUNG, W. B.; BONSEY, W. A. C.; MACKINNON SN. Trunk muscle electromyographic activity with unstable and unilateral exercises. **Journal of Strength and Conditioning Research**. 2005; 1(19): 193-201.

_____; ANDERSON, K. G. The role of instability with resistance training. **Journal of Strength and Conditioning Research**, 2006; 3(20):716-22.

BEIJA, I.; YOUNES, M.; JAMILA, H. B.; KHALFALLAH, T.; SALEM, K. B.; TOUZI, M.; AKROU, M.; BERGAOUI, N. Prevalence and factors associated to low back pain among hospital staff. **Joint Bone Spine**, 2004; s. v: 272-6.

BEKKERING, G. E.; WAN TULDER M.; HENDRICKS, E. J. M.; KOOPMANCHOP, M. A.; KNOL, D. L.; BOULTER, L. M.; OOSTENDORP, R. O. B. Implementation of clinical guidelines on physical therapy for patients with chronic low back pain: A randomized trial comparing patients outcomes after a standard and active implementation strategy. **Physical Therapy**, 2006; 6(85): 544-55.

BONTOUX, L.; ROQUELURE, Y.; BILLABERT, C.; DUBUS, V.; SANCHO, P. O.; COLIN, D.; BRAMI, L.; MOISAN, S.; FANELLO, S.; PENNEAU-FONTBONE, D.; RUCHARD, I. Prospective study of outcome at one year of patients with chronic low back pain in a program of intensive functional restoration and ergonomic intervention. Factors predicting their return to work. **Annales Réadaption Médicine Phisique**, 2004; 563- 72.

BURTON, A. K.; MCCLUE, T. D.; CLARKE, R. D.; MAIN, C. J. Long- term follow up of patients with low back pain attending for manipulative care: outcomes and predictors. **Manual Therapy**, 2004; 9:30-5.

CAIRNS, M. C.; FOSTER, N. E.; WRIGHT, C. C.; MATHS, B.; PENNINGTON, D. Level of distress in a recurrent low back pain population referred for physical therapy. **Spine**, 2003; 9(28):953-9.

CARTER, I. R. How effective are exercises and physical therapy for chronic low back pain? Clinical inquires. **Journal of Family Practices**, 2002.

CASSO, G.; CACHIN, C.; VAN MELLE, G.; GESTER, J. Return to work status 1 year After muscle conditioning in chronic low back pain. **Joint Bone Spine**, 2004; 71:136-9.

CHERKIN, D. C.; SHERMAN, K. J.; DEYO, R. A.; SHEKELLE, P. A review of the evidence for effectiveness, safety, and cost of acupuncture, massage, therapy, and spinal manipulation for back pain. **American College of Physicians**, 2003; 11(13):898-906.

CHOK, B.; LEE, R.; LATIMER, J.; TAN, S. B. Endurance training of the trunk extensor muscles in people with subacute low back pain. **Physical Therapy**, 1999; 11(79):1.032-42.

DANNEELS, L. A.; VANDERSTRAETEN, G. C.; CAMBIER, D. C.; WITUROW, E. E.; BURGOIS, J.; DANKERS, W.; CUYPER, H. J. Effects of three different training modalities on the cross sectional area of the lumbar multifidus muscle in patients with chronic low back pain. **British Journal of Sports Medicine**, 2001; 35:186-91.

DAVIS, K. G.; HEANEY, C. A. The relationship between psychosocial work characteristics and low back pain: underlying methodological issues. **Clinical Biomechanics**, 2000; 15: 389-406.

DEZAN, V. H.; SARRAF, T. A.; RODACKI, A. L. F. Alterações posturais, desequilíbrios musculares e lombalgias em atletas de luta olímpica. **Revista Brasileira de Ciência e Movimento**, 2004; 1(12):35-8.

EKMAN, L. L. **Neurociência – fundamentos para reabilitação.** Rio de Janeiro: Guanabara Koogan, 2000.

EVANS, T. H.; MAYER, T. G.; GATCHEL. Recurrent disabling work-related spinal disorders after prior injury claims in a chronic low back pain population. **The Spine Journal**, 2001; 1:183-9.

FERGUNSON, S. A.; MARRAS, W. S.; BURR, D. Work-place design guidelines for asymptomatic vs. low-back injuries workers. **Applied Ergonomics**, 2005; 1(36):85-95.

FREBURGER, J. K.; CAREY, T. S.; HOLMES, G. M. Effectiveness of physical therapy on the management on chronic spinal disorders: A propensity score approach. **Physical Therapy**, 2006; 3(86): 381-94.

Fritz, J. M.; Delitto, A.; Erhard, R. E. Comparison of classification-based physical therapy with therapy based on clinical practice guidelines for patients with acute low back pain. **Spine**, 2003; 13(2):1.363-72.

Gonçalves, M.; Barbosa, F. S. S. Análise dos parâmetros de força e resistência dos músculos eretores da espinha lombar durante a realização de exercícios isométricos em diferentes níveis de esforço. **Revista Brasileira de Medicina do Exercício**, 2005; 2(11):109-14.

Greene, H. S.; Chloewick, J.; Galloway, M. T.; Nguyen, C. V.; Radebold, A. A history of low back pain is a risk factor for recurrent back injuries in varsity athletes. **The American Journal of Sports Medicine**, 2001; 6(29):785-800.

Halbertsma, J. P. K.; Goeken, L. N. H.; Hof, L.; Groothof, J. W.; Eisma, W. H. Extensibility and stiffness of Hamstrings in patients with nonspecific low back pain. **Archive of Physiology Medical Rehabilitation**, 2001; 82:232-8.

Hass, M.; Groupp, E.; Kraemer, D. F. Dose-response for chiropractic care of chronic low back pain. **The Spine Journal**, 2004; 4:574-583.

Heymans, M. W.; de Vert, H. C. W.; Bongers, P. M.; Koes, B. W.; Mechelen, W. Back schools in occupational health care: design of a randomized controlled trial and cost- effectiveness study. **Journal Manipulative Physiology Therapy**, 2004; 457-65.

Hill, EC. **Mechanical low back pain.** Disponível no site: www.emedicine.com/pmt/topic/73.htm.

Hulshof, C. T. J.; Van Der Lann, G.; Braam, I. T. J.; Verbeek, J. H. A. The fate of Mrs. Robinson criteria for recognition of whole-body vibrations injury as an occupational disease. **Journal of Sound and Vibration**, 2002; 1:185-95.

Iwamoto, J.; Abe, H.; Tsukimura, Y.; Wakano, K. Relationship between radiographic abnormalities of lumbar spine and incidence of low back pain in high school and college football players. **The American Journal of Sports Medicine**, 2004; 3(32):781-6.

Jacob, T.; Baras, M.; Zeev, A.; Epstein, L. Low back pain: Reliability of a set of pain measurements tools. **Archive of Physical Medical Rehabilitation**, 2001; 82: 735-42.

Jones, D. M.; Tearse, D. S.; El-Khoury, G. Y.; Kathol, M. H.; Brandser, E. A. Radiographic abnormalities of lumbar spine in college football players. **The American Journal of Sports Medicine**, 1999; 3(27): 335-8.

Jull, G. A.; Richardson, C. A. Motor control problems in patients with spinal pain: a new direction for therapeutic exercise. **Journal of Manipulative and Physiological Therapeutics**, 2000; 23:115-7.

Keller, A.; Brox, J. I.; Gunderson, R.; Holm, I.; Friis, A.; Reikeras, O. Trunk muscles strength, cross-sectional area, density in patients with chronic low back pain randomized to lumbar fusion or cognitive intervention and exercises; **Spine**, 2003; 29:3-8.

Keogh, J.; Hume, P. A.; Pearson, S. Retrospective injury epidemiology one hundred one competitive Oceania power lifters; effects of age, body mass, competitive standard and gender. **Journal of Strength and Conditioning Research**, 2006; 3(20): 672-81.

Kofotolis, N.; Kellis, S. Effects of two 4-weeks proprioceptive neuromuscular facilitation programs on muscular endurance, flexibility, and functional performance in women with chronic low back pain. **Physical Therapy**, 2006; 7(86):1.001-12.

Kostova, V.; Koleva, M. Back disorders low back pain, cervicobrachial and lumbosacral radicular syndromes and some related risk factors. **Journal of Neurogical sciences**, 2001; 192:17-25.

Koumantakis, S.; Watson.; Oldham. Trunk muscles stabilization training plus general exercise versus general exercises only: a randomized controlled trial of patients with recurrent low back pain. **Physical Therapy**, 2005; 3(85):209-25.

Kujala, U. M.; Oksanen, A.; Taimela, S.; Salminen, J. J. Training does not increase maximal lumbar extension in healthy adolescents. **Clinical Biomechanics**, 1997; 22:181- 4.

Leinio-Arvas, P.; Kaila-Kangas, L.; Keskimaki, I.; Notkola, V.; Mutamen, P. Inpatient hospital care for lumbar intervertebral disc disorders in Finland in relation to education, occupational class, income, and employment. **Public Health**, 2002; 116:272-8.

Liddle, S. D..; Baxter, D. G.; Gracey, H. J. Exercise and chronic low back pain; what works? **Pain,** 2004; n. 107, p. 176-90, 2004.

Lin, Y.; Chen, C.; Chen, W.; Cheng, C. Characteristics of manual lifting activities in patients with low-back pain. **International Journal of Industrial Ergonomics**, 2002; 29:101-6.

Lotz, J. C. The biomechanics of prevention and treatment for low back pain: 2nd international workshop. **Clinical Biomechanics**, 1999; 14:220-3.

Mailoux, J.; Finno, M..; Rainville, J. Long-term exercise adherence in the elderly with chronic low back pain. **American Journal of Physical Medicine and Rehabilitation**, 2006; 2(85):120-6.

Marras, W. S. Spine biomechanics, government regulation and prevention of occupational low back pain. **The Spine Journal**, 2001; 1:163-5, 2001.

McGeary, D. D.; Mayer, T. G.; Gatchel, R. J.; Anagnostis, C.; Timohy, P. Gender-related differences in treatment outcomes for patients with musculoskeletal disorders. **The Spine Journal**, 2003; 3:197-203, 2003.

Molsa, J.; Kujala, U.; Nasman, O.; Lehtipuu, T.; Airaksinen, O. Injury profile in ice hockey from the 1970s through the 1990s in Finland. **The American Journal of Sports Medicine**, 2000; 28:322-7.

Moorman, C. T.; Johnson, D. C.; Pavlov, H.; Barnes, R.; Warren, R. F.; Speer, K. P.; Guettler, J. H. Hyperconcavity of lumbar vertebral endplates in the elite football lineman. **The American Journal of Sports Medicine**, 2004; 32:1.434-9.

Morlock, M. M.; Bonin, V.; Deuretzbecher, G.; Muller, G.; Honi M.; Schineider E. Determination of the in vivo loading of the lumbar spine with a new approach directly at the workplace – first results for nurses. **Clinical Biomechanics**, 2000; 15:549-58.

Nemann, W. P.; Wells, R. P.; Norman, R. W.; Frank, J.; Shannon, H..; Kerr, M. S. The Osbps Working Group. A posture and loading sampling approach to determining low back pain risk in occupational settings. **Industrial Ergonomics**, 2001; 27:65-77.

Neto Junior, J.; Pastre, C. M.; Monteiro, H. L. Alterações posturais em atletas brasileiros do sexo masculino que participaram de provas de potência muscular em competições internacionais. **Revista Brasileira de Medicina do Esporte**, 2004; 10:195-8.

Niemesto, L.; Lahtinen-Suopank.; Rissanen, P.; Lindgren, K.; Sarna S.; Hurri H. A randomized trial of combined manipulation stabilizing exercises, and physician consultation compared to physician consultation alone for chronic low back pain. **Spine**, 2003; 28:2.185-91.

Pasque, C. B.; Hewett, T. E. A prospective study of high school wrestling injures. **The American Journal of Sports Medicine**. 2000; 28:509-15.

Poitras, S.; Loisel, P.; Prince, F.; Lemaire, J. Disability measurement in persons with back pain: a validity study range of motion and velocity. **Archives of Phisical Medicine and Rehabilitation**, 2000; 81:1.394-400.

Polito, M. D.; Neto, G. A. M.; Lira, V. A. Componentes da aptidão física e sua influência sobre a prevalência de lombalgia. **Revista Brasileira de Ciência e Movimento**, 2003; 11:35-40.

Raske, A.; Norlin, R. Injury incidence and prevalence among elite weight and power lifters. **The American Journal of Sports Medicine**. 2002; 30:248-56.

Schick, D. M.; Meewisse, W. H. Injury rates and profiles in female hockey players. **The American Journal of Sports Medicine**. 2003; 31:47-52.

Schonstein, E.; Kenny, D.; Keating, J.; Koes, B.; Herbert, R. D. Physical conditioning programs for workers with back and neck pain: a Cochrane systematic review. **Spine**, 2003; 28:E391-E395.

Sculco, A. D.; Paup, D. C.; Fernhall, B.; Sculco M. J. Effects of aerobics exercises on low back pain patients in treatment. **The Spine Journal**, 2001; 1:95-105.

Taylor, N. F.; Dodd, K. J.; Damiano, D. L. Progressive resistance exercise in physical therapy; a summary of systematic reviews. **Physical Therapy**. 2005; 85:1.208-23.

Teitz, C. C.; O'Kane, J. W.; Lind, B. K. Back pain in former intercollegiate rowers. **The American Journal of Sports Medicine**, 2003; 31: 590- 5.

_____; Hannafin, J. A. _____. **The American Journal of Sports Medicine**, 2002; 30:674-9.

Tubach, F.; Beauté, J.; Leclerc, A. Natural history and prognostic of indicators of sciatica. **Journal of Clinical Epidemiology**, 2004; 57:174-9.

Van Der Giezen, A.; Bouter, L. M.; Nijhuis, F. J. N. Prediction of return-to-work of low back pain patients sick listed for 3-4 months. **Pain**, 2000; 87:285-94.

Walsh, D. A.; Kelly, S. J.; Johnson, P. S.; Rajkumar, S.; Bennets, K. Performance problems of patients with chronic low back pain and the measurement of patient- centered outcome. **Spine**, 2003; 29:87-93.

Watson, P. J.; Main, C. J. Influence of benefit type on presenting characteristics and outcome from an occupational orientation program for unemployed people with chronic low back pain. **Phisioterapy**, 2004; 90:4-11.

Yelland, M. J.; Glasziou, P. P.; Bogduck, N.; Schluter, P. J.; McMkemon, M. Prolotherapy injections, salines injections, and exercises for chronic low back pain; a randomized trial. **Spine**, 2003; 29:9-16.

Capítulo 14
Imagem corporal nas academias de ginástica e exercícios resistidos

Victor Hugo Pereira Franco / Jeferson da Silva Novaes

Este capítulo aborda a imagem corporal de praticantes de atividade física em academias, compreendendo levantamentos teóricos que facilitarão a compreensão dos principais tópicos, entre os quais se destacam: 1) Estética, Cultura e Sociedade; 2) Mídia, Esportes e Academias de Ginástica; e 3) Imagem Corporal.

14.1 Estética, cultura e sociedade

Estética é um ramo da filosofia que se ocupa das questões tradicionalmente ligadas à arte, como o belo, o feio, os estilos e as teorias da criação e da percepção artística. Do ponto de vista estritamente filosófico, a estética estuda racionalmente o belo e o sentimento que este conceito desperta nos homens. Dessa forma, surge o uso corrente de estética como sinônimo de beleza. É esse o sentimento dos institutos de estética, que podem abranger desde salão de cabeleireiro até spas e academias de ginástica (Aranha e Martins, 1998).

A palavra estética vem do grego *aisthesis*, que significa "faculdade de sentir", "compreensão pelos sentidos", "percepção totalizante". A estética, portanto, pode ser considerada como uma disciplina que tem como objeto formal a reflexão sobre a beleza, considerando o belo como um valor, residente por isso na esfera emocional e, portanto, subjetiva do homem.

Além de "estética" ser um termo proveniente dos gregos, foram eles também os primeiros a enfatizar a beleza corporal como um ideal de perfeição física e moral (Sócrates, Aristóteles e, principalmente, Platão). Evidências dessa linha de pensamento são as estátuas gregas clássicas de nu artístico inspiradas nos atletas da época, como, por exemplo, "O Discóbulo" (utilizado hoje como símbolo da Educação Física), a Estátua de Miron e a Estátua de Zeus (Garcia e Lemos, 2003).

Outro marco histórico importante relacionado à estética das grandes esculturas de nu artístico foi o Renascimento, período de apogeu cultural que se iniciou nos fins do século XV e XVI, no norte da Itália, expandindo-se rapidamente pela Europa. Foi denominado assim justamente por fazer "nascer de novo" a arte e a cultura enfatizada na Antiguidade Grega. Durante essa fase histórico-cultural, escultores como Leonardo Da Vinci e Michelangelo estudavam Anatomia e as proporções humanas. Foi baseado nesses estudos que Da Vinci, utilizando o desenho do arquiteto romano Marco Vitruvio (15 a.C.), desenhou as proporções da figura humana com o umbigo sendo o centro do corpo. Esse desenho ficou conhecido como Homem Vitruviano (Rosa e Anez, 2002).

Os movimentos Eugênico e Sanitarista – encorpados no Brasil no início do século XX – podem ser considerados como os precursores ideológicos dessa apologia ao estilo de vida ativo no Brasil, cujos ditames impositivos já estão arraigados, visceralmente, na percepção do imaginário popular de nossa sociedade presente, de tal modo a culpar qualquer pessoa que ainda não tenha demonstrado inclinação para experimentar os supostos efeitos incontestáveis ao corpo e à saúde (Estevão e Bagrichevsky, 2004).

Dentro deste capítulo, é importante relembrarmos fatos históricos, por serem o marco do início da preocupação da sociedade com o corpo. Pensadores, filósofos e artistas desses marcos históricos influenciaram toda a civilização da época, sendo tão importantes que algumas idéias repercutem nos nossos ouvidos e no nosso pensar até hoje (Garcia e Lemos, 2003).

A intervenção no âmbito da cultura significa considerar que, mais do que com valores, estaremos trabalhando também com percepções, sensibilidades. De maneira mais explícita, pode-se afirmar que existe uma permanente articulação entre ética e estética: determinadas percepções podem se ajustar ou contestar um determinado conjunto de valores, mas muito dificilmente poderão prescindir deste. Ao observarmos de forma mais complexa e dinâmica tal articulação, pode-se até mesmo dizer que as percepções simultaneamente expressam e contestam o conjunto de valores, da mesma forma que os valores se ajustam e contestam determinadas percepções (Melo, 2002).

Pela influência dessas idéias, percebe-se que a beleza tem um grande impacto, inclusive, no modo como somos tratados e como tratamos as pessoas. As pessoas que se encaixam nos padrões de beleza têm mais facilidade para conseguir um emprego, receber boas notas e ser julgada inocente em casos de crimes. Além disso, as pessoas se comportam de forma diferente quando lidam com pessoas atraentes ou quando elas mesmas são tratadas como pessoas bonitas (Barker e Barker, 2002).

Novaes e Vilhena (2003) abordam uma curiosidade relacionada às formas inocentes de aprendermos as idéias sobre o que é esteticamente belo em nossa época. Esses autores chamam nossa atenção para o contexto dos contos infantis, pois trazem embutidos em si o discurso da estética corporal, em que todas as protagonistas (Cinderela e Branca de Neve, por exemplo – monopolizando, inclusive, a cor da pele esteticamente mais "adequada") são belas e sempre terminam a história se casando com os príncipes.

Um trecho de "A Branca de Neve e os Sete Anões" demonstra claramente essa curiosidade quando a vilã da história – a bruxa (hoje uma palavra utilizada como sinônimo de feiúra) – pergunta insistentemente ao espelho-mágico: "Espelho, espelho meu, existe alguém no mundo mais bela do que eu?". Esse fragmento da história demonstra, pela preocupação com o corpo, por meio da beleza e da preservação da juventude, que é valorizado muito mais o recipiente do que o conteúdo.

Novaes e Vilhena (2003) nos auxiliam no entendimento da estética ao identificar dois fatos históricos que consideram fundamental para a transformação da imagem social do corpo:

> O primeiro deles refere-se à difusão da técnica da feitura de espelhos, conseqüentemente ampliando sua utilização nas habitações. O uso de espelhos era restrito a uma elite até o começo do século XVIII. Somente no século XX sua utilização passou a ser maciça nas classes populares, sendo um objeto banal de se encontrar entre os utensílios domésticos.

Nas academias de ginástica, a correção de exercícios, a noção de profundidade e a possibilidade do indivíduo se ver são alguns dos motivos que os professores e proprietários alegam para que haja espelhos. Mas será que os espelhos nas academias são realmente necessários?

> O segundo fato está relacionado à educação que nossos sentidos receberam, na qual a visão assumiu um papel preponderante no que diz respeito à representação corporal. Tal fato acabou por constituir um aspecto essencial para a construção moderna das formas de atenção com o corpo, além de forjar a percepção que adquirimos em relação a ele.

A atitude em relação à feiúra – quer seja ver-se feia ou atribuir feiúra ao outro – revela maneiras de lidar com o corpo que, por sua vez, produzem vínculos sociais até então não evidenciados. Já as atitudes relacionadas à beleza devem ser tratadas como uma preocupação educativa, sendo necessária na construção da personalidade (Pereira et al., 2002).

Essa preocupação educacional mostra-se relevante quando Goldenberg (2002) relata que, no auge dos concursos de *misses*, elas declaravam ser "O Pequeno Príncipe" seu livro de cabeceira, um livro que exalta exatamente o oposto do que as *misses* representam: "o essencial é invisível para os olhos".

Finalizando, o mesmo autor relata também que "a Cinderela moderna pode dispensar a fada madrinha, mas não um eficiente *personal trainer*, uma boa dermatologista e um competente cirurgião plástico".

14.2 Mídia, esportes e academias de ginástica

O fenômeno da busca incessante pela melhor aparência estética ou pelo tipo físico idealizado, também denominado de corpolatria, dos praticantes de atividade física em academias passou a ser um fenômeno sociocultural muitas vezes mais significativo para quem pratica do que a própria satisfação econômica, afetiva ou profissional (Novaes, 2001).

Pode-se dizer sem muita hesitação que, na contemporaneidade, as academias de ginástica se constituem como um dos signos mais emblemáticos da cultura da corpolatria instaurada em nosso tempo. Nesses redutos, em geral, desfilam corpos malhados, bem como outros que buscam alcançar tal *status* (Estevão e Bagrichevsky, 2004).

O grande nicho das academias foi instituído de modo estratégico há pelo menos duas décadas em países do mundo ocidental capitalista, sendo socialmente reforçado por intensos apelos midiáticos de consumo, de toda ordem. Em geral, caracteriza-se como espaço sectário com conformações elitizantes: é freqüentado por pessoas saudáveis, com aporte financeiro e nutricional privilegiados e que estão, quase sempre, na busca de objetivos estéticos (Garcia e Lemos, 2003; Novaes, 2001; Novaes e Vianna, 2003).

O perfil dos clientes de academias demonstra que esse público é constituído pelo mesmo perfil que interessa a mídia: em média, pessoas de até 30 anos de idade de ambos os sexos, com um alto grau de instrução (até o 3º grau incompleto), alto poder aquisitivo, com tendências de permanecer nas academias por seis meses a dois anos, realizando atividades físicas quatro vezes por semana, tendo como objetivos a estética corporal e a melhora da qualidade de vida. Sendo a estética corporal um dos principais objetivos desses indivíduos ao procurarem uma academia de ginástica, fica claro o interesse e a preocupação pela aceitação social ou, ainda, por fazer parte de um grupo já consagrado de culto ao corpo (Tahara et al., 2003).

De alguma forma, a mídia vem contribuindo para que essas pessoas busquem a realização e a manutenção da beleza, uma vez que é grande o número de revistas, filmes, jornais e programas de televisão que divulgam corpos perfeitos e modelados, os típicos "malhados". Esse fato acaba por contribuir para que haja uma superlotação nas academias. Na perspectiva de idéias emblemáticas do tipo "mexa-se, não fique parado!" ou "só é gordo quem quer", publicamente difundida por meio de campanhas institucionais, emergem análises reducionistas, as quais, por fim, levam à ação de responsabilização dos indivíduos ante o aparecimento de doenças hipocinéticas (McCabe et al., 2005).

A mídia também sugere que é possível que todos "construam" um corpo ideal, malhando nas aulas de ginástica, gastando horas pedalando no *spinning*, correndo na esteira ou queimando as energias nas aulas de *step*. Ainda como complemento dessas atividades físicas, é possível praticar mais algumas horas de musculação, não esquecendo da dieta, que, em quase todos os casos, é bastante restritiva em relação ao consumo de calorias por dia. Todas essas atividades consomem tempo, energia e dinheiro de mulheres e homens, enquanto a pequena parte do tempo restante é dividida por outras atividades e/ou assuntos importantes de sua vida.

No discurso dessa população, constantemente se ouvem relatos de que todo o esforço realizado por meio de exercícios "massacrantes" durante o ano é válido, pois no verão terão a recompensa de poder ir à praia e expor seu corpo sem vergonha, visto que, à custa de muito suor e calorias perdidas, terão o reconhecimento e a aprovação social. Essa população que busca a estética "perfeita" pode até ser comparada com os atletas de alta *performance* que atingem ou ultrapassam seus limites em busca da perfeição (Novaes e Vilhena, 2003).

Uma prova disso é a matéria especial veiculada pela revista *Veja* (Cardoso, 2000): "Elas venceram: as mulheres superam o preconceito, cultivam músculos robustos, corpos bem definidos e ameaçam a supremacia dos homens no esporte". É uma reportagem que mostra o avanço da participação das mulheres nas Olimpíadas e no esporte em geral, trazendo um ensaio fotográfico com seis destacadas atletas olímpicas brasileiras. Porém, alguns trechos dessa reportagem chamam a atenção, pelo fato de a mídia se respaldar em personalidades esportivas para que seus argumentos sejam aceitos como verdade absoluta mesmo para quem não é atleta, como por exemplo:

> As mulheres de hoje fazem parte da primeira geração das filhas de pais que valorizam o esporte e os cuidados com o corpo. 'Musculosas e suadas, as mulheres são aceitas hoje em dia. É uma coisa natural. Há alguns anos era inaceitável.', diz a americana Lindsay Davenport, a número 1 do ranking mundial de tênis. Agora, com o ocaso das modelos de fisionomia famélica e a súbita valorização na moda de rostos e corpos que parecem vender saúde, o visual esportivo passou a ser quase um pré-requisito da mulher bem-sucedida.

Os eventos esportivos e, conseqüentemente, as atletas são reconhecidos como uma grande recompensa financeira para a mídia esportiva. Assim, no horário nobre da televisão, as características atléticas femininas são freqüentemente retratadas como o trecho acima: profissionalmente e socialmente bem-sucedidas, ricas, famosas e objetos de desejo sexual e estético de homens e mulheres.

Na transmissão dos jogos esportivos, as atletas mais ajustadas fisicamente freqüentemente são as campeãs, recebendo os louvores por suas realizações, sendo normal que essas atletas sejam presenteadas com recompensas por serem as campeãs. Porém, subseqüente e subjetivamente, elas modelam o comportamento estético por serem magras. Além disso, durante as transmissões esportivas, os espectadores são direcionados a se focalizar nos corpos das atletas e não em suas qualidades técnicas. As mensagens dos locutores e o foco das câmeras de filmagem direcionam o público a prestar atenção aos corpos das atletas e, caso haja alguma atleta fora do padrão estético esportivo, ela se transforma em alvo de sarcasmos e sugestões de perda de peso. É a chamada modelagem subjetiva de massas (Bissel e Zhou, 2004).

Ou seja, até mesmo os gêneros midiáticos que não promovem explicitamente a magreza como ideal de beleza podem transmitir às jovens audiências a mensagem de que a magreza é desejável. Parece que qualquer conteúdo em que a mídia exiba corpos magros de uma forma positiva tem o potencial de, inadvertidamente, afetar a imagem corporal dos espectadores. É dessa forma que a mídia passa a influenciar e modificar o padrão de beleza feminino de "magreza famélica" para o visual de magreza esportiva (Harrison e Fredrickson, 2003).

A pressão social feita às atletas de elite, cujo desempenho é julgado merecedor de cobertura na mídia, para que elas sejam magras é muito intensa. Veja-se o caso do jogador de futebol Ronaldo "Fenômeno", cujas oscilações de peso se tornaram notícias debatidas em todo o país, apesar de sua comprovada habilidade técnica. Basta que ele esteja um pouco acima do peso para que seu passado seja esquecido e seu futuro seja posto em dúvida.

Existem evidências consistentes de que a exposição do ideal de magreza por programas de televisão e revistas está associada a problemas de percepção em adolescentes, homens e mulheres, incluindo a insatisfação corporal, a distorção da imagem corporal, a internalização do ideal de magreza e o direcionamento das atitudes em direção à magreza. A imagem que a mídia transmite às pessoas a respeito de seus próprios corpos funciona como um jogo de espelhos, produzido entre o corpo e o olhar do outro, operando uma construção da auto-estima. Porém, pesquisas que examinem a exposição da mídia esportiva relacionada à imagem corporal são quase inexistentes (Bissel e Zhou, 2004; Novaes e Vilhena, 2003).

A mídia também contribui no desenvolvimento e na manutenção da insatisfação com a imagem corporal, ao transmitir às mulheres as normas de beleza, especialmente a mídia ligada à indústria da moda, da estética e dos cosméticos, que ganha dinheiro por meio da insatisfação com a imagem corporal das mulheres (Paquette e Raine, 2004).

Ao procurar por personalidades midiáticas que tenham problemas de pele visível, será encontrado um pequeno número de celebridades, pois a mídia realmente mostra uma imagem de perfeição, camuflando os defeitos com técnicas de maquiagem e fotografia de moda. Na publicidade moderna, as mulheres nunca possuem pêlos corporais, mesmo quando o que está sendo comecializado é um removedor de pêlos. Percebe-se que a imagem do corpo da mulher é claramente manipulada pelos meios de comunicação e que as tendências da moda no mundo negam a realidade da grande maioria das mulheres (Manuel et al., 2003).

Um interessante estudo foi realizado por Markula (2001), ao examinar que as revistas de *fitness* caracterizam a distorção da imagem corporal das mulheres como uma doença comum e aconselham suas leitoras a melhorarem sua imagem corporal quando estiverem fora do padrão. Um detalhe interessante é que as mulheres das capas das revistas (e as propagandas de forma geral) direcionadas ao público masculino têm um padrão de beleza diferente do daquelas das revistas direcionadas ao público feminino.

Na publicidade das revistas brasileiras, ampliou-se o uso de fotografias, de cores nas imagens e de um tom descontraído no discurso publicitário, gerando a idealização da imagem corporal. É instigante também o número cada vez maior de revistas especializadas na questão estética que estimulam a recepção dos padrões impostos. Em sua maior parte, os títulos dessas revistas contêm mensagens subliminares, como, por exemplo, *Boa forma* e *Corpo a corpo* (Souza, 2001; Tahara et al., 2003).

Além disso, as revistas não especializadas nas questões estéticas, como *Veja* e *Isto É*, periodicamente lançam edições especiais e/ou matérias de capas utilizando a estética e a saúde relacionadas às academias ou aos esportes, fortalecendo a relação entre as academias e a imagem corporal ideal. Exemplificando esse fenômeno, a *Veja* lançou, em dezembro de 2001, a Edição Especial cujo título era "Saúde e Forma Física", com o sub título "Como ficar mais bonito e saudável" e notas de capas sobre musculação, aeróbica, ioga, artistas com abdômen perfeito, alimentação e acessórios para a malhação (Moherdaui, 2003; Pastore, 2001 e 2003).

Além de proclamar as atividades físicas e seus benefícios, as revistas não científicas também começam a alertar a população sobre os malefícios que a preocupação excessiva com o corpo pode acarretar. Por exemplo: em 13 de julho de 2005, a revista *Istoé* trouxe, na matéria que abre a revista nessa edição, uma entrevista com o título "A ditadura do corpo", com a Doutora em Psicologia Mara Cristina de Lúcia, que dirige a Divisão de Psicologia do Instituto Central do Hospital das Clínicas de São Paulo e trata de pacientes com distúrbios alimentares e de imagem, demonstrando as loucuras que alguns de seus pacientes cometem em nome da busca da forma física ideal (Tarantino, 2005).

Outro detalhe interessante é que, assim como a mídia utiliza a estética nas academias, as academias também estão começando a utilizar os veículos midiáticos para sua publicidade/propaganda. Algumas academias já têm revistas com circulação bimestral, trimestral ou semestral, tendo em suas capas alunos e alunas esteticamente exemplares, que servem de motivação para os outros alunos, pois mostram que é possível ter um corpo como o deles naquela academia. Ou seja, as academias utilizam os veículos midiáticos para sua publicidade, repetindo o mesmo discurso do idealismo corporal.

Além das revistas e da televisão, o cinema é outro meio de comunicação de massa que ajuda a criar desejos, valores, atitudes e novos padrões de aparência física, como, por exemplo, o último lançamento do filme "Incrível Hulk", em que a transformação no monstro-verde gera altura e músculos tecnologicamente computadorizados fora da normalidade fisiológica para seres humanos.

Outros exemplos de filmes "hollywoodianos" que traçam perfis idealizados dos corpos perfeitos, mesmo que não existam fora da tela do computador, podem ser citados, como Tomb Raider - Lara Croft; Homem-aranha (ambos com a utilização de imagens computadorizadas); Trilogia do Batman (sua "bat-roupa" exalta cada vez mais sua musculatura a cada novo filme lançado); Rock Balboa, Rambo (ambos protagonizados por Sylvester Stallone); Conan, Exterminador do Futuro (ambos protagonizados por Arnold Schwarzenegger, um ex-fisiculturista que foi transformado em ator justamente em virtude de sua avantajada massa muscular), entre muitos outros.

Ao mencionar essa cultura de adesão aos exercícios físicos, a influência e a relação da mídia com o ideal de imagem corporal e a moda do *fitness*, não podemos deixar de ressaltar sua "ala" mais radical: o culturismo.

> O culturismo é um sinônimo da prática corporal masculina e feminina, que tem características peculiares como o emprego de um regime de treinamento físico diário exaustivo que lança mão de inúmeros exercícios de força, concomitante à utilização de esteróides anabolizantes, para a

obtenção de exacerbado aumento da massa muscular e de significativa redução do tecido adiposo (Estevão e Bagrichevsky, 2004).

Seus adeptos participam, quase sempre, de competições específicas, as quais se constituem como eventos de valorização de um padrão estético particular, quase como uma versão similar aos concursos de beleza feminina (*Miss* Mundo e *Miss* Brasil). Aliás, a titulação que os campeões dessas disputas recebem é similar aos nomes dos referidos eventos de beleza feminina: *Miss* ou *Mister* Olímpia ou, então, *Mister* ou *Miss* Universo.

O culturismo ou fisiculturismo como esporte é organizado pela Federação Internacional de Culturismo (IFBB – fundada em 1946), que é a sexta maior Federação do mundo, com 198 países membros, aproximadamente 175 mil atletas amadores registrados e que, pela primeira vez, participou como demonstração dos Jogos Pan-Americanos em 2003, em Santo Domingo, tendo o brasileiro José Carlos Souza Santos como o primeiro campeão pan-americano (Costa, 2005).

O culturismo é uma modalidade esportiva que, há muitos anos, tem grande popularidade entre os homens. Todavia, mais recentemente, sobretudo a partir da década de 1990, o interesse pela prática do culturismo tem crescido entre as mulheres. Uma possível justificativa para esse fato é que as formas corporais bem delineadas, com músculos definidos e uma boa simetria entre os diferentes segmentos corporais, tão valorizadas na busca pelo corpo perfeito, são qualidades típicas das atletas dessa modalidade (Cyrino et al., 2002; Franco, 2006).

Encontramos, no meio dessa contemporaneidade sobre a corpolatria e as academias, o profissional de Educação Física. Ele tem sido mitificado pela sociedade como algo robusto, atlético e saudável, projetando em si um estereótipo a ser seguido pelos seus alunos/atletas.

Não raro, observamos que a contratação do profissional de Educação Física está condicionada ao seu arquétipo corporal, ficando em segundo plano sua competência técnica e didático-pedagógica (Castro e Castro, 2003).

Percebe-se que o modelo corporal "vendido" pela mídia tem determinado um estereótipo único para os profissionais de Educação Física, passando a legitimar a capacidade de intervenção social desse profissional a partir de sua definição corporal e sua musculatura avantajada. Porém, essa identificação com o corpo do professor é importante para alguns alunos das academias, pois se sentem mais motivados a alcançar seus objetivos estéticos e ficar "com o corpo igual ao do professor" (Castro e Castro, 2003).

Eis que começam a surgir dúvidas sobre a atuação profissional e estética: estará uma boa atuação profissional e docente atrelada a um profissional "bonito"? Como podemos afirmar que vivemos em uma democracia e que todos são iguais perante a lei, se hoje as academias de ginástica pedem uma foto recente anexada ao currículo, sendo esta uma forma antecipada de eliminação desse futuro candidato?

Percebe-se, então, que a busca pelo corpo perfeito, que começou com os gregos clássicos na Antiguidade, continua ganhando força a cada dia que passa, com o apoio e o interesse da mídia em que as pessoas estejam insatisfeitas com sua imagem corporal. Nessa busca pela perfeição corporal, as pessoas superlotam as academias de ginástica em busca do programa milagroso de exercícios físicos que resolva rapidamente seu "problema" com a imagem corporal.

Como esse programa milagroso não existe, as pessoas abrem mão de sua saúde em busca da rápida construção do corpo perfeito, por meio de uma série de artifícios, entre eles a utilização de esteróides anabólicos androgênicos.

No próximo tópico, abordaremos com maior profundidade a imagem corporal e sua relação com as academias de ginástica.

14.3 Imagem corporal

O corpo humano tem sido objeto de descrição e interpretações desde os tempos primordiais, seja no campo dos pensamentos religiosos, filosóficos de científicos, como na figura ou no campo do imaginário social, sendo notória a importância dada à estética como um objeto de desejo e de consumo no mercado das necessidades do homem moderno, deixando de ser questão de segundo plano (Novaes, 2001).

Hoje, moldar o corpo é uma atitude cada vez mais comum entre as pessoas, podendo aumentar ou diminuir partes do corpo por meio de diversos métodos. Essa liberdade impressionante de modificar o corpo levanta questões que especialistas começam a estudar e investigar, principalmente entre jovens mulheres, por serem elas as que mais sofrem a pressão social pela estética. Uma dessas questões é o aumento de pessoas que sofrem com transtornos corporais de imagem, como a anorexia, a bulimia e a vigorexia. Esse grupo é formado por indivíduos que estão permanentemente insatisfeitos com a própria aparência, buscando um ideal de perfeição que sempre estão distantes de alcançar (Paquette; Raine, 2004; Tiggemann, 2004).

Atualmente, encontramos na literatura internacional e nacional muitos estudos sobre a imagem corporal de diferentes grupos: culturistas (Blouin e Goldfield, 1995; Franco, 2006; Mangweth et al., 2001; Pickett et al., 2005; Pope et al., 1993); praticantes de academias de ginástica (Balestra, 2002; Damasceno, 2004; Damasceno et al., 2005; Vieira et al., 2005); homens (Baghurst et al., 2006; Pope et al., 2000), mulheres obesas (Almeida et al., 2005); adolescentes (Blowers et al. 2003; Burgess et al., 2006; Petroski et al., 1999); idosas (Franco; Flausino, 2004; Tribess, 2006); e atletas (César et al., 2000).

A preocupação excessiva com a imagem corporal, o peso e a sua forma física é um fenômeno em crescimento e sinal de uma sociedade individualista. Em virtude do crescimento desse fenômeno é que surgiu o interesse de investigações sobre a imagem corporal, sendo a década de 1990 o marco de desenvolvimento desses estudos, além do desenvolvimento de instrumentos para a avaliação e o tratamento desses distúrbios (Pope et al., 2003).

A área de pesquisa em imagem corporal se popularizou; porém, essa popularização reforçou a noção limitante de que as pesquisas sobre imagem corporal só seriam pertinentes às mulheres e suas preocupações com o peso corporal e a sua forma física. Porém, autores acreditam que esse campo de estudo transcende esse foco reduzido, sendo necessário que os pesquisadores de imagem corporal capturem essa rica diversidade das experiências humanas sobre sua "incorporação". Ao considerarmos que a imagem corporal está enraizada em cada relação do homem, engrandecemos sua importância como tema de pesquisa, principalmente porque, na consciência humana, o corpo define seu presente e seu futuro (Cash, 2004).

Sendo assim, é visto de forma positiva o interesse de pesquisadores de todo o mundo pelo assunto, pois cada um contribui de alguma forma com novas reflexões e novas descobertas. A Psicologia Clínica e a Psiquiatria têm dominado os estudos sobre a imagem corporal, principalmente investigações e aplicações sobre os distúrbios alimentares entre mulheres jovens. Porém, estão sendo realizados muitos estudos em outras áreas, como Ciências Sociais e do Comportamento, e em campos associados à saúde, como a Educação Física (Damasceno, 2004; Franco, 2006; Petroski et al., 1999; Vieira et al., 2005).

Como o que nós somos "do lado de fora" afeta nossas vidas e nossa qualidade de vida? Essa foi a pergunta que Thomas Cash, um dos maiores pesquisadores do mundo em imagem corporal e, atualmente, editor da revista *Body Image: An International Journal of Research*, lançada em 2004, se fez em 1990 em sua tese de doutorado. Cash relata que os transtornos de imagem corporal freqüentemente se apresentam na forma de complexos psicológicos, em que as experiências subjetivas do indivíduo sobre sua aparência física são, muitas vezes, mais poderosas psicossocialmente que a realidade social em que ele está inserido ou seu objetivo estético idealizado (Cash, 2004).

Mas o que é imagem corporal? Quais os fatores que influenciam a formação da imagem corporal? Quais os transtornos de imagem corporal? Como é criada a imagem corporal idealizada em nossa mente? Atualmente, existem numerosos conceitos utilizados no campo da imagem corporal, sendo similares em alguns aspectos; porém, não existe um consenso na comunidade científica. Por exemplo: imagem corporal, esquema corporal, satisfação corporal, auto-estima corporal, aparência corporal e alterações como transtornos de imagem corporal, insatisfação corporal, dismorfia corporal ou distorção perceptiva corporal (McCabe; Ricciardelli, 2004).

Esses conceitos de imagem corporal geralmente incorporam quatro dimensões: percepção/consciência, cognição, afeto e comportamento. A compreensão dessa dimensão ampla e complexa da imagem corporal é fundamental, pois ela apenas identifica alguns aspectos pertinentes e jamais contemplará totalmente a imagem corporal, obrigando-nos a aceitar sua subjetividade. Pruzinsky (2004) diz que existem três aspectos que ilustram a complexidade da imagem corporal: 1) ela não se refere apenas à percepção da aparência física; 2) é uma experiência inerentemente subjetiva; e 3) a imagem corporal não é estática.

A história do construto da imagem corporal está repleta de exemplos que fracassaram por não considerarem sua natureza complexa. Freqüentemente, há uma suposição ingênua de que a imagem corporal simplesmente recorra à percepção sensória da aparência física da pessoa, ou seja, é considerada como um "quadro na cabeça da pessoa".

Neste livro, adotamos o conceito de imagem corporal como sendo um construto multidimensional, que envolve um complexo emaranhado de fatores psicológicos, sociais, culturais e biológicos, que determinam subjetivamente como os indivíduos se vêem, acham que são vistos e vêem os outros. Nessa abordagem de imagem corporal, estamos pressupondo que tudo está conectado com tudo e, nesse sentido, é importante reconhecer que não alcançaremos a compreensão total e completa do tema, porém isso não diminui o mérito dos desafios e das novas descobertas (Cash e Pruzinsky, 2002).

Existem outros conceitos de imagem corporal, porém todos relacionados ao adotado neste livro. Por exemplo, Cash (1993) refere-se à imagem corporal como a experiência psicológica de alguém sobre a aparência e o funcionamento do seu corpo. McCabe e Ricciardelli (2004) classificam a imagem corporal como um fenômeno complexo de natureza multidimensional, que pode envolver distúrbios perceptivos, afetivos, cognitivos ou comportamentais, podendo avaliar a estimativa do tamanho corporal, tanto nas partes individuais como no corpo por inteiro.

Isso acontece porque a imagem corporal está ligada a uma organização cerebral integrada, influenciada por fatores sensoriais, processo de desenvolvimento e aspectos psicodinâmicos. Mas não se trata diretamente de uma organização cerebral em funcionamento. Embora dependente de uma estrutura orgânica circunscrita, um "corpo humano", a imagem corporal deve ser compreendida como um fenômeno singular, estruturado no contexto da experiência existencial e individual do ser humano, em um universo de inter-relações entre imagens corporais (Franco e Novaes, 2005; Tavares, 2003).

Essa visão da imagem corporal nos remete à perspectiva apresentada em 1950 por Paul Schilder, pioneiro na análise multidimensional do conceito de imagem corporal e até hoje de fundamental importância, pois suas idéias se referem a uma inovação na visão da imagem corporal para além de uma análise linear e quantitativa, tão enfatizadas na época (Schilder, 1950; Schilder, 1994).

Baseado em uma abordagem do corpo de forma integrada, considerando-o essencialmente um fenômeno existencial, Schilder inovou ao apresentar a imagem corporal por meio de uma perspectiva sistêmica. Utilizando os conhecimentos interdisciplinares científicos da época de fisiologia, psicologia e sociologia, ele discorre sobre assuntos diversos, como beleza, ginástica, dança, psicologia das roupas, dor e distúrbios psíquicos. Ele entendia que a imagem corporal era a "figuração de nosso corpo formada em nossa mente, ou seja, o modo pelo qual o corpo se apresenta para nós" (Schilder, 1950; Schilder, 1994).

> A imagem corporal reflete uma vida, o percurso de um corpo humano existindo ao mesmo tempo em todos os seus aspectos (fisiológicos, afetivo e social), cujas percepções integram sua unidade e marcam sua existência no mundo a cada instante. Percepções que se concretizam em um corpo. Nossa história é, antes de mais nada, a história de nossas experiências perceptivas" (Beresford, 2000; Tavares, 2003).

Dentro dessa história que se concretiza em nosso corpo, percebemos que ao longo dos anos ele muda sua forma, seu peso, seu funcionamento e seu ritmo; talvez, por isso mesmo, não seja certo que todos os seres humanos estejam completamente habituados com seus corpos e satisfeitos com o seu desenvolvimento, aumentando sua insatisfação com a imagem corporal com o passar dos anos. O corpo de cada um pode parecer extremamente familiar e concreto em certos momentos, mas, em outros, bastante desconhecido e abstrato (Soares, 2002).

Há uma boa razão para considerarmos que a imagem corporal será avaliada de forma negativa com o envelhecimento, pois é provável que, a cada ano, as pessoas avancem cada vez mais para o lado oposto ao ideal de magreza (ou muscular) e jovialidade, aumentando de peso, mudando sua forma física, perdendo a elasticidade da pele, desenvolvendo as rugas e o cabelo grisalho. Essas mudanças apresentadas são contrárias às propostas pela sociedade como ideal estético (Balestra, 2002; Franco; Novaes, 2005).

Merleau Ponty (1994), em sua visão filosófica e contemporânea do corpo, buscou uma nova forma de compreender o corpo que evitasse os extremos fisiológicos de um lado e o psíquico vitalista do outro, os quais, para o autor, distorcem a existência humana. Segundo ele, tais abordagens reduziram a experiência do corpo a representações ou imagens mentais, ou a fatos psíquicos que resultam de eventos objetivos ocorridos no corpo, levando a explicações inadequadas das experiências reais. O autor (1994) fala de um corpo vivido, que aparece na noção de uma consciência perceptiva solidária, maneira pela qual, diz, nos instalamos no mundo, ganhando e doando significação. Um corpo que olha para todas as coisas, mas que também se olha e se reconhece naquilo que vê.

Isso é especialmente verdade quando a ênfase recai sobre a percepção do corpo feminino. A partir da década de 1970, com a visita de Kenneth Cooper ao Brasil, houve um verdadeiro *boom* de interesse das mulheres pelas atividades físicas. Desse momento em diante, as mulheres começaram a correr pelas ruas, nos parques e nas praias. Posteriormente, na década de 1980, as academias de ginástica exerceram grande influência na sociedade, induzindo milhares de homens e mulheres a praticar exercícios físicos e musculação, buscando mais qualidade de vida e, principalmente, desejando obter um corpo esteticamente adequado aos padrões. A corporeidade assume, então, seu posto como ponto de referência entre a pessoa e a representação social (Beltrão et al., 2002).

A mulher valoriza seu corpo não apenas pelo que ela julga que os outros apreciem nela, mas pelo juízo de valor captado pelos membros da sociedade em geral. Assim sendo, percebe-se que a imagem corporal é influenciada pelos padrões estipulados pela sociedade e pela cultura que nos rodeia, ficando a mídia, a família e os amigos mais próximos com um papel importante na transmissão dessas mensagens socioculturais que auxiliam na construção da imagem corporal ideal (Ricciardelli e McCabe, 2001).

As pessoas com uma imagem corporal negativa descrevem sentir insatisfação quanto ao seu aspecto físico; pensam que a sua aparência é alvo de crítica e avaliação por parte de outros; dão uma importância excessiva ao aspecto físico ao se auto-avaliar; têm uma preocupação angustiante com o próprio corpo; sentem vergonha e/ou acanhamento; fazem exames físicos excessivos (pesar, medir e provar roupa); disfarçam o seu tamanho e a sua forma usando roupas largas; evitam expor seu corpo em público, não usando roupas de banho (Franco e Novaes, 2005).

Já uma imagem corporal positiva revela autoconfiança, energia, vitalidade e auto-avaliação positiva, sentimentos de beleza e atração, confiança e respeito pelo próprio corpo, liberdade de expressão corporal, independente do peso. A terapia da imagem corporal e o aconselhamento poderão facilitar mudanças nos comportamentos alimentares e ajudar a ultrapassar os sintomas de anomalias.

A terapia da imagem corporal pode ser efetuada individualmente ou em grupo, incluindo intervenção cognitivo-comportamental, psicoterapia, grupos psicoeducacionais, terapia de movimento e expressão artística, imagens guiadas, compilação de diários, desenvolvimento de uma consciência política e consulta a grupos de apoio. Deverá ser dada ênfase ao trabalho com a imagem corporal no tratamento da anorexia e bulimia nervosa, para que haja uma recuperação efetiva.

Entre os fatores que podem exercer alguma influência na imagem corporal, encontramos a família, as relações amorosas, os amigos (a opinião dessas pessoas são muito importantes para o autoconceito de imagem corporal), os aspectos midiáticos e culturais, os distúrbios corporais (bulimia, anorexia e dismorfia muscular), os aspectos socioeconômicos (os ricos são mais insatisfeitos com sua imagem corporal do que as pessoas menos abastadas) e a etnia, continente e/ou país de origem das pessoas.

É possível que, entre as mulheres, os diferentes períodos do ciclo menstrual exerçam alguma influência ou alteração, dependendo do período, na imagem corporal, porém não foram encontrados estudos relacionando esses dois fatores, demonstrando ser um interessante estudo a ser feito.

Em relação aos efeitos proporcionados pelos exercícios físicos na imagem corporal, são necessárias mais pesquisas para elucidá-los, porém estudos indicam que as mudanças na imagem corporal são favoráveis tanto em programas de exercícios aeróbicos quanto em exercícios anaeróbicos, assim como em obesos ativos em relação aos obesos sedentários e entre idosos praticantes de atividades físicas (Baghurst et al., 2006; Balestra, 2002; Vieira et al., 2005; Williams e Cash, 2001).

Como os aspectos que influenciam a imagem corporal apresentados anteriormente já foram discutidos, o foco do próximo tópico abordará o principal assunto deste capítulo: transtornos corporais dismórficos. Este tópico é fundamental para o entendimento dos casos que surgem nos tempos atuais dentro das academias.

14.3.1 Transtornos corporais dismórficos e transtornos alimentares

Transtornos corporais dismórficos (TCD) são definidos como a preocupação de uma pessoa com um problema imaginário de sua aparência, em que há uma anomalia de desprezo ao seu corpo. Quando isso acontece, essa preocupação é notadamente excessiva. Pacientes com TCD têm uma imagem corporal distorcida, que pode estar associada a tirania ou abuso durante a infância ou adolescência (Veale, 2004).

Além das preocupações com a aparência, os transtornos corporais dismórficos são associados com grande consumo de tempo em rituais como contemplar o espelho ou constantes comparações. Além disso, são marcados por problemas na auto-estima, não-exposição em situações sociais, maiores níveis de inaptidão profissional, inclusive absenteísmo, menor produtividade, desemprego, além de problemas matrimoniais e uma alta taxa de tentativas de suicídio.

Na atual sociedade, a busca pela estética ideal criou os transtornos alimentares (anorexia nervosa, bulimia nervosa e suas variantes), que são quadros psiquiátricos que afetam principalmente adolescentes e adultos jovens (embora a presença de crianças se faça notar recentemente nas clínicas psiquiátricas) do sexo feminino, levando a grandes prejuízos biopsicossociais, com elevada morbidade e mortalidade (Abreu e Cangelli Filho, 2004).

A anorexia nervosa caracteriza-se pela perda de peso intensa à custa de dietas rígidas auto-impostas, na busca desenfreada pela magreza, distorção da imagem corporal e amenorréia. Os quadros clínicos incluem emagrecimento, amenorréia, bradicardia, baixa temperatura corporal, edema nos membros inferiores, obstipação e cianose periférica.

A bulimia nervosa, por sua vez, caracteriza-se por grande ingestão de alimentos de maneira muito rápida e com a sensação de perda de controle, os chamados episódios bulímicos. Estes são acompanhados de métodos compensatórios inadequados para o controle de peso, como vômitos auto-induzidos (em mais de 90% dos casos), uso de medicamentos (diuréticos, laxantes, inibidores de apetite), dietas, exercícios físicos, abuso de cafeína ou uso de cocaína (Abreu e Cangelli Filho, 2004).

Problemas com a imagem corporal colocam pessoas em risco de desenvolverem essas patologias alimentares. geralmente, as meninas que relatam os maiores níveis de insatisfação com seu corpo são aquelas que mais aderem a comportamentos de perda de peso inadequados à saúde. Os indivíduos anoréxicos ou bulímicos têm vulgarmente a noção de serem maiores do que na realidade o são, resultando em uma imagem corporal negativa e intensificando os comportamentos dietéticos. O aumento de comportamentos dietéticos está associado à depressão, à diminuição da autoconfiança e à intensificação dos sentimentos de ansiedade, de se sentir pouco atraente e com preocupação constante com o peso (Ricciardelli e McCabe, 2001).

Quando a comida era escassa e, portanto, privilégio dos ricos, a pessoa obesa era de certa forma sinônimo de saúde e prosperidade, enquanto a pessoa magra sugeria miséria e definhamento. Hoje, esse quadro se apresenta de forma inversa, sendo as pessoas atléticas e/ou magras vistas como saudáveis e de sucesso, enquanto os obesos se tornaram sinônimo de pessoas preguiçosas e desleixadas (Novaes e Vilhena, 2003).

Porém, isso pode ser correto em alguns casos, mas errôneo em outros. Por exemplo, no caso da tríade da mulher atleta, que é a associação apresentada entre amenorréia, osteoporose e distúrbios alimentares, com uma alta incidência em mulheres atletas cujas atividades físicas enfatizam um baixo peso corporal, como bailarinas, maratonistas e ginastas (Cesar et al., 2001).

Percebe-se que as mulheres são as que mais sofrem com os distúrbios alimentares e transtornos corporais dismórficos, sendo esperado que o corpo ideal feminino escolhido pelas mulheres seja, em sua maior parte, o de corpos mais magros que os seus atuais. No entanto, as mulheres culturistas fazem parte de um grupo que optam pela obtenção de corpos excessivamente musculosos, contrariando os ideais da sociedade para as mulheres.

Em 1993, Pope et al., analisando uma amostra de 108 culturistas (com e sem uso de esteróides anabolizantes), descreveram o que foi denominado na época de anorexia nervosa reversa. Nessa amostra, foram identificados nove indivíduos (8,3%) que se descreviam como muito fracos e pequenos, quando na verdade eram extremamente fortes e musculosos. Além disso, todos os nove indivíduos relatavam o uso de esteróides anabolizantes.

Pope et al. (1997), revisando seus conceitos, publicaram artigo posterior sobre o assunto, no qual renomearam a anorexia nervosa reversa para dismorfia muscular, enquadrando-a entre os transtornos corporais dismórficos (TCD). Ao contrário dos TCD típicos, nos quais a preocupação principal é com áreas específicas, a dismorfia muscular envolve uma preocupação de não ser suficientemente forte e musculoso em todas as partes do corpo, com a visão negativa de seu peso ou definição corporal e com um prejuízo associado ao funcionamento psicossocial. Além disso, os indivíduos acometidos passam a ter uma importante limitação de atividades diárias, dedicando muitas horas a levantamento de peso e dietas para hipertrofia.

Embora relativamente poucas pesquisas tenham examinado a imagem corporal em culturistas, alguns estudos apontam níveis mais altos de "perturbação da imagem corporal". O culturismo pode ser mesmo selecionado entre um subconjunto de pessoas com uma forma de psicopatologia classificado como "distúrbios de dismorfia corporal", mais especificamente a dismorfia muscular (Chung, 2003; Pickett et al., 2005; Pope et al., 1993; Pope et al., 1997).

A dismorfia muscular (DISMUS) é uma síndrome psiquiátrica recente que acomete indivíduos de ambos os sexos, com maior prevalência entre os homens, composta por indivíduos altamente musculosos que têm a convicção patológica de que possuem uma musculatura pequena e fraca. Como desejam uma maior musculatura, eles também são muito preocupados em não ganhar gordura. Também é conhecida como vigorexia ou "Complexo de Adônis" (Choi et al., 2002; Pope et al., 1993; Pope et al., 1993; Pope et al., 2003).

Quantos de seus clientes nas academias já demonstraram esse tipo de preocupação ou "problema"? Essa imagem distorcida tende a levar esses indivíduos a buscar nos exercícios de fortalecimento muscular a "correção do seu problema". Sendo assim, um aspecto marcante dessa síndrome é a busca incessante pelo aumento da massa muscular por meio de exercícios de fortalecimento muscular. Porém, seria ingenuidade pensar que a transformação dos corpos dos fisiculturistas se dá somente em virtude desse fator.

Para compor a construção desses corpos "hipersupertrofiados", lança-se mão do uso freqüente de esteróides anabolizantes. Seus usuários relatam que essas drogas proporcionam sessões de atividade física mais intensas, por retardar a fadiga, aumentar a motivação e a resistência, estimular a agressividade e diminuir o tempo necessário de recuperação entre as sessões de exercícios (Blouin e Goldfield, 1995).

Estevão e Braguichevsky (2004) realizaram entrevistas com mulheres fisiculturistas e encontraram relatos muito interessantes quanto ao uso dos anabolizantes para a melhora da estética. Por exemplo:

> *Valentina* (nome fictício) declarou, certa vez, que sua adaptação com os esteróides anabólicos foi uma boa experiência: 'Eu consigo me dar bem com isso sim. Melhora a auto-estima porque você treina e vê o efeito'. Ela justifica o uso que faz da substância como sendo um aliado da malhação, um antídoto contra as imperfeições. Outra entrevistada, *Rebeca,* declarou que 'tem gente que fica viciada, começa a gostar muito e depois acha que não consegue nem treinar, nem ter vida social se não tomar todo dia um anabolizante'. A dependência à qual faz referência a entrevistada, diz respeito aos resultados corporais que os hormônios propiciam, bem como às percepções subjetivas que daí derivam: os fisiculturistas tornam-se dependentes da imagem de seu próprio corpo (Estevão e Braguichevsky, 2004).

O estereótipo do homem forte já é por nós esperado, aparecendo desde a Grécia antiga. Porém, a mulher estava em segundo plano, e o desejo delas de terem corpos hipertrofiados era inexistente ou imperceptível socialmente. Assim, as hipermulheres surgem como uma expressão de força física (Estevão e Braguichevsky, 2002).

Esse último relato nos aponta uma tendência ao narcisismo. Esse termo surge da mitologia grega, em que um rapaz, Narciso, amava tanto sua própria imagem que, ao vê-la refletida no espelho d'água de um lago, mergulhou para encontrá-la e acabou morrendo afogado.

Com a história de Narciso e sua beleza, o termo narcisismo serve para se referir ao amor que uma pessoa tem pela imagem de si mesmo. Uma pessoa narcisista busca a todo tempo preservar uma imagem ideal e dela é escravo; nesse caminho, seu corpo real fica cada vez mais distante. Ela se afasta do contato com o corpo real, pois este não confirma os predicados de seu ideal, e assim se torna, no mínimo, incômodo (Tavares, 2003).

Outra história interessante é a de Adônis, um jovem grego muito bonito, que vivia em crise por causa de sua obsessão por um corpo masculino ideal. Tomando-o como referência foi que os autores Pope, Phillips e Olivardia lançaram um livro e o intitularam como *Complexo de Adônis: a obsessão masculina pelo corpo*. A extensiva discrepância entre a musculatura atual de homens e o corpo ideal podem ajudar a explicar o aparente aumento de distúrbios como a dismorfia muscular e o abuso de esteróides anabólicos (Pope et al., 2000; Pope et al., 2003).

Dentro de uma visão empírica, os indivíduos que freqüentam academias primariamente direcionadas para o desenvolvimento de hipertrofia muscular tendem a privilegiar o fortalecimento muscular dos braços e da região superior do tórax, partes do corpo que tendem a ser mais facilmente visualizadas pelos outros e por eles próprios. Particularmente, é comum que esses indivíduos optem por se vestir com camisetas do tipo regata, proporcionando uma exposição mais fácil dos seus músculos hipertrofiados.

O homem atual enfatiza o formato do corpo, nesse caso, um corpo modelado em forma de V, com a parte superior do corpo bem mais desenvolvida, os quadris finos e as pernas "quase-atrofiadas". Se muitos homens e muitas mulheres estão praticando musculação para aumentar a massa muscular, alguns podem estar correndo o risco de desenvolver a DISMUS (Tiggemann, 2004).

Em relação ao tratamento da dismorfia muscular, não há qualquer descrição sistemática. Porém, uma combinação dos métodos geralmente utilizados no tratamento dos transtornos dismórficos corporais e dos transtornos alimentares pode servir como diretriz para o tratamento da dismorfia muscular. Da mesma forma que indivíduos com anorexia nervosa, os indivíduos com dismorfia muscular dificilmente procuram tratamento. Quando o fazem, sua adesão tende a ser pequena, uma vez que os métodos propostos geralmente acarretam perda de massa muscular (Assunção, 2002).

Referências

ABREU, C. N.; CANGELLI FILHO, R. Anorexia nervosa e bulimia nervosa: abordagem cognitivo-construtivista de psicoterapia. **Revista de Psiquiatria Clínica**, 2004; 31(4):177-83.

ALMEIDA, G. A. N.; LOUREIRO, S. R.; PASIAN S. R.; SANTOS J. E. Percepção de tamanho e forma corporal de mulheres: estudo exploratório. **Psicologia em Estudo**, 2005; 10(1):27-35.

ARANHA, M. L. A.; MARTINS, M. H. P. **Temas de Filosofia**. 2. ed. rev. São Paulo: Moderna, 1998.

ASSUNÇÃO, S. S. M. Dismorfia muscular. **Revista Brasileira de Psiquiatria**, 2002; 24 (Supl. III): 80-4.

BAGHURST, T.; HOLLANDER, D. B.; NARDELLA, B.; HAFF, G. G. Change in sociocultural ideal male physique: an examination of past and present action figures. **Body Image: An International Journal Research**, 2006; 3:87-91.

BALESTRA, C. M. **Aspectos da imagem corporal de idosos, praticantes e não praticantes de atividades físicas**. Dissertação de Mestrado em Educação, Física. Universidade Estadual de Campinas, SP, 2002.

BARKER, D. J.; BARKER, M. J. The body as art (What is beauty?). **Blackwell Science**, 2002; 1:88-93.

BELTRÃO, F. B.; GISONI V. C.; FEIJÓ O. G. Percepção do próprio corpo por mulheres fluminenses profissionalmente realizadas. **Fitness & Performance Journal**, 2002; 1:1-10.

BERESFORD, H. Identidade acadêmica do programa: conceito detalhado de Ciência da Motricidade Humana na Universidade Castelo Branco. In: BELTRÃO, F. B. (Org.) **Produção em Ciência da Motricidade Humana (PROCIMH)**. Rio de Janeiro: Shape, 2000.

BISSEL K. L.; ZHOU, P. Must-see TV or ESPN: entertainment and sports media exposure and body image distortion in college women. **Journal of Communication**, 2004; 3-21.

BLOUIN, A. G.; GOLDFIELD, G. S. Body image and steroid use in male bodybuilders. **International Journal Eating Disorders**, 1995; 18(2):159-65.

BLOWERS, LC.; LOXTON, NJ.; FLESSER MG.; OCCHIPINTI S.; DAWE S. The relationship between sociocultural pressure to be thin and body dissastisfaction in preadolescent girls. **Eating Behaviors**. 2003; 4:229-44.

BURGESS, G.; GROGAN, S.; BURWITZ, L. Effects of a 6-week aerobic dance intervention on body image and physical self-perceptions in adolescent girls. **Body Image: An International Journal Research**, 2006; 3: 57-66.

CARDOSO, M. Elas venceram: as mulheres superam o preconceito, cultivam músculos robustos, corpos bem definidos e ameaçam a supremacia dos homens no esporte. In: **Revista VEJA,** São Paulo; p. 72-8, 19 de abril de 2000.

CASH, T. F. Body image attitudes among obese enrollees in a commercial weight loss program. **Perceptual and Motor Skills**, 1993; 77(3):1.099-103.

_____. Body image: past, present, and future. **Body Image: An International Journal Research**, 2004; 1:1-5.

_____; PRUZINSKY T. (Eds.) **Body Image**: A handbook of theory, research and clinical practice. New York: Guilford Press, 2002.

CASTRO, C. G. F. S.; CASTRO, M. R. O mito em relação ao corpo atlético do professor de Educação Física. **Cadernos Camilliani**, 2003; 4(2):131-7.

CESAR, M. C.; PARDINI, D. P.; BARROS, T. L. Efeitos do exercício de longa duração no ciclo menstrual, densidade óssea e potência aeróbia de corredoras. **Revista Brasileira de Ciência e Movimento**, 2001; 9(2):7-13.

CHOI, P. Y. L.; POPE H. G.; OLIVARDIA, R. Muscle Dysmorphia: a new syndrome in weightlifters. **British Journal of Sports Medicine**, 2002; n. 36:375-7.

Chung, B. Muscle dysmorphia in weightlifters. **British Journal of Sports Medicine**, 2003; 37:280-1.

Costa, L. P. (Org.) **Atlas do Esporte no Brasil**. Rio de Janeiro: Shape, 2005.

Cyrino, E. S.; Maestá, N.; Reis, D. A.; Nardo, Junior N.; Morelli, M. Y. A.; Santarém, J. M.; Burini, R. C. Perfil antropométrico de culturistas brasileiras de elite. **Revista Paulista de Educação Física**, 2002; 16(1): 27-34.

Damasceno, V. **Insatisfação com a Imagem Corporal e Variáveis Antropométricas de Praticantes de Atividades em Academia**. Dissertação de Mestrado em Ciência da Motricidade Humana. Universidade Castelo Branco, 2004.

Damasceno, V.; Lima, J. R. P.; Vianna, J. M.; Vianna, V. R. A.; Novaes, Js. Tipo físico ideal e satisfação com a imagem corporal de praticantes de caminhada. **Revista Brasileira de Medicina do Esporte**, 2005; 11(3), 181-6.

Estevão, A.; Bagrichevsky, M. Antítese ou reinvenção da feminilidade? As mulheres fisiculturistas e os engendramentos da cultura da "malhação". **Revista Motrivivência**, 2002; 8 (19): 35-52.

_____. Cultura da "corpolatria" e bodybuilding: notas para reflexão. **Revista Mackenzie de Educação Física**, 2004; 3(3):15-27.

Franco, V. H. P. **Comparação da percepção da imagem corporal de mulheres culturistas, de praticantes de atividade física em academias e de sedentárias**. Dissertação de Mestrado em Ciência da Motricidade Humana. Universidade Castelo Branco, 2006.

Franco, V. H. P.; Flausino N. H. Imagem corporal de mulheres idosas. **Anais do II Simpósio Mineiro de Ciências do Esporte**, Viçosa; p. 567, setembro de 2004.

_____; Novaes, Js. Estética e imagem corporal na sociedade atual. **Cadernos Camilliani**, 2005; 6(2): 111-8.

Garcia R. P.; Lemos K. M. A estética como um valor na Educação Física. **Revista Paulista de Educação Física**, 2003; 17(1):32-40.

Goldenberg, M. (Org.) **Nu & Vestido**: Dez antropólogos revelam a cultura do corpo carioca. Rio de Janeiro: Record, 2002.

Harrison, K.; Fredrickson, Bl. Women's sports media, self-objectification, and mental health in black and white adolescent females. **Journal of communication**, 2003; 216-32.

Knijnik, J. D.; Simões, A. C. Ser é ser percebido: uma radiografia da imagem corporal das atletas de handebol de alto nível no Brasil. **Revista Paulista de Educação Física**, 2000; 14(2):196-213.

Mangweth, B.; Pope, H. G.; Kemmler, G.; Ebenbichler, C.; Hausmann, A.; De Col, C et al. Body image and psychopathology in male bodybuilders. **Psychotter Psychosomatics**, 2001; 70(1):38-43.

Manuel, R. R.; Javier, O. F.; Maria, R. J.; Gabriel, F. G.; Antonio, D. O.; Manuel, R. La morfología femenina como método de valoración de la estética corporal en estudiantes universitarias de Andalucia (Espanha). **Revista Brasileira de Cineantropometria e Desenvolvimento Humano**, 2003; 5(2):54-60.

Markula, P. Beyond the perfect body: Women's body image distortion in fitness magazine discourse. **Journal of Sport and Social Issues**, 2001; 25(2):158-79.

Mccabe, M. P.; Ricciardelli L.; Mellor D.; Ball K. Media influences on body image and disordered eating among indigenous adolescent australians. **Adolescence**, 2005; 40(157):1.115-27.

_____. Body image dissatisfaction among males across the lifespan. A review of past literature. **Journal of Psychosomatic Research**, 2004; 56:675-85.

Melo, V. A. Educação estética e animação cultural: reflexões. **Revista Licere**, 2002; 4(1): 43-52.

Merleau-Ponty, M. **Fenomenologia da Percepção**. São Paulo: Martins Fontes, 1994.

Moherdaui, B. Os limites do corpo. In: **Revista VEJA**, São Paulo: ed. 1792, 36(9): 66-73. 5 de março de 2003.

Novaes, J. S. Estética: **O Corpo na Academia**. Rio de Janeiro: Shape, 2001.

Novaes, J. S.; Vianna, J. M. **Personal Training e Condicionamento Físico em Academia**. 2. ed. Rio de Janeiro: Shape, 2003.

Novaes, J. S.; Vilhena, J. De Cinderela a Moura Torta: sobre a relação mulher, beleza e feiúra. **Revista Interações**, 2003; 8(15):9-36.

PAQUETTE, M. C.; RAINE, K. Socialcultural context of women's body image **Social Science & Medicine**, 2004; 59:1.047–58.

PASTORE, K. (Org.) **Veja Especial:** Sua Saúde, São Paulo: ed.1693, 34(12), março de 2001.

_____. **Veja Especial: Saúde & Forma**, São Paulo: ed. 1834, 36(29), dezembro de 2003.

PEREIRA, M. A.; FERREIRA, F. O.; MARTINS, A. H.; CUPERTINO, C. M. Imagem e significado e o processo dos estereótipos. **Estudos de Psicologia**, 2002; 7(2):389-97.

PETROSKY, E. L.; VELHO, N. M.; DE BEM, M. F. L. Idade da menarca e a satisfação com o peso corporal. **Revista Brasileira de Cineantropometria e Desempenho Humano**, 1999; 1(1):30-6.

PICKETT, T. C.; LEWIS, R. J.; CASH, T. F. Men, muscle and body image: comparisons of competitive bodybuilders, weight and athletically active controls. **British Journal Sports Medicine**, 2005; 39:217-22.

POPE, H. G.; GRUBER, A.; CHOI, Py.; OLIVARDIA, R. Muscle Dysmorphia. An underrecognized form of body dysmorphic disorder. **Psychosomatics**, 1997; n. 38, p. 547-8.

_____; MANGWETH, B.; BUREAU, B.; DECOL, C.; JOUVENT, R.; HUDSON, JI. Body image perception among men in three countries. **American Journal Psychiatry**. 2000; 157:1.297-1.301.

_____; KATZ, D. L.; HUDSON, J. L. Anorexia nervosa and "reverse anorexia" among 108 male bodybuilders. **Compr. Psychiatry**, 1993; 34(6):406-9.

_____; PHILIPS, K. A.; OLIVARDIA, R. **O complexo de Adônis**: a obsessão masculina pelo corpo. Rio de Janeiro: Campus, 2003.

PRUZINSKY, T. Enhancing quality of life in medical populations: a vision for body image assessment and rehabilition as standards of care. **Body Image: An International Journal of Research**, 2004; 1:71-81.

RICCIARDELLI, L. A.; MCCABE, M. P. Self-esteem and negative affect as moderators of sociocultural influences on body dissatisfaction, strategies to decrease weight, and strategies to increase muscles among adolescent boys and girls. **Sex Roles**, 2001; 44(3):189-207.

ROSA, F. J. B.; ANEZ, C. R. R. O estudo das características físicas do homem por meio da proporcionalidade. **Revista Brasileira de Cineantropometria e Desenvolvimento Humano**, 2002; 4(1):53-66.

SCHILDER, P. **A Imagem do Corpo**: As energias construtivas da psique. São Paulo: Martins Fontes, 1994.

_____ **The Image and Appearence of the Human Body**: studies in the constructives energies of the psyche. New York: John Wiley, 1950.

SOARES, C. L. **Imagens da Educação no Corpo**: estudo a partir da ginástica francesa no século XXI. 2. ed. rev. Campinas: Autores Associados, 2002.

SOUZA, N. G. S. **Que corpo é esse? O corpo na família, mídia, escola, saúde**. Tese de Doutorado. Universidade Federal do Rio Grande do Sul, RS, 2001.

TAHARA, A. K.; SCHWARTZ, G. M.; SILVA, K. A. Aderência e Manutenção da prática de exercícios em academias. **Revista Brasileira Ciência e Movimento**, 2003; 11(4): 7-12.

TARANTINO, M. A ditadura do corpo. In: **Revista ISTO É**, São Paulo: ed. 1865, p. 66-73. 13 de julho de 2005.

TAVARES, M. C. G. C. F. **Imagem Corporal**: conceito e Desenvolvimento. Barueri: Manole, 2003.

TIGGERMANN, m. Body image across the adult life span: stability and change. **Body Image: An International Journal of Research**, 2004; 1:29-41.

TRIBESS, S. **Percepção da imagem corporal e fatores relacionados à saúde em idosas.** Dissertação (Mestrado em Educação Física). Universidade Federal de Santa Catarina, SC, 2006.

VEALE, D. Body dysmorhic disorder. **Postgraduate Medical Journal.** 2004; n. 80, p. 67-71.

VIEIRA, F. R.; DANTAS, E. H. M.; LACERDA, Y.; NOVAES, J. S. Efeitos das Atividades Físicas em Academias na Imagem Corporal dos Obesos. **Fitness & Performance Journal**, 2005; 4(1):19-27.

WILLIAMS, P. A.; CASH, T. F. Effects of a circuit weight training program on the body image of colleges students. **International Journal of Eating Disorders**, 2001; n. 30, p. 75-82.

Capítulo 15
Obesidade e exercícios resistidos

Guilerme Rosa de Abreu/Iara dos Santos da Cruz/Elisa Maria Rodrigues dos Santos/
Ingrid Barbara Dias/Estelio Henrique Martin Dantas/Jefferson da Silva Novaes

A obesidade pode ser definida como um acúmulo excessivo de gordura corporal (Klaus, 2004), freqüentemente predominante na região abdominal (Barnes et al, 2004), que atinge indivíduos de ambos os sexos e das mais diversas faixas etárias (Popkin, 2001; Bar-Or, 2003) e etnias (Popkin, 2001). Como os fatores de risco para o desenvolvimento de doenças crônico-degenerativas em pessoas comexcesso de peso e obesos aumenta (Adams et al., 2006; Francischi et al., 2000), essa doença foi recentemente declarada como uma epidemia mundial (Klaus, 2004; Popkin, 2001; James et al., 2001).

15.1 Etiologia da obesidade

A obesidade é multifatorial, ou seja, é causada por diversas variáveis. Sendo assim, a descrição de sua etiologia permanece controversa no sentido de apontar o principal causador dessa doença. Até pouco tempo atrás, achava-se que o excesso de gordura era ocasionado apenas por um desbalanço energético, porém, já é de conhecimento que fatores como a carga genética trazida pelos recém-nascidos e fatores ambientais como as mudanças drásticas que aconteceram na estrutura socioeconômica, na composição das dietas e nos padrões de atividade física são fortes influenciadores dessa condição (Popkin, 2001; Lerário et al., 2002). Dados (Mokdad et al., 2000) apontam que não houve modificações significativas nos genes relacionados à obesidade nos EUA entre 1991 e 1999, no entanto, os números relacionados a ela continuaram aumentando. Sendo assim, acredita-se que o fator genético é secundário na maioria dos casos. Segundo os dados do Ministério da Saúde (Who, 2003; Who, 2006), o excesso de peso afeta 41,1% dos homens e 40% das mulheres, e, desse grupo, a obesidade atinge 8,9% dos homens e 13,1% das mulheres adultas no Brasil.

Alterações nas condições socioeconômicas trouxeram consigo a modernização, que por sua vez induz à comodidade e ao sedentarismo, já que proporciona meios para trabalho e atividades de lazer com o mínimo de esforço físico. Se esses fatores forem combinados com uma dieta rica em alimentos processados, gorduras saturadas, sal, açúcar e baixo teor de fibras, têm-se uma grande propensão à obesidade. Na Figura 1, estão os principais fatores que influenciam e/ou provocam a condição de excesso de peso e obesidade.

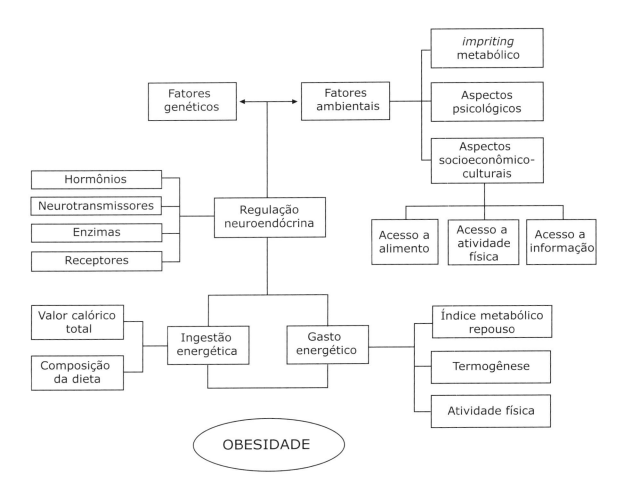

Figura 15.1 — Modelo Causal da Obesidade (Balaban, 2004).

15.2 Fatores hormonais

Alguns fatores endógenos contribuem para o aumento de peso – fatores genéticos e que se manifestam como deficiência ou anormalidade hormonal, como a síndrome hipotalâmica, o hipotireoidismo, o hipogonadismo, a deficiência de GH (hormônio do crescimento) e o hiperinsulinismo.

15.3 Fatores psicossociais

O estilo de vida e a modernidade trazem comodidade, o que conseqüentemente podem levar a um aumento de peso. Segundo o relatório do Ministério da Saúde, a obesidade Infanto-Juvenil aumentou cerca de 240%, e mais de 15% de crianças e adolescentes estão obesos, o que garante que, provavelmente, terão uma adolescência difícil pela imagem corporal que possuem. Por isso, há uma probabilidade menor de as meninas com excesso de peso e obesas serem aceitas em universidades, se casarem e serem economicamente felizes (Iotf, 2004). A baixa auto-estima, a depressão e a insatisfação o corpo trazem efeitos psicológicos e sociais consideráveis para as pessoas em geral, fazendo com que se projete cada vez mais, como um efeito "bola de neve".

15.4 Diagnóstico de excesso de peso e obesidade

Existem muitas formas de diagnosticar o quadro de sobrepeso ou obesidade, e esse diagnóstico pode ser quantitativo, quando o método utilizado apresenta como resultado somente a quantidade de gordura corporal, independentemente de sua distribuição (ex.: o percentual de gordura por meio de dobras cutâneas, o percentual de gordura obtido por bioimpedância elétrica bi polar ou tetra polar, a tomografia computadorizada, a ressonância nuclear magnética, o DEXA e o IMC); ou qualitativo, quando o método utilizado apresenta a distribuição de gordura corporal sem informar a sua quantidade ou proporção (ex.: a circunferência de cintura, a circunferência abdominal, a ultra-sonografia, o DEXA e a relação entre as circunferências da cintura e do quadril). Observa-se, portanto, que alguns desses métodos apresentam ambas as características. Tanto o diagnóstico quantitativo como o qualitativo são bem aceitos, porém nem todos o métodos para avaliação da gordura corporal são acessíveis para todos os tipos de população. Por esse motivo, alguns são mais utilizados principalmente em academias, clubes, *spas* e até escolas, em razão de sua praticidade e baixo custo. O Índice de Massa Corporal, ou IMC, é um método indireto para a classificação dos indivíduos em relação ao excesso de peso e à obesidade e, apesar de suas limitações quanto ao tipo de população a ser observada, é amplamente utilizado, pois é uma ferramenta barata e relativamente simples. Segundo a Organização Mundial de Saúde (Balaban, 2004), é considerado com excesso de peso um indivíduo que apresenta valor de IMC maior ou igual a 25 e, quando o valor do IMC é igual ou superior a 30, essa pessoa já pode ser considerada obesa.

Estudos recentes demonstram que, para uma boa classificação de excesso de peso ou obesidade, os valores de IMC devem ser associados aos da circunferência de cintura, pois é nessa região que se aloja a gordura visceral, considerada a mais prejudicial à saúde. A medida de circunferência de cintura deve apresentar valor menor ou igual a 94 cm para homens e 80 cm para mulheres (James, 2001). Acima desses valores, o risco de doenças relacionadas à obesidade, como a síndrome metabólica, aumenta.

15.5 Síndrome metabólica e suas comorbidades

O estado de obesidade leva a doenças associadas, que chamamos de comorbidades que é definido como um conjunto de anormalidades metabólicas e hemodinâmicas (Filho et al., 2006). O indivíduo que se enquadra em pelo menos três características das cinco descritas na Tabela 15.1 possui síndrome metabólica. Os dados de prevalência mundial da síndrome metabólica são muito preocupantes, já que essa síndrome é preditora de diabetes e doenças cardiovasculares (Isomaa et al., 2001; Haffner, 1992). Existem cerca de 200 milhões de indivíduos diabéticos em todo o mundo e outros 100 milhões com hipertensão arterial; estima-se que 80% morrerão em decorrência de doenças cardiovasculares e, por isso, há um enorme apelo médico e social para identificar a existência da síndrome metabólica que possa auxiliar no combate à progressão da atual epidemia.

Tabela 15.1 – Pontos de corte para a classificação da sindrome metabólica

Fatores de risco	Nível definido
Obesidade abdominal	Circunferência de Cintura
Homens	> 102 cm
Mulheres	> 88 cm
Triglicerídeos	≥ 150 mg.dl
HDL	
Homens	< 40 mg. dl[1]
Mulheres	< 50 mg.dl[1]
Pressão sangüínea	≥ 130/≥ 85 mmHg
Glicose de jejum	≥ 110 mg.dl[1]

Fonte: ACSM'S Guideline for Exercise Testing and Prescription, 7ª Edição (2006)

Indivíduos com excesso de peso e obesidade sofrem com algumas doenças particulares, sendo as mais comuns diabetes tipo II, hipertensão arterial e hipertrigliceridemia.

A diabetes não insulinodependente, ou tipo II, é a comorbidade mais freqüente na população obesa, pois uma maior concentração de gordura na região abdominal pode elevar o risco da ocorrência da diabetes em dez vezes, já que a cada aumento de 10% no peso corporal há um aumento de 2 mg/dl na glicemia de jejum (Blumenkrantz, 1997). No desenvolvimento de diabetes, pessoas obesas criam resistência à insulina, têm uma diminuição na concentração dos receptores ou, ainda, uma falha no mecanismo de trânsito celular (Blumenkrantz, 1997). A diabetes tipo II é agravada quando a resistência à insulina ou hiperinsulinemia é um fator predisponente para o acúmulo de gordura abdominal e para várias outras doenças, como a hipertensão, doenças cardiovasculares (Defronzo, 1991) e as neoplasias (Stoll, 1995).

A hipertensão arterial é seis vezes maior em jovens adultos obesos de 20 a 45 anos do que em não obesos (Blumenkrantz, 1997), nos quais a cada aumento de 10% do peso corporal ocorre uma elevação da pressão arterial sistólica de aproximadamente 6,0 mmHg e, na diastólica, de 4,0 mmHg (Jung, 1999). A obesidade abdominal está mais associada ao aumento da pressão arterial do que a obesidade localizada na região do quadril. O acúmulo de gordura intra-abdominal leva a um aumento da liberação de ácidos graxos livres (AGL) na corrente sangüínea, aumentando a síntese hepática de triacilgliceróis e aumentando também a resistência à insulina (Blumenkrantz, 1997). A hipertensão é decorrente do aumento de retenção de sódio pelas células, causando a vasoconstrição das arteríolas de todo o corpo, da atividade do sistema nervoso simpático e o distúrbio no transporte iônico da membrana celular.

A hipertrigliceridemia é definida como uma concentração anormal do triglicerídeo no sangue. Um aumento dos valores de triglicerídeo sangüíneo é um dos fatores que levam a uma série de doenças cardiovasculares. A taxa de LDL-C sangüíneo alto também é um contribuinte para essas doenças.

O excesso de peso e/ou obesidade promove alterações em outros sistemas orgânicos, desde os estruturais aos sistemas de funcionamento vital, conforme o quadro a seguir.

Quadro 15.1 – Possíveis alterações orgnânicas e estruturas decorrentes na obsidade

Sistemas orgânicos	Conseqüências
Sistema Ósseo	Aumento do risco de fraturas Torção tibial Varismo tibial
Sistema Pulmonar	Asma Apnéia do sono Síndrome de Pickwickian
Sistema Neurológico	Hipertensão idiopata intracranial
Sistema Gastrointestinal	Refluxo gastroesofágico Colites Esteatose hepática
Sistema Endócrino	Diabetes tipo II Resistência à insulina Anomalias menstruais Síndrome do ovário policístico, hipercorticismo
Sistema Cardiovascular	Hipertensão arterial Dislipidemia Camada gordurosa Hipertrofia do ventrículo esquerdo Aumento da tendência à coagulação sangüínea Tromboses
Outros	Inflamação sistêmica aumentada Proteína c reativa
Fatores Psicossociais	Depressão Distúrbio da auto-imagem

Fonte: IOTF, 2004.

Então, diante da atual epidemia mundial de obesidade e da existência da síndrome metabólica e seu impacto na distribuição, é altamente desejável o entendimento dos males atribuídos a esse acúmulo excessivo de gordura (Filho et al., 2006).

15.6 Exercício físico e substrato energético

Atualmente, alguns estudos associam a perda de peso ao substrato energético predominante ao tipo de fibra dos indivíduos com excesso de peso e obesos. A associação da modalidade, a intensidade e a freqüência do exercício são aspectos importantes para a diminuição dos fatores de risco metabólico. Os dados às vezes se opõem quanto à utilização do substrato no processo do metabolismo da glicose e dos lipídios (Mercier et al., 1999). Isso pode estar relacionado à escolha dos programas de treinamento que usam uma intensidade padronizada, que não atendem às características metabólicas individuais e, presumidamente, dado à heterogeneidade da população obesa, uma prescrição individualizada do exercício faz que as anormalidades metabólicas sejam fatores importantes a serem considerados.

Dois principais substratos estão disponíveis para o uso do trabalho do músculo esquelético: carboidratos (CHO) e gorduras (Brooks, 1994). As diferenças no metabolismo de energia podem fazer um papel importante no regulamento do peso do corpo a longo prazo e na patogênese do obeso (Ravussin et al., 1988; Ravussin et al., 1993). Diversos estudos (Ravussin et al., 1988; Zurlo et al., 1991), mas não todos (Kraemer et al., 1999; Banz et al., 2003), mostram que ocorre um gasto de energia relativamente baixo (Ravussin et al., 1988; Roberts et al., 1990) e um quociente respiratório (Rer) relativamente elevado, isto é, uma baixa oxidação de gordura (Zurlo et al., 1991), o que prediz o ganho de peso do corpo. Um estudo (Philips et al., 1996) cita que exercícios prolongados em intensidade moderada têm como resultado um aumento no tempo de dependência na oxidação de gorduras e uma diminuição da oxidação de CHO. Outro estudo (Guesbeck, 2001) cita que um elevado RER é um indicativo de confiança do aumento da oxidação de CHO em vez da oxidação de gorduras (Astrup, 1997; Van Baak, 1999), e esses achados sugerem uma ligação entre uma reduzida capacidade de oxidar lipídios, que leva a um armazenamento de gorduras e, conseqüentemente, à obesidade (Astrup, 1997). Das várias formas de treinamento físico, o treinamento de *endurance* resulta em mudanças adaptativas na função metabólica muscular caracterizada por uma diminuição na utilização de CHO e um aumento na oxidação de lipídios quando testado na mesma intensidade de carga absoluta de trabalho (Mckenzie, 2000; Philips, 1993). O Trabalho de Pérez-Martin (Martin, 2001) teve como objetivo comparar as taxas de oxidação de CHO e gorduras em indivíduos com excesso de peso e magros nas várias intensidades de exercício aeróbico em ciclo ergômetro e testar as influências do distúrbio metabólico em indivíduos obesos no balanço da utilização de substrato durante o exercício. E, como resultado, foi encontrado que os programas de exercício para obesos acima do ponto de cruzamento (ponto de troca de substratos energéticos) e/ou do ponto máximo da taxa da oxidação de gordura é o nível da intensidade em que a taxa de oxidação está completamente baixa. Isso quer dizer que os exercícios com o nível de intensidade alta dificultam a utilização de gorduras como substrato energético.

Inversamente, outros estudos (Buemann, 1992; Filozof, 2000) relataram não haver diferença na oxidação de lipídios durante o exercício ou no repouso, comparando indivíduos após perda de peso e aqueles com peso controle. Esse contraste de idéias dificulta determinar se o desenvolvimento da obesidade é influenciado por uma predisposição ao estoque de excesso de lipídios.

Somente poucos estudos se objetivam em focalizar nos benefícios dos exercícios resistidos (Rice, 1999) ou do exercício da intensidade elevada (Tremblay, 1994).

15.7 O exercício físico aplicado ao sobrepeso e à obesidade

Estudos recentes (Kraemer, 1999; Hauser, 2004; Grant, 2004) recomendam a prática do exercício físico como assistência no processo de emagrecimento. Durante a prática do exercício, acontecem diversas alterações fisiológicas, o que faz do exercício um aliado na luta a favor do emagrecimento.

O sistema neurológico é o principal responsável pelas ações dos movimentos, é o comando fundamental para que ocorram as sinapses e as contrações musculares. O sistema cardiovascular trabalha de forma intensa para suprir a necessidade do corpo no aporte aumentado de sangue. O sistema endócrino é acionado para fazer as distribuições hormonais necessárias às perfeitas reações do corpo ao exercício. O sistema respiratório se encarrega de fornecer oxigênio aos músculos para a realização dos movimentos solicitados. E o sistema muscular é fundamental quando acontece a solicitação para os movimentos de deslocamento, tração, velocidade e sustentação, entre muitos outros.

A maioria dos obesos é sedentária e tem um baixo condicionamento. Assim, estudos (Rice, 1999; Grant, 2004; Sarsan, 2006) recomendam que iniciem com exercícios leves e de curta duração e aumentem progressivamente o tempo e a intensidade do exercício (Sarsan, 2006). As entidades relacionadas à saúde preconizam que a população com excesso de peso e/ou obesa execute exercícios em intensidade moderada (40% a 60% do VO_2máx), cinco a sete vezes por semana, com duração de 45 a 60 minutos, que pode ser fundamental para combater o aumento de peso (Who, 2003; ACSM, 2006).

Outros dados (Kraemer, 1999) mostraram que o exercício resistido combinado com o exercício aeróbico resultou na força muscular aumentada, visto que o exercício aeróbico não o faria sozinho. As diferenças de prescrição de intensidade, tipo e duração de exercício conduzem à falta de resultados comparáveis. O exercício diminui o risco da doença cardiovascular, assim como fornece a manutenção do peso. Banz (2003) mostrou que o exercício resistido e o exercício aeróbico causam aumentos iguais no máximo de VO_2máx. Além dos efeitos positivos no comportamento psicológico em razão da perda do peso, o exercício pode também ajudar em uma melhora de modo geral (Sarsan, 2006). Embora todos esses estudos (Grant, 2004; Byrne, 1993; Fagard, 1999) sugiram efeitos positivos do exercício em sistemas diferentes, a evidência não é conclusiva e muitas perguntas remanescem no que diz respeito à eficácia pura do exercício.

Outra alternativa para a perda de peso seria a utilização de exercícios intermitentes (com interrupções) a uma alta intensidade. Afirma-se que quando o exercício intermitente é executado a 70% do volume máximo de oxigênio, este tem um maior efeito sobre a composição corporal (perda de peso) que um exercício aeróbico contínuo executado de 60% a 85% do VO_2máx. Esse estudo foi realizado com indivíduos sedentários de peso normal com idades entre 18 a 40 anos, durante 30 minutos. Para obesos, esse tipo de estratégia pode e deve ser utilizada conforme o indivíduo (Hauser, 2006).

Porém, para a prescrição do treinamento de força aplicado a população com excesso de peso e obesa, alguns parâmetros importantes devem ser considerados (ACSM, 2006), como:

- Hidratação e vestimenta – para que o risco de hipertermia seja diminuído;
- Preconizar aparelhos que possam acomodar confortavelmente os indivíduos;
- Na prescrição de treinamento cardiorrespiratório, recomenda-se que seja mantido ou reduzido para que lesões ortopédicas não ocorram.

Essas medidas sugerem fatores essenciais para a aderência desse grupo à prática de exercício físico, para a garantia de segurança ao realizá-lo e a satisfação com o efeito atingido.

15.8 Obesidade, tipo de fibra e substrato energético

A gordura representa a principal fonte de energia para o músculo esquelético em repouso e durante o exercício de baixa e moderada intensidades. A gordura oxidada pelo músculo esquelético pode ser originada dos ácidos graxos circulantes, VLDL e lipídio intramuscular (Van Hall, 2002). Sendo assim, o conteúdo de lipídio intramuscular aparece como uma importante fonte de substrato energético para a realização do exercício (Belmonte, 2005). Um estudo (Sacchetti, 2002) demonstrou que o conteúdo de lipídio intramuscular em músculos que se contraíram diminuiu em aproximadamente 30% durante até quatro horas após o exercício, enquanto em músculos que não se contraíram o estoque não foi alterado.

Outras pesquisas que utilizaram o método direto para a classificação do tipo de fibra muscular em pessoas com excesso de peso e obesos foram concordantes ao apresentarem como resultados uma predominância das fibras glicolíticas ou de contração rápida nessa população; além disso, os conteúdos de lipídio intramuscular também foram bastante expressivos (Tanner, 2002; Simoneau, 1995). Observa-se uma relação negativa entre a ação da insulina e o conteúdo de lipídio intramuscular (Goodpaster, 1997; Goodpaster, 2000), já que este, em pessoas com excesso de peso e obesos portadores de diabetes do tipo II, é mais elevado (Jaboc, 1999; Perseghin, 1999). Dessa forma, surge a hipótese de que agentes intermediários presentes no conteúdo de lipídio intramuscular induzem à resistência a insulina (Shulman, 2000).

Portanto, o conteúdo de lipídio intramuscular aparece como uma importante fonte de substrato energético para a realização do exercício (Belmonte, 2005).

15.9 O treinamento de força como alternativa para a perda de peso

Há muito tempo, sabe-se que a prática de exercícios físicos é auxiliar no processo de emagrecimento. O treinamento de força, ou exercícios resistidos, era o menos praticado por se acreditar que a prática dos exercícios aeróbicos era a que proporcionava maiores perdas da gordura corporal, mas as pesquisas atuais mostram que o treinamento de força é tão ou mais eficiente quanto os exercícios aeróbicos.

No entanto, as recomendações de exercícios resistidos têm visado ao aumento de massa muscular, que aumenta a taxa metabólica basal (TMB) e reforça as articulações, o que possibilita ao obeso uma vida mais ativa. Nesse sentido, observa-se que o número de pessoas obesas que têm buscado nos exercícios resistidos um meio de auxílio no processo de emagrecimento aumentou, principalmente nas academias.

Considerando que os indivíduos em estado de sobrepeso ou obesos geralmente são acompanhados de doenças associadas, como hipertensão e diabetes tipo II, observa-se que o exercício resistido é uma atividade segura e eficiente para perda de peso, pela possibilidade de manipulação de suas variáveis.

Em meados da década de 1980, a comunidade científica reconheceu o potencial valor do treinamento com pesos sobre a capacidade funcional e outros fatores relacionados a saúde, como metabolismo basal, controle de peso, saúde óssea e histórico de saúde ruim (Van Baak, 1999). Pesquisas atuais do ACSM (2001, 2006) e AHA (American Heart Association) (Hebert, 1998), recomendam programas individuais de 8 a 12 repetições para a maioria das pessoas e 10 a 15 repetições para idosos e pessoas mais frágeis, duas a três vezes por semana, e de 8 a 10 exercícios diferentes envolvendo os maiores grupos musculares.

A meta para esse tipo de programa é desenvolver e/ou manter uma significativa quantidade de força, *endurance* e massa muscular (Fiegenbaun, 1999). Um dos motivos pelos quais os exercícios com pesos foram incluídos nos programas de emagrecimento foi por parecer aumentar o gasto de energia no repouso, pela manutenção e aumento da massa muscular (ACSM, 2001).

A utilização do substrato de gordura é curiosamente investigada em exercícios com pesos e aeróbicos, na tentativa de encontrar qual exercício é mais eficaz para promover melhores perdas de gordura durante e após essas atividades. Speer e Speer (1997) mostram que uma proporção um pouco maior de gordura utilizada como combustível no exercício de baixa a moderada intensidade é compensada por uma maior quantidade de energia gasta, em uma quantidade maior de exercícios intensos.

O EPOC (excesso de consumo de O_2 pós-exercício) parece contribuir para o controle da obesidade, pelo fato de quebrar em proporções maiores a homeostase, incluindo elevações no lactato sangüíneo, das catecolaminas e hormônios anabólicos (Hauser, 2004). Essa disfunção da homeostase mantém a RER mais elevada por duas horas após o exercício e a taxa metabólica basal (TMB) elevada aproximadamente por 15 horas, utilizando assim a gordura como substrato energético durante esse período (Melby, 1993). E os exercícios de alta intensidade parecem ter efeitos mais significativos quando comparados aos efeitos alcançados com os feitos em intensidade moderada, além de diminuírem o QR (quociente respiratório) pelas próximas 24 horas, facilitando a utilização de gordura durante esse período (Chad, 1991). Portanto, o treinamento de força, por ter característica intermitente, pode induzir a um prolongado EPOC, e este pode ser otimizado se o programa de treinamento envolver grandes grupos musculares (Barreto, 2006).

Dessa forma, tornam-se claros os benefícios do treinamento de força visando ao emagrecimento e à redução dos fatores de risco de indivíduos obesos, já que ele pode promover a utilização de gordura como fonte de energia tanto durante como após a sua realização.

Referências

AMERICAN COLLEGE OF SPORTS MEDICINE. Appropriate intervention strategies for weight loss and prevention of weight regain for adults. **Medicine Science Sports Exercise**, 2001; 33(12):2.145-56.

ADAMS, K. F.; SCHATZKIN, A.; HARRIS, T.; KIPNIS, V.; MOUW, T.; BALLARD, B. R.; HOLLENBECK A.; LEITZMANN, M. Overweight, Obesity and Mortality in a large Prospective Cohort of Persons 50 to 71 years old. **The New England Journal of Medicine**, 2006; 355(8):763-78.

AMATRUDA, J. M.; WELLE, S. L. Total and resting energy expenditure in obese women reduced to ideal body weight. **Journal of Clinical Investigation**, 1993; 92:1.236–42.

ACSM´s Guidelines for exercise testing and prescription. 7. ed. 2006: **Baltimore**. 216-20.

ASTRUP, A.; BUEMANN, B.; TOUBRO, S. Fat metabolism in the predisposition to obesity. **Annais of New York Academy Science**, 1997; 827:417-30.

BARNES, J. T.; ELDER, C. L.; PUJOL, T. J. Overweight and Obese Adults. **Journal of Strength and Conditioning Research**. 2004; 26(3):64-5.

BAR-OR, O. The Juvenile Obesity Epidemic: Strike Back with Physical Activity. **Sports Science Exchange**, 2003; 16(2).

BALABAN, G.; SILVA, G. A. P. Efeito protetor do aleitamento materno contra a obesidade infantil. **Jornal de Pediatria**, 2004; 80(1):7-16.

BLUMENKRANTZ, M. Obesity: the world's metabolic disorder. 1997, Online.

BROOKS, G. A.; MERCIER, J. Balance of carbohydrate and lipid utilization during exercise: the "crossover concept". **Journal of Applied Physiology**. 1994; 76:2.253-61.

BUSCEMI, S. D. M. O; BLUNDA, G.; MANERI, R.; VERGA, S.; BOMPIANI, G. D. A low resting metabolic rate is associated to body weight gain in adult Caucasian subjects:

preliminary results of an 8–10 year longitudinal study. **International Journal of Obesity**, 1998; 22(Suppl. 1):75.

Banz, W. J.; Thompson, W. G. et al. Effects of resistance versus aerobic training on coronary artery disease risk factors. **Exp. Biology Medicine,** 2003; 228:434-40.

Ballor, D. L.; Ades, P. A.; Cryan, J.; Calles-Escandon, J. Decrease in fat oxidation following a meal in weight-reduced individuals: a possible mechanism for weight recidivism. **Metabolism** 1996; 45:174–8.

_____; Verga, S. Resting metabolic rate and postabsorptive substrate oxidation in morbidly obese subjects before and after massive weight loss. International Journal of Obesity, 1996; 20:41-6.

Buemann B.; Astrup A.; Madsen J.; Christensen, N. J. A 24-h energy expenditure study on reduced-obese and nonobese women: effect of b-blockade. **American Journal of Clinical Nutrition**.1992; 56:662-70.

Byrne, A. The effect of exercise on depression, anxiety and other mood states: a Review. **Journal of Psychosomatic Research**, 1993; 37:565-74.

Belmonte, M.; Aoki, M. Triacilglicerol intramuscular: um importante substrato energético para o exercício de endurance. **Revista Brasileira de Medicina do Esporte**, 2005; 11(2):135-40.

Barreto, A. C. L. G. **Efeito do Exercício Resistido Executado em Diferentes Velocidades nas Aulas de Ginástica Localizada sobre o Coeficiente Respiratório (R) e o Excesso de Oxigênio Consumido (EPOC) Pós-Exercício.** Dissertação de Mestrado. 2006, Universidade Castelo Branco, Rio de Janeiro.

Chad, K. E.; Quigley, B. M. Exercise intensity: effect of postexercise O2 uptake in trained and untrained women. **Journal of Applied Physiology**. 1991; 70:1.713-9.

Defronzo, R. A.; Ferrannini, E. Insulin resistance: a multifaceted syndrome responsible for NIDDM, obesity, hypertension, dyslipidemia, and atherosclerotic cardiovascular disease. **Diabetes Care**, 1991; 14(3):173-94.

Davies, P. S. W.; Lucas, A. Energy expenditure in early infancy and later body fatness. **International Journal of Obesity**, 1991; 15:727–31.

Francischi, R. P. P.; Pereira, L. O.; Freitas, C. S.; Klopfer, M.; Santos, R. C. Obesidade: Atualização sobre sua etiologia, morbidade e tratamento. **Revista de Nutrição de Campinas**, 2000; 13:17-28.

Filho, F. F. R.; Ferreira, S. R. G.; Zanella, M. T. Gordura Visceral e Síndrome Metabólica: Mais Que Uma Simples Associação. **Arquivo Brasileiro de Endocrinologia e Metabolismo**. 2006; 50(2):230-8.

Filozof, C. M.; Carlos, M.; Sanchez, M. P.; Brailovsky, C.; Perman, M.; Gonzalez, M.; Ravussin, E. Low plasma leptin concentration and low rates of fat oxidation in weight-stable post-obese subjects. **Obesity Research**, 2000; 8:205–10.

Fagard, R. H. Physical activity in the prevention and treatment of hypertension in the obese. **Medicine Science in Sports Exercise**. 1999; 31:S624-S630.

Feigenbaum, M. S. Prescription of resistance training for health and disease. **Medicine Science in Sports Exercise.** 1999; 31 (1):38-45.

Griffiths, M.; Stunkard, A. J.; Rivers, J. P. W.; Cox, M. Metabolic Rate and Physical Development in Children at Risk for Obesity. **Lancet**, 1990; 336:76–7.

Guesbeck, N. R. et al. Substrate utilization during exercise in formerly morbidly obese women. **Journal of Applied Physiology**, 2001; 90:1.007-12.

Grant, S.; Aitchison, T. C.; Kelly, P.; Stoddart, D. The effects of a 12-week group exercise programme on physiological and psychological variables and function in overweight women. **Public Health**. 2004; 118:31-42.

Goodpaster, B. H. et al. Subcutaneous abdominal fat and thigh muscle composition predict insulin sensitivity independently of visceral fat. **Diabets**, 1997; 46:1.579-85.

_____. et al. Intramuscular lipid content is increased in obesity and decreased by weight loss. **Metabolism**, 2000; 49:467-72.

Haffner, S. M.; Hazuda, H. P.; Mitchell, B. D.; Morales, P. A.; Stern, M. P. Prospective analysis of the insulinresistance syndrome (syndrome X). **Diabetes**, 1992; 41:715-22.

Hauser, C.; Benetti, M.; Pereira, F.; Rebelo, V. Estratégias para o emagrecimento. **Revista Brasileira Cineantropometria & Desempenho Humano**, 2004; 6(1):72-81.

Hebert, D. L. New standards for health and fitness facilities from the American Heart Association (AHA) and the American College of Sports Medicine (ACSM). **Sports Medicine Standards & Malpractice Reporter**, 1998; 10(3):46-7.

Isomaa, B.; Tuomi, T.; Forsen, B.; Lahti, K.; Nissen, M. et al. Cardiovascular morbidity and mortality associated with metabolic syndrome. **Diabetes Care**, 2001; 24:683-9.

James, P.; Leach, R.; Kalamara, E.; Shayeghi, M. The Worldwide Obesity Epidemic. **Obesity Research**, 2001; 9:228-33.

Jung, R. Obesity as a disease. **British Medical Bulletin**, 1997; 53(2):307-21.

Jaboc, S. et al. Association of increased intramyocellular lipid content with insulin resistance in lean non-diabetic offspring of type 2 diabetics subjects. **Diabets**, 1999; 48:1.113-9.

Klaus, S. Adipose Tissue as a Regulator of Energy Balance. **Current Drug Targets**, 2004; 5(3):1-10.

Kraemer, W. J.; Clark, K. L. et al. Influence of exercise training on physiological and performance changes with weight loss in men. **Medicine Science Sports Exercise**. 1999; 31:1.320-29.

Lerário, D. D.; Franco, L. J.; Iunes, M.; Ferreira, S. R. Weight excess and abdominal fat in the metabolic syndrome among Japanese-Brazilians. **Revista Saúde Publica**. 2002; 36:4-11.

Mokdad, A. H. et al. The Continuing Epidemic of Obesity in the United States. **JAMA**, 2000; 284:1.650-1.

Mercier, J.; Perez-Martin, A.; Bigard, X.; Ventura, R. Muscle Plasticity and Metabolism: Effects of Exercise and Chronic Diseases. **Mol. Aspects. Med**, 1999; 20:319-73.

McKenzie, S.; Phillips, S. M.; Carter, S. L.; Lowther, S.; Gibala, M. J.; Tarnopolsky, M. A. Endurance exercise training attenuates leucine oxidation and BCOAD activation during exercise in humans. **American Journal of Physiol Endocrinology Metabolism** 2000; 278:E580-E587.

Mendenhall, L. A.; Swanson, S. C.; Habash, D. L.; Coggan, A. R. Ten days of exercise training reduces glucose production and utilization during moderate-intensity exercise. **Am J Physiol Endocrinol Metab**. 1994; 266:E136-E143.

Martin, A. P. et al. Balance of Substrate oxidation during submaximal exercise in lean and obese people. **Diabetes Metab**. (Paris), 2001;27: 266-474.

Melby, C.; Scholl, C.; Edwards, G.; Bullough, R. Effect of acute resistance exercise on postexercise energy expenditure and resting metabolic rate. **The American Physiological Society**, 1993; 75(4):1.847-53.

Popkin, B. M. The Nutrition Transition and Obesity in the Developing World. **Journal of Nutrition**, 2001; 131:871-3.

Phillips, S. M.; Green, H. J.; Tarnopolsky, M. A.; Heigenhauser, G. J. F.; Hill, R.E.; Grant, S. M. Effects of training duration on substrate turnover and oxidation during exercise. **Journal of Applied Physiology**. 1996; 81(5):2.182-91.

Phillips, S. M.; Atkinson, S. A.; Tarnopolsky, M. A.; MacDougall, J. D. Gender differences in leucine kinetics and nitrogen balance in endurance athletes. **J. Appl. Physiol.**, 1993; 75: 2.134-41.

Perseghin, G et al. Intramyocellular triglyceride content is a determinant of in vivo insulin resistance in humans. **Diabets**, 1999; 48:1.600-6.

Ravussin, E.; Knowler, W. C. et al. Reduced Rate of Energy Expenditure as a Risk Factor for Body Weight Gain. **The New England Journal of Medicine**, 1988; 318:467–82.

Roberts, S. B.; Coward, W. A.; Chew, B.; Lucas, A. Energy Expenditure and Intake in Infants Born to Lean and Overweight Mothers. **Lancet**, 1990; 318:461– 6.

_____. Energy metabolism. In: Stunkard, A. J.; Wadden, T. A. (Eds.). **Obesity: theory and therapy**. 2nd. ed. New York: Raven Press, 1993; 2:97-123.

Rice, B. E. A. Effects of aerobic or resistance exercise and/ or diet on glucose tolerance and plasma insulin levels in obese men. **Diabets Care**, 1999; 22:684-91.

Stoll, B. A. Timing of weight gain in relation to breast cancer risk. **Annals of Oncology**, 1995; 6(3):245-8.

Sarsan, A.; Ardic, F. S.; Zgen, M. O.; Topuz, O. The effects of aerobic and resistance exercises in obese women. **Clinical Rehabilitation**. 2006; 20:773-82.

Sacchetti, M. et al. Intramuscular fatty acid metabolism in contracting and non-contracting human skeletal Muscle. **Journal of Physiology**, 2002; 540:387-95.

Simoneau, J.; Bouchard, C. Genetic determinism of fiber type proportion in human skeletal muscle. **FASEB J.**, 1995; 9:1.091-5.

SHULMAN, G. I. Cellular mechanisms of insulin resistance. **Journal of Clinical Investigation**, 2000; 106:171-6.

SPEER, S. J. Office-Based Treatment of Adult Obesity. **The Physician and Sports Medicine**, 1997; 25(4): 94-106.

TREMBLAY, A.; SIMONEAU, J. A.; BOUCHARD, C. Impact of Exercise Intensity on Body Fatness and Skeletal Muscle Metabolism. **Metabolism**, 1994; 43:814-8.

TANNER, C. et al. Muscle Fiber type is associated with obesity and weight loss. **Am. J. Physiol. Endocrinol. Metab.**, 2002; 282: E1191- E1196.

VAN BAAK, M. A. Exercise training and substrate utilization in obesity. **International Journal of Obesiy**. 1999; 23(3):S11-S17.

VAN HALL, G. ET AL. Human skeletal muscle fatty acid and glycerol metabolism during rest, exercise and recovery. **Journal of Physiology**, 2002; 543(3):1.047-58.

WEISS, R. E. A. Obesity and Metabolic Syndrome in Children and Adolescents. **The New England Journal of Medicine**, 2004; 350:2.362-74.

WHO. **Global strategy on diet, physical activity and health**: The Americas regional consultation meeting report. 2003, WHO.

WHO (2006) **Obesity**. Online Volume.

WEINSIER, R. L.; HENSRUD, D. D.; DARNELL, B. E.; HUNTER, G. R.; SCHUTZ, Y. Metabolic predictors of obesity. Contributions of resting energy expenditure, thermic effect of food, and fuel utilization to four-year weight gain in post-obese and never-obese women. **Journal of Clinical Investigation**, 1995; 95:980–5.

ZURLO, F.; PUENTE, A. ET AL. Low ratio of fat to carbohydrate oxidation as a predictor of weight gain: study of 24-RQ. **American Journal of Physiology**, 1991; 259: E650–E657.

Capítulo 16
O destreinamento nos exercícios resistidos

Belmiro Freitas de Salles / Giovanni da Silva Novaes / Jefferson da Silva Novaes

O destreinamento (DTR) é um processo de descondicionamento que afeta o desempenho, por diminuir as capacidades fisiológicas (Fleck e Kraemer, 2004). Esse processo pode surgir como conseqüência da interrupção dos exercícios resistidos (ER) ou da redução do volume de treinamento. O DTR ocorre como uma fase programada do ciclo de treinamento, como conseqüência de uma lesão, doença ou envelhecimento, e no caso do atleta pode ainda ocorrer devido ao término da carreira (Mujika e Padilla, 2000a).

A completa interrupção do treinamento pode resultar em rápido declínio da força e potência muscular (Häkkinen, Alen e Padilla, 2000a) exercendo efeitos negativos sobre o desempenho físico e a saúde. Hortobagyi et al. (1993) demonstraram que a força pode ser mantida por pelo menos duas semanas de interrupção em atletas de potência e por pelo menos seis semanas no caso de praticantes amadores dos ER. Em revisão sobre DTR, Mujika e Padilla (2000a-b) observaram que a interrupção do treinamento por duas semanas resultou em uma pequena perda de força, acompanhada de uma queda significativa na atividade eletromiográfica (EMG) em atletas de força. Apesar disso, em estudo realizado por Häkkinen, Komi e Alen (1985), períodos mais longos de 8 a 12 semanas resultaram na perda de 7% a 12% da força máxima, na redução da atividade EMG e na redução da área da fibra muscular em atletas de força.

A redução do volume de treinamento pode promover a manutenção ou uma lenta perda dos ganhos em força e potência durante o período de DTR. Em estudo de Graves et al.,1988 a redução no volume de treinamento durante 12 semanas em indivíduos treinados (10 a 18 semanas) não teve efeito sobre a força isométrica nem sobre a carga de treinamento. Tucci et al. (1992) também demonstraram que, quando a intensidade é mantida, a redução do volume ou freqüência do treinamento pode promover a manutenção dos níveis de força por pelo menos 12 semanas.

O objetivo deste capítulo é fazer uma revisão dos principais estudos sobre o DTR nos ER. O levantamento bibliográfico foi feito por meio das bases de dados Portal CAPES, Bireme, Pubmed e Scholar Google.

16.1 Efeitos do DTR nos ER

Curtos períodos de DTR, na maioria dos casos, não resultam em alterações na força e potência (Hortobagyi et al., 1993; Häkkinen et al., 1990; Häkkinen e Komi, 1986). Porém, diminuições na atividade EMG após breves períodos de DTR foram relatadas (Häkkinen et al., 1985; Häkkinen e Komi, 1986).

Estudos prévios sobre a interrupção dos ER associam a perda de força inicial ao comprometimento de mecanismos neurais e, posteriormente, à atrofia ou redução da massa muscular. Apesar disso, a massa muscular e o percentual de gordura corporal não parecem sofrer influência de breves períodos de DTR.

Em estudo recente, Andersen et al. (2005a) examinaram o efeito do treinamento dinâmico seguido pelo DTR, na força excêntrica e concêntrica máxima, como também nas adaptações correspondentes da área de secção transversa do músculo (CSA) e atividade EMG. A força máxima isocinética dos extensores do joelho foi medida em 13 homens sedentários jovens (23,5 anos), antes e depois de três meses de treinamento e novamente depois de três meses de DTR. Após o período de treinamento, a força aumentou durante contração excêntrica lenta (50%, $p<0,001$), excêntrica rápida (25%, $p<0,01$), concêntrica lenta (19%, $p<0,001$) e contração concêntrica rápida (11%, $p<0,05$). Foram observados aumentos correspondentes da atividade EMG durante as contrações excêntrica e concêntrica lenta e correlações significativas entre as mudanças induzidas pelo treinamento no momento de força e EMG ($r=0,33$-$0,77$). A CSA (medida por ressonância magnética) aumentou 10% ($p<0,001$). Depois do DTR de três semanas, a força máxima e a atividade EMG permaneceram inalteradas durante a contração excêntrica, mas não durante a contração concêntrica. A CSA do músculo não foi alterada com o DTR.

Em outro estudo, Andersen et al. (2005b) examinaram o efeito de três meses de destreinamento subseqüente ao treinamento concêntrico isocinético da extensão de joelhos durante três meses. Antes e após três meses de DTR a força máxima dos extensores do joelho foi medida no dinamômetro isocinético a 30° e 240°, além do desempenho máximo da velocidade do membro inferior com um goniômetro durante extensão de joelho máxima sem carga. A CSA foi determinada com ressonância magnética e os sinais EMG quadríceps foram acompanhados. A força isocinética aumentou 18% ($p<0,01$), junto com aumentos na CSA e no sinal EMG com três meses de treinamento. O DTR de três meses resultou na perda de todos esses resultados. Os dados desses estudos demonstraram que o efeito do DTR sobre a CSA dos músculos pode diferir entre o treinamento dinâmico e o treinamento isocinético concêntrico.

A falta de treinamento, quando prolongada, pode resultar na diminuição da área das fibras do tipo I e II, resultando em atrofia muscular. As fibras do tipo I podem sofrer maior atrofia do que as fibras do tipo II, tanto em homens como mulheres. Hather et al. (1991) observaram maior redução da área das fibras do tipo II em relação às do tipo I em indivíduos treinados por 19 semanas, após DTR de quatro semanas mesmo sem a interrupção dos exercícios.

Os efeitos do DTR podem afetar a aptidão funcional. Períodos de aproximadamente 24 semanas podem induzir à perda de força e atrofia muscular em indivíduos idosos. Fatouros et al. (2005) realizaram estudo com o objetivo de determinar o efeito da intensidade dos exercícios adotada durante 24 semanas de treinamento e do subseqüente DTR de 48 semanas sobre a força, a potência e a mobilidade de homens mais velhos. Participaram do estudo 52 homens idosos saudáveis inativos (71,2 anos), sendo divididos em controle ($n=14$), baixa intensidade ($n=18$) treinando a 55% 1 RM (repetição máxima), ou intensidade alta ($n=20$) 82% 1 RM. Esses indivíduos realizaram 24 semanas de treinamento para o corpo inteiro (10 exercícios, duas a três séries/exercício) seguido por 48 semanas de DTR. A força dos membros superiores e inferiores, a potência anaeróbica (teste de Wingate) e a mobilidade (subida de degraus cronometrada) foram medidas à linha base, imediatamente depois do período de treinamento e durante o DTR. Embora o treinamento de baixa intensidade tenha melhorado a força (42% a 66%), a potência anaeróbica (10%) e a mobilidade (5% a 7%), todos os ganhos induzidos pelo treinamento foram perdidos depois de quatro a oito meses de DTR. O grupo que realizou o treinamento com a intensidade alta obteve maiores ganhos (63% a 91% em força, 17% a 25% em potência anaeróbica, 9% a 14% em mobilidade). Nesse grupo, a força e a mobilidade foram mantidas ao longo do DTR. Porém, a potência anaeróbica voltou a níveis de linha base depois de quatro meses de DTR em ambos os grupos. Esses dados sugerem que a intensidade mais alta induz a maiores ganhos em força, potência anaeróbica e mobilidade corporal de homens mais velhos, além de manter os ganhos por períodos mais prolongados.

Em outro estudo mais recente, Fatouros et al. (2006) observaram se a intensidade do exercício afeta a flexibilidade e o desempenho de força em indivíduos idosos durante seis meses de treinamento e após período de seis meses de DTR. Participaram do estudo 58 homens idosos inativos (65-78 anos) separados em quatro grupos: grupo controle (C, n=10), grupo de baixa-intensidade (BI, n=14; 40% de 1 RM), grupo de moderada intensidade (MI, n=12; 60% de 1 RM) e grupo de alta intensidade (AI, n=14; 80% de 1 RM). O treinamento consistiu em 10 exercícios, três séries de cada exercício três vezes por semana durante 24 semanas. A força de 1 RM no supino e movimentos de flexibilidade para o tronco, cotovelo, joelho, ombro e quadril foram medidos à linha base, durante o treinamento e DTR. Os ER proporcionam aumentos na força de membros superiores (34% em BI, 48% em MI e 75% em AI) e da força de membros inferiores para os três grupos (38% em BI, 53% em MI e 63% em AI) de uma maneira dependente da intensidade. A flexibilidade também demonstrou um aumento de acordo com a intensidade (3% a 12% em BI, 6% a 22% em MI e 8% a 28% em AI). O DTR causou perdas significativas na força (70% a 98% em BI, 44% a 50% em MI, e 27% a 29% em AI) e na flexibilidade (90% a 110% em BI, 30% a 71% em MI e 23% a 51% em AI), também de maneira dependente da intensidade. Os resultados indicam que os ER por si só melhoram a flexibilidade do idoso. Porém, intensidades maiores que 60% de 1 RM são mais efetivas produzindo maiores ganhos em flexibilidade e força de acordo com o aumento da intensidade. O DTR parece inverter os aumentos na força e na flexibilidade também de forma dependente da intensidade.

Toraman (2005) avaliaram os efeitos de curto (seis semanas) e longo (52 semanas) prazo de DTR na aptidão funcional de pessoas idosas de diferentes idades. Participaram do estudo 21 idosos entre 60 e 86 anos, que completaram nove semanas de treinamento. Eles executaram os testes de aptidão depois de 6 e 52 semanas, e as respostas de 12 idosos entre 60 e 73 anos e 9 entre 74 e 86 anos foram comparadas. A aptidão funcional melhorou durante o período de treinamento, porém, o DTR em curto prazo causou uma perda desse aumento no desempenho funcional que, mesmo assim, permaneceu significativamente mais alta que antes do treinamento, depois de 6 semanas de DTR (p=0,013). O desempenho em todos os testes foi revertido aos valores de pré-treinamento, ou abaixo deles, após 52 semanas em ambos os grupos. Os componentes de aptidão funcional afetados pelo DTR, na maioria dos participantes, foram a agilidade em curto prazo e a resistência aeróbica e a força de extremidade superior em longo prazo.

A ausência da sobrecarga de treinamento proporcionada pelo DTR pode resultar também na perda mineral óssea e influenciar sua estrutura. Nesse estudo, Winters e Snow (2000) verificaram que mulheres de meia-idade previamente treinadas por 12 meses apresentaram diminuição de massa óssea, força e potência muscular adquirida ao longo dos 12 meses, em seis meses de DTR. Esses dados mostram que a densidade mineral óssea, bem como a força e a potência, é extremamente sensível à sobrecarga de treinamento, assim como a ausência dessa sobrecarga.

16.2 DTR por meio da interrupção dos ER

A interrupção dos ER é raramente desejada por exercer efeitos negativos no desempenho físico e conseqüências sobre a saúde. Hortobagyi et al. (1993) demonstraram que a força pode ser mantida por até seis semanas de interrupção. Apesar disso, atletas de potência apresentam maiores reduções na força do que amadores treinados, em períodos similares de DTR.

Kraemer et al. (2002) examinaram as mudanças na força muscular, na potência e nas concentrações hormonais durante seis semanas de DTR. Participaram do estudo 16 levantadores de peso recreacional, que foram divididos em dois grupos. O primeiro grupo realizou o DTR (n=9) enquanto o segundo permaneceu realizando o treinamento normalmente durante as seis semanas. Testes para medir a força e a potência muscular e as concentrações hormonais foram realizados antes, após três e após seis semanas. Após seis semanas, as cargas para 1 RM no supino horizontal e no desenvolvimento aumentaram significativamente no grupo que permaneceu treinando (p=0,05), enquanto nenhuma mudança significativa foi observada no grupo DTR. O torque máximo dos flexores do cotovelo a 90° não mudou no grupo que permaneceu treinando, mas o grupo que realizou o DTR apresentou quedas de 9% a 10% em três semanas e 11,9% após seis semanas. A altura de salto vertical aumentou no grupo treinado em três semanas enquanto no grupo DTR não foram observadas mudanças. Nenhum grupo exibiu qualquer mudança na carga de 1 RM do agachamento, na massa corporal, no percentual de gordura ou nas concentrações de hormônio de crescimento, hormônio folículo-estimulante, hormônio luteinizante, testosterona, cortisol ou adrenocorticotropina. Esses dados demonstraram que seis semanas de DTR afetaram a potência, mas essas mudanças não foram acompanhadas de mudanças na força e nas concentrações hormonais.

Quando ocorre a completa interrupção do treinamento, os ganhos em força declinam em proporção mais lenta quando comparado ao aumento de força alcançado com o treinamento. Em estudo realizado por Tsokalis et al., 2004 19 pré-adolescentes sedentários do sexo masculino (11 a 13 anos) foram divididos em grupo experimental treinado (ETG, n=9) e grupo controle (n=10). O ETG foi submetido a dois meses de treinamento (seis exercícios, três séries de 10 RM, três vezes por semana), seguido por um programa de DTR de dois meses. A efetividade do programa de resistência foi determinada pós-treinamento e pós DTR pela força isométrica e isotônica (10 RM) e por concentrações hormonais. Significativos ganhos na força isométrica foram obtidos (17,5%). O DTR resultou em uma perda significativa (9,5%, p=0,001) da força isométrica, considerando que os parâmetros hormonais de ETG permaneceram praticamente inalterados.

Lemmer et al. (2000) observaram os efeitos do DTR em jovens e idosos de ambos os sexos. O treinamento dos extensores do joelho durante nove semanas proporcionou ganhos significativos de aproximadamente 30% na força de 1 RM. O DTR foi monitorado por 31 semanas, e foi observado que os jovens apresentaram reduções de 8% de 1 RM e os idosos, reduções significativamente maiores, de aproximadamente 14% de 1 RM. No entanto, em todos os casos a maior parte dos ganhos obtidos por meio do treinamento foi mantida.

Apesar disso, Narici et al. (1989) observaram que a taxa de declínio da força isométrica pode ser a mesma que a de aumento proporcionada pelo treinamento isocinético. Esses dados sugerem que a perda de força durante o DTR pode variar de acordo com o tipo de treinamento ou ação muscular realizada anteriormente.

Ingle et al. (2006) encontraram resultados similares para o treinamento pliométrico e isocinético. Participaram desse estudo 54 jovens do sexo masculino (12,3 anos, 1,57 m, 50,3 kg). Os participantes foram divididos em grupo experimental (n=33) ou grupo controle (n=21). O treinamento que foi executado três vezes por semana durante 12 semanas incluiu uma combinação de treinamento isocinético e pliometria; o DTR foi realizado em seguida durante 12 semanas. Vinte e seis participantes completaram o treinamento que resultou em aumentos pequenos (5,5%) do pico de potência durante o treinamento, que foi seguido por diminuições de uma magnitude semelhante (5,9%) durante o DTR (p=0,05). Nenhuma mudança foi observada no grupo controle (p=0,05). No grupo experimental, a força dinâmica foi aumentada antes de 24,3% a 71,4%, dependendo do grupo muscular envolvido (p=0,01). Para 40 m na corrida de curta distância, passe de tórax de basquetebol e desempenho no teste de salto vertical, o grupo experimental apresentou uma melhora pequena (4,0%), demonstrando declínio (4,4%) para os valores de base durante o DTR (p.=0,05).

Dudley et al. (1991) realizaram estudo comparando o efeito do DTR de quatro semanas em homens treinados em 19 semanas de forma somente concêntrica e também de forma normal. No treinamento normal, foram realizadas três séries de 10 a 12 RM. O treinamento concêntrico foi realizado por dois grupos: um dos grupos realizou três séries de 10 a 12 RM, enquanto o outro realizou seis séries de 10 a 12 RM, para que o número total de ações musculares fosse igual ao do treinamento normal. O DTR durante quatro semanas resultou na maior manutenção da força nos treinamentos normal e concêntrico de duplo volume, sendo ainda menor a perda da força no treinamento normal do que no treinamento concêntrico de duplo volume.

No caso de esportistas profissionais, o DTR pode ocorrer de forma programada. Praticantes de diversas modalidades interrompem os ER para enfatizar uma competição ou temporada de competições. Marques et al. (2006) investigaram as mudanças em parâmetros físicos produzido durante 12 semanas de ER e DTR durante uma temporada de 16 jogos de handebol profissional. Os jogadores executaram três séries de 3-6 RM com uma carga de 70% a 85% 1 RM no supino, três séries de 3-6 RM com uma carga de 70% a 95% de 4 RM no agachamento, mais saltos verticais e corridas de curta distância durante 12 semanas. Os testes foram realizados antes (T1), depois de seis semanas (T2) e depois de 12 semanas (T3) de treinamento. Imediatamente depois dessas 12 semanas, os indivíduos começaram um período de sete semanas de DTR para os jogos. Os ganhos mais importantes (p=0,001) no teste de corrida de curta distância foram obtidos entre T1-T2 e T1-T3. Os aumentos no desempenho do salto vertical (p = 0,001) ocorreram entre T1-T2 e T1-T3. A carga de 1 RM para o supino sofreu aumentos significativos (p=0,001) só entre T1-T2 e T1-T3. A carga para 4 RM no agachamento aumentou significativamente entre todos os testes. Depois do DTR e durante os jogos, não foi observada nenhuma perda significativa no desempenho dos saltos verticais. Porém, reduções significativas na velocidade do passe de bola foram verificadas (p =0,023). Os resultados sugerem que jogadores de handebol podem aperfeiçoar importantes parâmetros físicos em 12 semanas e que sete semanas de DTR são suficientes para induzir diminuições significativas da velocidade de passe.

16.3 DTR por meio da redução do volume de treinamento

Quando o volume de treinamento ou a freqüência é reduzida, a força pode ser mantida ao longo do período de DTR. Berger (1962) observou aumentos da força de 1 RM após seis semanas de DTR em que era realizada 1 RM por semana. Dados encontrados por Tucci et al. (1992) demonstram que a redução do volume ou freqüência do treinamento pode promover a manutenção dos níveis de força por pelo menos 12 semanas, quando a intensidade é mantida.

Em estudo de Häkkinen et al. (1990) indivíduos que realizaram treinamento com saltos e exercícios de alongamento-encurtamento três vezes por semana obtiveram ganhos na força isométrica de membros inferiores de 28% após 16 semanas. Oito semanas de redução na freqüência de treinamento para uma vez por semana resultaram na redução de 6% da força isométrica, valor muito inferior aos ganhos previamente obtidos.

Graves et al. (1988) realizaram um estudo em que foram observadas diferentes reduções da freqüência de treinamento sobre a força isométrica. Os participantes realizaram uma série de sete a 10 RM de extensão de joelhos duas ou três vezes por semana. Após 10 a 18 semanas, a freqüência foi reduzida para uma, duas ou nenhuma vez por semana. Durante 12 semanas de redução no volume de treinamento, as duas freqüências utilizadas não tiveram efeito sobre a força isométrica, nem sobre a carga de treinamento.

McCarrick e Kemp (2000) também analisaram diferentes freqüências de DTR sobre testes excêntricos e concêntricos isocinéticos do manguito rotador. Foram realizadas 12 semanas de treinamento, seguidas por 12 semanas de redução na freqüência de treinamento para duas, uma ou nenhuma sessão por semana. A redução na freqüência de treinamento dos grupos que continuaram a realizar os exercícios manteve os picos concêntricos e excêntricos de força e o torque durante o DTR.

Smith et al. (2003) demonstraram que a redução da intensidade também pode proporcionar a manutenção da força após longos períodos de DTR. Nesse estudo, foi observada a força muscular dinâmica (1 RM) entre três grupos (cinco homens e cinco mulheres cada grupo) de adultos idosos (72,5 anos). O grupo que realizou o DTR em força treinou continuamente duas vezes por semana durante dois anos; o treinamento foi interrompido durante três anos, enquanto o grupo treinado permaneceu treinando, e o controle não realizou qualquer tipo de treinamento durante os cinco anos. Os dois grupos treinaram, progredindo até três séries a 80% de 1 RM durante dois anos; o grupo que permaneceu treinando durante os três anos adicionais realizou de duas a três séries a 60% a 70% 1 RM duas vezes por semana. Depois de dois anos de treinamento, a força dinâmica nos dois grupos aumentou significativamente sobre a linha base para todos os exercícios, (p<0,0001). Seguindo três anos de manutenção em treinamento nivelado, os valores de 1 RM para o agachamento, a flexão de braço e para o supino permaneceu significativamente sobre os valores da linha base (21,6 kg = 17%; 15,7 kg = 82%; 8,3 kg = 34%, respectivamente). Os valores de 1 RM nos DTR era 18,4 kg (14%), 5,3 kg (24%), e 1,4 kg (9%) sobre linha base para o agachamento, a flexão de braços e o supino depois de cinco anos, e o grupo controle apresentou quedas significativas nos três exercícios de 18.4 kg (-9,7%), 4,4 kg (-19%), e 3,5 kg (-6%), respectivamente. A partir desses resultados, pode-se concluir que a força dinâmica ganha em dois anos de treinamento em indivíduos mais velhos e não é perdida completamente até mesmo depois de três anos de DTR, e a adoção de uma intensidade moderada pode reduzir o declínio da força dinâmica de músculos previamente treinados durante esse período. Apesar disso, esses efeitos podem ser específicos aos exercícios executados no programa de treinamento.

16.4 Conclusão

O DTR pode ser caracterizado pela completa interrupção do treinamento e também pela redução no volume, freqüência ou intensidade de treinamento. Quando ocorre a completa interrupção do treinamento, força e potência podem ser mantidas por poucas semanas, sendo a potência perdida em menor tempo que a força. Os dados de alguns estudos demonstram que a força pode ser mantida ou até mesmo aumentada quando o DTR não é caracterizado pela completa interrupção. Esses dados sugerem que reduções na freqüência, no volume ou na intensidade de treinamento podem promover a manutenção ou até mesmo os ganhos em força durante períodos de DTR de até 12 semanas, ou até três anos. É importante que se diga também que existe uma relação inversamente proporcional relacionada ao lastro fisiológico *versus* DTR. Ou seja, quanto maior o lastro fisiológico ditado por variáveis como tempo de treinamento e nível de qualificação esportiva, menor será a velocidade e as conseqüências da DTR sobre o organismo.

Referências

ANDERSEN, L. L.; ANDERSEN, J. L.; MAGNUSSON, S. P.; AAGAARD, P. Neuromuscular adaptations to detraining following resistance training in previously untrained subjects. **European Journal of Applied Physiology**, 2005a; v. 93, p. 511-8.

_____; SUETTA, C.; MADSEN, J. L.; CHRISTENSEN, l. R.; AAGAARD, P. Changes in the human muscle force-velocity relationship in response to resistance training and subsequent detraining. **Journal of Applied Physiology**, 2005b, v. 99, p. 87-94.

BERGER, R. A. Effect of varied weight training programs on strength. Research Quarterly, 1962. v. 33, p. 168-81.

DUDLEY, G.A.; TESCH, P.A.; MILLER, B.J.; BUCHANAN, P. Importance of eccentric actions in performance adaptations to resistance training. **Aviat. Space Environ. Med.**, 1991, v. 62, p. 543-50.

FATOUROS, I. G.; KAMBAS, A.; KATRABASAS, I.; LEONTSINI, D.; CHATZINIKOLAU, A.; JAMURTAS, A. Z.; DOUROUDOS, I.; AGGELOUSIS, N.; TAXILDARES, K. Resistance training and detraining effects on flexibility performance in the elderly are intensity dependent. **Journal of Strength and Conditioning Research**, 2006; v. 20, p. 634-42.

_____; NIKOLAIDIS, K.; CHATZINIKOLAOU, A.; LEONTSINI, D.; TAXILDARIS, K. Strength training and detraining effects on muscular strength, anaerobic power, and mobility of inactive older men are intensity dependent. **British Journal Sports Med.**, 2005; v. 39, p. 776-80.

FLECK, S. J.; KRAEMER, W. J. **Designing resistance training programs**. 3. ed. Champaign: Human Kinetics, 2004. 376 p.

GRAVES, J. E.; POLLOCK, M. L.; LEGGETT, S. H.; BRAITH, R. W.; CARPENTER, D. M.; BISHOP, L. E.; Effect of reduced frequency on muscular strength. **International Journal of Sports Medicine**, 1988; v. 9, p. 316-319.

HÄKKINEN, K.; ALEN, M.; KALLINEN, M.; NEWTON, R. U.; KRAEMER, W. J. Neuromuscular adaptation during prolonged strength training, detraining and re-strength training in middle aged and elderly people. **European Journal of Applied Physiology**, 2002; v. 83, p. 51-62.

HÄKKINEN, K.; e KOMI, P. V. Changes in electrical and mechanical behavior of leg extensor muscles during heavy resistance strength training. **Scandinavian Journal of Sports Science**, 1985; v. 7, p. 55-64.

_____. Effects of fatigue and recovery on electromyographic and isometric force-and relation-time characteristics of human skeletal muscle. **European Journal of Applied Physiology**, 1986; v. 55, p. 588-96.

_____. Electromyographic changes during strength training and detraining. **Medicine and Science in Sports and Exercise**, 1983; v. 15, p. 455-60.

_____; TESCH, R. A. Effect of a combined concentric strength training and detraining on force-time, muscle fiber and metabolic characteristics of leg extensor muscles. **Scandinavian Journal of Sports Science**, 1981; v. 3, p. 50-8.

_____; ALEN, M. Effect of explosive type strength training on isometric force- and relaxation-time, electromyographic and muscle fibre characteristics of leg extensor muscles. **Acta Phys. Scand.**, 1985; v. 125, p. 587-600.

_____; PAKARINEN, A.; KYROLAINEN, H.; CHENG, S. KIM, D. H. KOMI, P. V. Neuromuscular adaptations and serum hormones in females during prolonged power training. **Internal Journal of Sports Med**, 1990; v. 11, p. 91-8.

HATHER, B.M.; TESCH, P.A.; BUCHANAN, P. & DUDLEY, G.A. Influence of eccentric actions on skeletal muscle adaptations to resistance training. **Acta Physiology Scandinavian**, 1991; v. 143, p. 177-85.

HORTOBAGYI, T.; HOUMARD, J.A.; STEVENSON, J.R.; FRASER, D.D.; JOHNS, R.A.; ISRAEL, R. G. The effects of detraining on power athletes. **Medicine and Science in Sports and Exercise**, 1993; v. 25, p. 929-35.

INGLE, L.; SLEAP, M.; TOLFREY, K. The effect of a complex training and detraining programme on selected strength and power variables in early pubertal boys. **Journal of Sport Science**. 2006; v. 24, p. 987-97.

KRAEMER, W. J.; KOZIRIS, L. P.; RATAMESS, N. A.; HÄKKINEN, K.; TRIPLETT-MCBRIDE, N. T.; FRY, A. C.; GORDON, S. E.; VOLEK, J. S.; FRENCH, D. N.; RUBIN, M. R.;

GOMEZ, A. L.; SHARMAN, M. J.; LYNCH, J. M.; IZQUIERDO, M.; FLECK, S. J. Detraining produces minimal changes in physical performance and hormonal variables in recreationally strength trained men. **Journal of Strength and Conditioning Research**, 2002; v. 16, p. 373-82.

LEMMER, J. T.; HURLBUT, D. E.; MARTEL, G. F.; TRACY, B. L.; IVEY, F. M.; METTER, E. J.; FOZARD, J. L.; HURLEY, B. F. Age and gender responses to strength training and detraining. **Medicine and Science in Sports and Exercise**, 2000. v. 32, p. 1.505-12.

MACCARRICK, M. J.; KEMP, J. G. The effect of strength training and reduced training on rotator cuff musculature. **Clinical Biomechanics**, 2000; v. 15, p. 42-25.

MARQUES, M.C. & GONZALES-BADILLO, J. J. In-season resistance training and detraining in professional team handebol players. **Journal of Strength and Conditioning** Research, 2006; v. 20, p. 563-71.

MUJIKA, I.; PADILLA, S. Detraining: Loss of training-induced physiological and performance adaptations. Part I. Short term insufficient training stimulus. **Sports Med**, 2000a; v. 30, p. 79-87.

_____. Detraining: Loss of training-induced physiological and performance adaptations. Part II. Long term insufficient training stimulus. **Sports Med**, 2000b; v. 30, p. 145-54.

NARICI, M.V.; ROI, G.S.; LANDONI, L.; MINETTI, A.E.; CERRETELLI, P. Changes in force, cross-sectional area and neural activation during strength training and detraining of the human quadriceps. **European Journal of Applied Physiology**, 1989; v. 59, p. 310-9.

SMITH, K.; WINEGARD, K.; HICKS, A. L.; MCCARTNEY, N. Two years of resistance training in older men and women: the effects of three years of detraining on the retention of dynamic strength. **Canadian Journal of Applied Physiology**. 2003; v. 28, p. 462-74.

TORAMAN, N. F. Short term and long term detraining: is there any difference between young-old and old people? **British Journal Sports Med.**, 2005. v. 39, p. 561-4.

TSOUKALIS, C. K.; VAGENAS, G. K.; DESSYPRIS, A. G. Strength adaptations and hormonal responses to resistance training and detraining in preadolescent males. **Journal of Strength and Conditioning Research**, 2004; v.18, p. 625-9.

Tucci, J. T.; Carpenter, D. M.; Pollock, M. L.; Graves, J. E.; Leggett, S. H. Effect reduced frequency of training and detraining on lombar extension strength. **Spine Journal**; 1992. v. 17, p. 1.497-501.

Winters, K. M. & Snow, C. M. Detraining reverses positive effects of exercise on the musculoskeletal system in premenopausal women. **Journal of Bone and Mineral Research**, 2000; v. 15, p. 2.495-503.

SOBRE O LIVRO

Formato: 21 x 28 cm
Mancha: 15,2 x 21 cm
Tipologia: Aldine401 BT
Papel: *Offset* g
nº de páginas: 232
1ª edição: 2008

EQUIPE DE REALIZAÇÃO

Edição de Texto
Talita Gnidarchichi (Editorial)
Esther Oliveira Alcantara (Preparação, copidesque)
Renata Sangeon (Revisão)

Editoração Eletrônica
Renata Tavares (Projeto gráfico, diagramação)
David Menezes (Diagramação)
Felippe Barbieri, Marcio Maia (Ilustrações)
Fabiana Lumi (Capa)

Impressão
Palas Athena Gráfica